◇ 现代经济与管理类系列教材

纳税筹划实务

（第8版）

梁文涛　苏　杉　著

清华大学出版社
北京交通大学出版社
·北京·

内容简介

本书分别从增值税（含营业税改征增值税）、消费税、企业所得税、个人所得税等14个税种的角度，以及从企业创建设立、投资融资、生产经营、成果分配、产权重组等不同经营阶段的角度，分别探讨了企业的纳税筹划问题，同时对纳税筹划前沿等专题性问题进行了探讨。为培养应用型、技能型纳税筹划人才，本书从"案例导入""税法依据""筹划思路""筹划过程""筹划结论""筹划点评"6个方面对案例进行分析点评，突出了纳税筹划的实用性和应用性，让读者在学习纳税筹划理论知识的同时，提升纳税筹划的实践能力。

本书不仅可以作为高等院校的教材，也可作为各种财税培训机构的培训教材，还适合企业董事长、经理、财务主管、税务经理、会计人员、税务人员、税务律师、注册会计师、税务师、会计师、纳税筹划师等各类关心财税的人士阅读。

本书封面贴有清华大学出版社防伪标签，无标签者不得销售。
版权所有，侵权必究。侵权举报电话：010-62782989　13501256678　13801310933

图书在版编目（CIP）数据

纳税筹划实务 / 梁文涛，苏杉著. —8版. —北京：北京交通大学出版社：清华大学出版社，2021.11（2022.6重印）
现代经济与管理类系列教材
ISBN 978-7-5121-4582-5

Ⅰ.①纳… Ⅱ.①梁… ②苏… Ⅲ.①税收筹划-教材 Ⅳ.① F810.423

中国版本图书馆 CIP 数据核字（2021）第 208400 号

纳税筹划实务
NASHUI CHOUHUA SHIWU

责任编辑：吴嫦娥

出版发行：	清华大学出版社	邮编：100084	电话：010-62776969	http://www.tup.com.cn
	北京交通大学出版社	邮编：100044	电话：010-51686414	http://www.bjtup.com.cn

印　刷　者：北京鑫海金澳胶印有限公司
经　　　销：全国新华书店
开　　　本：185 mm×260 mm　印张：17.5　字数：448千字
版　印　次：2012年2月第1版　2021年11月第8版　2022年6月第2次印刷
定　　　价：45.00元

本书如有质量问题，请向北京交通大学出版社质监组反映。对您的意见和批评，我们表示欢迎和感谢。
投诉电话：010-51686043，51686008；传真：010-62225406；E-mail：press@bjtu.edu.cn。

前　言

《纳税筹划实务》第 1 版至第 7 版得到了广大师生及财税人员的广泛好评，由于我国近几年税改力度较大，国家出台了较多税收法律法规和政策，因此，有必要对教材进行修订。

《纳税筹划实务》（第 8 版）具有以下特色。

一、用心撰写，对读者负责

本教材撰写的目标是打造纳税筹划类精品教材，因此在撰写过程中，结合作者多年纳税筹划专业经验，本着对读者负责的态度，基于让读者满意的目的，用心撰写而成。

二、内容新颖

本教材根据截稿之日（2021 年 9 月 1 日）的最新税法进行修订，而且在本书以后修订或再版时，将根据最新税法及时修正和完善。

三、具有一定的创新性

本教材的案例经作者认真总结与提炼，框架一目了然，文字通俗易懂。主要表现在：创新性地采用了"案例导入""税法依据""筹划思路""筹划过程""筹划结论""筹划点评"的形式，对纳税筹划案例进行一一探讨。

四、理论与实践相结合

本教材在介绍纳税筹划理论的基础上，更加注重纳税筹划的实践性，着重培养学生的应用能力。本教材共有 120 多个纳税筹划案例，通过对这些案例的精讲，让学生较快地把握纳税筹划的精髓和思想。

五、配有大量的课后习题

本教材的课后习题包括单项选择题、多项选择题、判断题及案例题等几种题型，让学生通过练习来更好地理解、掌握所学知识。

六、配套的教学资源丰富

本教材配有 PPT 授课课件、课后习题答案电子版和期末试题 A、B 卷。

七、创建教材专用 QQ 群和邮箱，提供互动、交流的空间

作者创建教材专用 QQ 群和邮箱，供任课教师与作者互动、交流。

在本教材出版过程中，得到了北京交通大学出版社吴嫦娥社长及相关工作人员的大力支持与帮助，在此表示特别的感谢。作者在撰写本教材的过程中，参考、借鉴了大量本学科相关著作、教材与论文，在此向其作者表示由衷的感谢。由于本人水平所限，本教材定会存在不当之处，竭诚欢迎广大读者批评指正。若有意见、建议或指正，请发送至作者邮箱，邮箱地址是：nashuichouhua@126.com。本教材任课教师专用 QQ 群号是：640296287（仅供任课老师申请加入，申请加入时，请说明单位、姓名）。

同时，作者发现本人前期成果有的已被个别人员抄袭、剽窃。在此特别郑重声明，本教材内容及本人其他相关成果是经作者用心撰写而成的，严禁任何人对其进行抄袭、剽窃，否

I

则作者本人将联同北京交通大学出版社对其追究法律责任。

  为方便教学，本教材配有的PPT授课课件、课后习题答案电子版和期末试卷等，可提供给为学生统一订购教材的学校任课教师。任课教师需要通过电子邮件发送工作单位、姓名、教材名称、学生用书量等信息后索取（邮箱地址：cbswce@jg.bjtu.edu.cn）。

作　者

2021年9月

目　录

第 1 篇　纳税筹划认知

第 1 章　纳税筹划概述 ... 1
- 1.1 纳税筹划的含义与特征 ... 1
- 1.2 纳税筹划的主要形式 ... 3
- 1.3 纳税筹划相关概念辨析 ... 4
- 1.4 纳税筹划的成本与收益 ... 6
- 1.5 纳税筹划的目标 ... 9
- 1.6 纳税筹划的方法 ... 11
- 1.7 纳税筹划的步骤 ... 12
  - ◇ 关键词 ... 14
  - ◇ 能力训练 ... 14

第 2 章　纳税筹划的风险与防范 ... 18
- 2.1 纳税筹划风险的含义与特征 ... 18
- 2.2 纳税筹划风险产生的原因 ... 19
- 2.3 纳税筹划风险的类型 ... 21
- 2.4 纳税筹划风险的防范措施 ... 23
  - ◇ 关键词 ... 24
  - ◇ 能力训练 ... 24

第 2 篇　纳税人不同税种下的纳税筹划

第 3 章　增值税的纳税筹划 ... 27
- 3.1 增值税纳税人身份选择的纳税筹划 ... 28
- 3.2 供应商增值税纳税人身份选择的纳税筹划 ... 37
- 3.3 分别核算的纳税筹划 ... 41
- 3.4 折扣方式选择的纳税筹划 ... 42
- 3.5 分立农业生产部门的纳税筹划 ... 45
- 3.6 存货非正常损失的纳税筹划 ... 46
- 3.7 增值税计税方法选择的纳税筹划 ... 48
- 3.8 一般纳税人从小规模纳税人处购买货物、劳务、服务、无形资产或者不动产的纳税筹划 ... 50
- 3.9 避免零申报、负申报的纳税筹划 ... 51

I

3.10　延期纳税的纳税筹划 ·· 53
  3.11　增值税小规模纳税人免征增值税的纳税筹划 ··· 54
  3.12　全面"营改增"后兼营行为的纳税筹划 ··· 55
  3.13　全面"营改增"后混合销售行为的纳税筹划 ··· 56
  3.14　全面"营改增"后变小规模纳税人为一般纳税人的纳税筹划 ··················· 58
  3.15　全面"营改增"后变一般纳税人为小规模纳税人的纳税筹划 ··················· 59
  3.16　全面"营改增"后餐饮服务和住宿服务相互转化的纳税筹划 ··················· 60
  3.17　全面"营改增"后一般计税方法与简易计税方法选择的纳税筹划 ··········· 61
  3.18　全面"营改增"后程租、期租与光租选择的纳税筹划 ······························· 63
  3.19　全面"营改增"后固定资产购置时机选择的纳税筹划 ······························· 64
  3.20　全面"营改增"后办理自然人税务登记的纳税筹划 ·································· 65
  ◇ 关键词 ·· 67
  ◇ 能力训练 ·· 67

第 4 章　消费税的纳税筹划

  4.1　降低价格的纳税筹划 ·· 72
  4.2　通过先销售来降低计税依据的纳税筹划 ··· 73
  4.3　通过设立销售公司来降低计税依据的纳税筹划 ··· 74
  4.4　成套消费品的纳税筹划 ·· 75
  4.5　酒类生产企业合并的纳税筹划 ·· 76
  4.6　白酒生产企业委托加工与自行加工选择的纳税筹划 ································· 77
  4.7　规避消费税的纳税筹划 ·· 81
  4.8　手表起征点纳税筹划 ·· 82
  4.9　自产自用应税消费品的纳税筹划 ·· 83
  4.10　延期纳税的纳税筹划 ·· 85
  ◇ 关键词 ·· 86
  ◇ 能力训练 ·· 86

第 5 章　企业所得税的纳税筹划

  5.1　企业所得税纳税人身份选择的纳税筹划 ··· 91
  5.2　将大企业分立为小企业的纳税筹划 ··· 92
  5.3　加大税前扣除金额的纳税筹划 ·· 94
  5.4　固定资产折旧年限选择的纳税筹划 ··· 95
  5.5　利用小型微利企业低税率政策的纳税筹划 ··· 96
  5.6　无形资产摊销的纳税筹划 ·· 97
  5.7　业务招待费的纳税筹划 ·· 98
  5.8　创造条件成为国家重点扶持的高新技术企业的纳税筹划 ······················· 100
  5.9　技术转让所得的纳税筹划 ·· 102
  5.10　招聘残疾人员的纳税筹划 ·· 103
  5.11　企业捐赠的纳税筹划 ·· 104
  5.12　企业所得税核定征收的纳税筹划 ·· 105

◇ 关键词 106
◇ 能力训练 106

第6章 个人所得税的纳税筹划 110
6.1 个人所得税纳税人身份选择的纳税筹划 110
6.2 居民个人按年均衡综合所得的纳税筹划 112
6.3 居民个人子女教育专项附加扣除方式选择的纳税筹划 113
6.4 合理选择组织形式的纳税筹划 115
6.5 非居民个人增加取得劳务报酬所得次数的纳税筹划 117
6.6 非居民个人费用转移的纳税筹划 118
6.7 非居民个人工资、薪金所得与劳务报酬所得相互转换的纳税筹划 119
6.8 居民个人股东取得红利与工资、薪金选择的纳税筹划 121
6.9 偶然所得临界点的纳税筹划 124
6.10 个人捐赠的纳税筹划 125
◇ 关键词 128
◇ 能力训练 128

第7章 其他税种的纳税筹划 132
7.1 关税的纳税筹划 132
7.2 城市维护建设税的纳税筹划 136
7.3 资源税的纳税筹划 138
7.4 土地增值税的纳税筹划 140
7.5 城镇土地使用税的纳税筹划 142
7.6 房产税的纳税筹划 144
7.7 车船税的纳税筹划 147
7.8 车辆购置税的纳税筹划 149
7.9 印花税的纳税筹划 151
7.10 契税的纳税筹划 155
◇ 关键词 157
◇ 能力训练 157

第3篇 纳税人不同业务流程下的纳税筹划

第8章 企业创建设立中的纳税筹划 162
8.1 一般纳税人与小规模纳税人选择的纳税筹划 162
8.2 国家重点扶持的高新技术企业注册地点选择的纳税筹划 164
8.3 利用西部大开发优惠政策进行注册地点选择的纳税筹划 165
8.4 企业设立时组织形式选择的纳税筹划 166
8.5 企业扩张时组织形式选择的纳税筹划 167
◇ 关键词 168
◇ 能力训练 168

III

第 9 章 企业投资融资中的纳税筹划 ······ 171
- 9.1 投资产业选择的纳税筹划 ······ 171
- 9.2 直接投资与间接投资选择的纳税筹划 ······ 172
- 9.3 房产投资方式选择的纳税筹划 ······ 173
- 9.4 融资结构的纳税筹划 ······ 174
- 9.5 企业向股东筹资的纳税筹划 ······ 175
  - ◇ 关键词 ······ 178
  - ◇ 能力训练 ······ 178

第 10 章 企业生产经营中的纳税筹划 ······ 180
- 10.1 采购对象选择的纳税筹划 ······ 180
- 10.2 采购运费选择的纳税筹划 ······ 181
- 10.3 采购时间选择的纳税筹划 ······ 184
- 10.4 存货计价方法选择的纳税筹划 ······ 185
- 10.5 固定资产折旧方法选择的纳税筹划 ······ 187
- 10.6 还本销售中的纳税筹划 ······ 188
- 10.7 折扣销售的纳税筹划 ······ 190
- 10.8 实物折扣的纳税筹划 ······ 191
- 10.9 返还现金的纳税筹划 ······ 192
- 10.10 销售折扣的纳税筹划 ······ 193
  - ◇ 关键词 ······ 194
  - ◇ 能力训练 ······ 194

第 11 章 企业成果分配中的纳税筹划 ······ 197
- 11.1 境外投资利润分配的纳税筹划 ······ 197
- 11.2 亏损弥补的纳税筹划 ······ 198
- 11.3 企业转让股票时机选择的纳税筹划 ······ 199
- 11.4 个人转让股票时机选择的纳税筹划 ······ 200
  - ◇ 关键词 ······ 201
  - ◇ 能力训练 ······ 202

第 12 章 企业产权重组中的纳税筹划 ······ 203
- 12.1 通过合并转换增值税纳税人身份的纳税筹划 ······ 203
- 12.2 通过合并来抵扣增值税进项税额的纳税筹划 ······ 204
- 12.3 通过合并变销售行为为转让企业产权的纳税筹划 ······ 205
- 12.4 通过分立转换增值税纳税人身份的纳税筹划 ······ 206
- 12.5 通过分立变混合销售行为为两种单一行为的纳税筹划 ······ 208
- 12.6 通过设立销售公司的纳税筹划 ······ 209
- 12.7 企业清算的纳税筹划 ······ 210
  - ◇ 关键词 ······ 211
  - ◇ 能力训练 ······ 212

第 4 篇　纳税筹划前沿

第 13 章　企业签订合同中的纳税筹划 ⋯⋯⋯⋯⋯⋯⋯⋯⋯⋯⋯⋯⋯⋯⋯⋯⋯⋯⋯⋯⋯⋯ 215
　13.1　避免陷入合同税收陷阱的纳税筹划 ⋯⋯⋯⋯⋯⋯⋯⋯⋯⋯⋯⋯⋯⋯⋯⋯⋯⋯⋯⋯⋯ 215
　13.2　签订分期收款合同的纳税筹划 ⋯⋯⋯⋯⋯⋯⋯⋯⋯⋯⋯⋯⋯⋯⋯⋯⋯⋯⋯⋯⋯⋯⋯ 216
　13.3　改变合同性质的纳税筹划 ⋯⋯⋯⋯⋯⋯⋯⋯⋯⋯⋯⋯⋯⋯⋯⋯⋯⋯⋯⋯⋯⋯⋯⋯⋯ 217
　13.4　改变合同中租金支付方式的纳税筹划 ⋯⋯⋯⋯⋯⋯⋯⋯⋯⋯⋯⋯⋯⋯⋯⋯⋯⋯⋯⋯ 219
　　◇　关键词 ⋯⋯⋯⋯⋯⋯⋯⋯⋯⋯⋯⋯⋯⋯⋯⋯⋯⋯⋯⋯⋯⋯⋯⋯⋯⋯⋯⋯⋯⋯⋯⋯ 220
　　◇　能力训练 ⋯⋯⋯⋯⋯⋯⋯⋯⋯⋯⋯⋯⋯⋯⋯⋯⋯⋯⋯⋯⋯⋯⋯⋯⋯⋯⋯⋯⋯⋯⋯ 220

第 14 章　现金净流量法在纳税筹划决策中的应用 ⋯⋯⋯⋯⋯⋯⋯⋯⋯⋯⋯⋯⋯⋯⋯⋯⋯⋯ 222
　14.1　纳税筹划决策中的公式模型 ⋯⋯⋯⋯⋯⋯⋯⋯⋯⋯⋯⋯⋯⋯⋯⋯⋯⋯⋯⋯⋯⋯⋯⋯ 222
　14.2　现金净流量法在增值税纳税人身份选择纳税筹划中的应用 ⋯⋯⋯⋯⋯⋯⋯⋯⋯⋯⋯ 226
　14.3　现金净流量法在供应商增值税纳税人身份选择纳税筹划中的应用 ⋯⋯⋯⋯⋯⋯⋯⋯ 230
　　◇　关键词 ⋯⋯⋯⋯⋯⋯⋯⋯⋯⋯⋯⋯⋯⋯⋯⋯⋯⋯⋯⋯⋯⋯⋯⋯⋯⋯⋯⋯⋯⋯⋯⋯ 234
　　◇　能力训练 ⋯⋯⋯⋯⋯⋯⋯⋯⋯⋯⋯⋯⋯⋯⋯⋯⋯⋯⋯⋯⋯⋯⋯⋯⋯⋯⋯⋯⋯⋯⋯ 234

第 15 章　纳税筹划的风险管理研究 ⋯⋯⋯⋯⋯⋯⋯⋯⋯⋯⋯⋯⋯⋯⋯⋯⋯⋯⋯⋯⋯⋯⋯⋯ 236
　15.1　纳税筹划风险管理的流程框架 ⋯⋯⋯⋯⋯⋯⋯⋯⋯⋯⋯⋯⋯⋯⋯⋯⋯⋯⋯⋯⋯⋯⋯ 236
　15.2　纳税筹划风险管理的准备 ⋯⋯⋯⋯⋯⋯⋯⋯⋯⋯⋯⋯⋯⋯⋯⋯⋯⋯⋯⋯⋯⋯⋯⋯⋯ 237
　15.3　纳税筹划风险管理的实施 ⋯⋯⋯⋯⋯⋯⋯⋯⋯⋯⋯⋯⋯⋯⋯⋯⋯⋯⋯⋯⋯⋯⋯⋯⋯ 239
　15.4　纳税筹划风险管理的监控 ⋯⋯⋯⋯⋯⋯⋯⋯⋯⋯⋯⋯⋯⋯⋯⋯⋯⋯⋯⋯⋯⋯⋯⋯⋯ 253
　15.5　我国企业纳税筹划风险管理当前存在的问题 ⋯⋯⋯⋯⋯⋯⋯⋯⋯⋯⋯⋯⋯⋯⋯⋯⋯ 255
　15.6　改进我国企业纳税筹划风险管理的措施 ⋯⋯⋯⋯⋯⋯⋯⋯⋯⋯⋯⋯⋯⋯⋯⋯⋯⋯⋯ 256
　　◇　关键词 ⋯⋯⋯⋯⋯⋯⋯⋯⋯⋯⋯⋯⋯⋯⋯⋯⋯⋯⋯⋯⋯⋯⋯⋯⋯⋯⋯⋯⋯⋯⋯⋯ 258
　　◇　能力训练 ⋯⋯⋯⋯⋯⋯⋯⋯⋯⋯⋯⋯⋯⋯⋯⋯⋯⋯⋯⋯⋯⋯⋯⋯⋯⋯⋯⋯⋯⋯⋯ 258

附录 A　货币时间价值系数表 ⋯⋯⋯⋯⋯⋯⋯⋯⋯⋯⋯⋯⋯⋯⋯⋯⋯⋯⋯⋯⋯⋯⋯⋯⋯⋯⋯ 261
参考文献 ⋯⋯⋯⋯⋯⋯⋯⋯⋯⋯⋯⋯⋯⋯⋯⋯⋯⋯⋯⋯⋯⋯⋯⋯⋯⋯⋯⋯⋯⋯⋯⋯⋯⋯⋯ 269

第1篇 纳税筹划认知

第1章

纳税筹划概述

能力目标
(1) 能明确纳税筹划的含义和特征。
(2) 能划分纳税筹划的主要形式。
(3) 能界定纳税筹划、偷(逃)税、抗税与骗税。
(4) 能进行纳税筹划的成本与收益分析。
(5) 能进行纳税筹划的目标分析。
(6) 能划分不同的纳税筹划方法。
(7) 能梳理纳税筹划的步骤。

1.1 纳税筹划的含义与特征

1.1.1 纳税筹划的含义

纳税筹划、税收筹划、税务筹划都是根据英文"tax planning"翻译出来的,在此不作具体的区分。为统一起见,本书采用"纳税筹划"一词。

荷兰国际财政文献局(IBFD)编著的《国际税收词汇》对纳税筹划是这样定义的:纳税筹划是指纳税人通过经营活动或个人事务活动的安排,实现缴纳最低的税收。

印度税务专家 N.J. 雅萨斯威在《个人投资和税收筹划》一书中指出:税收筹划是纳税人通过税务活动的安排,以充分利用税收法规所提供的包括减免税在内的一切优惠,从而获得最大的税收收益。

美国南加州大学 W.B. 梅格斯博士在与别人合著、已再版多次的《会计学》中指出:人们合理而又合法地安排自己的经营活动,使之缴纳可能最低的税收,他们使用的方法可称为税收筹划。

我国税务专家唐腾翔在《税收筹划》中指出:税收筹划是指在法律规定许可的范围内,通过经营、投资、理财活动的事先筹划和安排,尽可能取得节税的税收利益。

张中秀在《公司避税节税转嫁筹划》中指出:纳税筹划是指纳税人通过非违法的避税

方法和合法的节税方法以及税负转嫁方法来达到尽可能减少税负的行为。后来在《纳税筹划宝典》中又提到了第四种形式，即"实现涉税零风险"。

盖地在《税务筹划》（第3版）中指出：税务筹划是纳税人依据所涉及的税境，在遵守税法、尊重税法的前提下，以规避涉税风险，控制或减轻税负，根据税法中的"允许"有利于实现企业财务目标的谋划、对策与安排。

综上所述，纳税筹划有广义和狭义之分。广义的纳税筹划既包括节税筹划，又包括避税筹划、税负转嫁筹划和实现涉税零风险（又称涉税零风险筹划），持这种观点的有张中秀等人；狭义的纳税筹划只包括节税筹划，持这种观点的有唐腾翔等人。本书从研究的目的出发，采用广义纳税筹划的观点，认为纳税筹划不仅包括节税筹划，还包括避税筹划、税负转嫁筹划和涉税零风险筹划。

事实上，纳税筹划是企业财务管理的一部分，研究纳税筹划不能脱离财务管理。财务管理的目的是实现企业价值最大化，因此，纳税筹划的最终目标不仅仅是为了减轻企业的税负，而是要实现企业价值最大化。因此，本书认为：纳税筹划是指企业在不违反法律的前提下，自行或委托代理人，通过对企业设立、筹资、投资、经营、股利分配、产权重组等活动中涉税事项事先进行策划和安排，来实现企业价值最大化。

1.1.2 纳税筹划的特征

1. 不违法性

不违法性主要是针对广义的纳税筹划来说的，是指纳税筹划不能违反法律规定。不违反法律规定是纳税筹划的前提条件，是纳税筹划最基本的要求，也是纳税筹划与偷（逃）税、抗税、骗税的根本区别。

2. 事先性

事先性是指企业在从事经营活动或投资活动之前，就把税收作为影响最终成果的一个重要因素来设计和安排。一方面，纳税义务通常具有滞后性，企业在交易行为发生之后才有纳税义务，决定了企业可以对自身应税经营行为进行事前的安排；另一方面，纳税筹划要在应税行为发生之前进行，一旦业务已经发生，事实已经存在，纳税义务已经形成，此时便无法进行筹划了。

3. 目的性

目的性是指纳税筹划有明确的目的，即实现企业价值最大化。也就是说，纳税筹划以减轻税负为初级目的，而以实现企业价值最大化为终极目的。当两者矛盾时，一般情况下，应当选择能实现企业价值最大化的纳税筹划方案。

4. 协作性

协作性是指由于复杂的纳税筹划涉及的经营活动关系到企业的生产、经营、投资、理财、营销等所有活动，因此它不是由某个部门或某个人单独进行操作就能够完成的工作，它需要有规范的经营管理，并且在企业领导重视的前提下，财务部门和其他部门的密切配合、充分协作才能顺利进行。

5. 全面性

全面性是指纳税筹划应该从战略的角度去考虑和把握。也就是说，企业进行纳税筹划时应当用全面、发展的眼光看问题。企业不能只盯着个别税种的筹划，而应着眼于各种税种的筹划。同时，企业不能仅仅局限于短期目标的实现，而应考虑企业的长远发展目标，最终能够增加企业长期整体的收益。

6. 专业性

一方面，纳税筹划是一门涉及税收学、管理学、财务学、会计学、法学等的综合性学问，这需要跨学科的专门人才来从事这项工作；另一方面，随着经济的飞速发展，世界市场的逐渐扩大，以及各国税制的日益复杂化和税收法律、法规的不断更新和变化，单凭某一个人自己的努力就可以短时间设计一套相对复杂的纳税筹划方案，已经越来越不可能。这不仅促使企业开始建立从事纳税筹划的部门，而且也促进了作为第三产业的税务代理行业的发展。

7. 时效性

世界各国的税收法律、法规都不是固定不变的，而总是随着国际、国内的经济环境的变化而不断修订、变革和完善的。这就要求企业一方面要抓住时机，及时充分地利用好法律、法规的优惠政策；另一方面，必须密切关注税收法律、法规的发展变化，对原先已经制订或实行的纳税筹划的方案进行及时的修订、调整或更正。

8. 风险性

由于税收法律、法规的不断调整和变化，企业外界环境因素、企业内部成员因素及其他因素的影响，使得纳税筹划结果存在不确定性，不可能有百分之百的成功率。而有的纳税筹划是立足于长期规划，长期性则蕴含着更大的风险性。此外，纳税筹划的预期收益往往是一个估算值。因此，纳税筹划具有显著的风险性。

1.2 纳税筹划的主要形式

广义的纳税筹划分为4种主要形式：节税筹划、避税筹划、税负转嫁筹划和涉税零风险筹划。

1.2.1 节税筹划

节税筹划是指企业在不违背法律本身且不违背法律立法精神的前提下，在国家法律及税收法规许可并鼓励的范围内，采用税法所赋予的税收优惠或选择机会，来对各种涉税事项进行策划和安排，通过减轻税负来实现企业价值最大化。根据前面所述，纳税筹划的目的不仅仅是减轻企业的税负，而是要实现企业价值最大化，因此最优的节税筹划也应以此为目标。

节税筹划是在企业不违背法律本身且不违背法律立法精神的前提下进行的，筹划活动本身及其后果与税法的本意相一致，这有利于加强税法的地位，从而使政府更加有效地利用税法来进行宏观调控，是政府提倡的行为。

1.2.2 避税筹划

避税筹划强调的是不违背法律本身但违背了法律立法精神，是指企业利用法律的空白、漏洞或缺陷，来对各种涉税事项进行策划和安排，通过规避税收来实现企业价值最大化。然而由于避税筹划违背了法律立法精神，所以风险性较大，是一种短期行为，最终难以实现企业价值最大化的目标。

避税筹划遵循"法无明文不为罪"的原则,当然不符合政府的政策导向和意图,是政府所不提倡的。其成功意味着行为主体对法律漏洞与缺陷找得准确,促使政府弥补漏洞与缺陷,客观上促使税法逐步得到完善。从这方面来说,避税筹划又有助于社会经济的进步与发展。

1.2.3 税负转嫁筹划

税负转嫁筹划是指纳税人为了达到减轻税负的目的,通过价格的调整和变动,将税负转嫁给他人承担的经济行为。

典型的税负转嫁是在商品流通过程中,纳税人通过提高销售价格或压低购进价格,将税负转嫁给购买者或供应者。这便导致纳税人和负税人分离,纳税人是法律意义上的纳税主体,负税人(购买者或供应者)是经济上的承担主体,而国家的税收收入并不受到影响,因此政府对此一般持中立态度。

1.2.4 涉税零风险筹划

涉税零风险筹划是指企业通过努力来做到会计账目清楚,会计核算健全,纳税申报正确,业务流程规范、合理,税款缴纳及时、足额,使其一般不会出现任何关于税收方面的处罚,即在税收方面是处在几乎零风险的状态中,或者是处在风险极小可以忽略不计的一种状态中。

涉税零风险筹划虽然不能为企业带来直接经济利益的增加额,但却能够为企业创造出一定的间接经济利益。这主要表现在:一是涉税零风险筹划可以避免涉税风险和损失的出现,从而避免了税务机关的经济处罚;二是企业实现涉税零风险还可以避免发生信誉损失,而好的纳税信誉有利于企业的经营;三是通过实现企业会计账目清楚,纳税申报正确,缴纳税款及时、足额等,会使税务机关对企业留下很好的印象,以致能够获取税务检查及税收优惠政策运用上的宽松待遇等。这些都会有利于企业价值最大化目标的实现和企业的长远发展。

涉税零风险筹划有利于形成良好的税收征纳环境,促进经济和社会和谐发展,因此政府对此是鼓励的。

1.3 纳税筹划相关概念辨析

1.3.1 偷(逃)税、抗税、骗税的含义

偷(逃)税[①]是指纳税人采取伪造、变造、隐匿、擅自销毁账簿、记账凭证,或者在账簿上多列支出或者不列、少列收入,或者经税务机关通知申报而拒不申报或者进行虚假纳税申报,不缴或者少缴应纳税款的行为。

---

① 从2009年2月28日起,《中华人民共和国刑法》用"逃避缴纳税款"的表述取代了原法律条文中"偷税"的表述;但《中华人民共和国税收征收管理法》仍然用"偷税"一词。

抗税是指纳税人以暴力、威胁方法拒不缴纳税款的行为。

骗税是指纳税人以假报出口，骗取国家出口退税款的行为。

1.3.2 偷（逃）税、抗税、骗税与纳税筹划的区别

1. 性质不同

纳税筹划是在正确履行纳税义务的前提下进行的，它的特点是合法或不违法，而偷（逃）税、抗税、骗税通过非法手段将应税行为变为非应税行为，从而直接逃避纳税人自身的应税责任，是一种违法甚至犯罪行为，应该受到法律的制裁。

2. 使用的手段不同

纳税筹划采取公开或相对公开的手段，不需要进行修饰和掩盖，以理财为手段来实现企业的财务目标。偷（逃）税、骗税采用隐蔽的手段达到少缴税款的目的，具有欺诈性；抗税采用暴力、威胁的手段，恶意触犯法律，必将受到法律的严惩。

3. 承担责任不同

纳税筹划既然是一种合法或不违法行为，原则上不会承担法律责任，并理应受到国家法律的保护和认可。偷（逃）税、抗税、骗税是一种违法行为，一经查实，除要给予一定比例的经济处罚外，还要视情节轻重，决定是否追究刑事责任。

4. 政府的态度不同

偷（逃）税、抗税、骗税行为具有故意性、欺诈性、违法性等特征，使国家税收遭受严重损失。政府对其持坚决的反对和抵制态度，并对此类行为有专门的处罚规定。而对纳税筹划，政府一般持鼓励和支持态度。虽然对于避税筹划，政府持不提倡态度，但是相对于偷（逃）税、抗税、骗税行为来说，政府对其态度要宽松很多。

1.3.3 相关概念之间的比较

节税筹划、避税筹划、税负转嫁筹划、涉税零风险筹划与偷（逃）税、抗税、骗税的比较如表1-1所示。

表1-1 节税筹划、避税筹划、税负转嫁筹划、涉税零风险筹划与偷（逃）税、抗税、骗税的比较一览表

比较点	节税筹划	避税筹划	税负转嫁筹划	涉税零风险筹划	偷（逃）税、抗税、骗税
法律性质	合法	非违法	纯经济活动	合法	违法
政府态度	提倡	不提倡	中立	鼓励	反对和抵制
风险性	低风险	风险较高	多因素风险性	几乎零风险	高风险
实施手段	主要利用税收优惠政策或选择机会	主要利用税法漏洞	调整产品价格	正确进行纳税申报，及时、足额纳税	利用非法手段
立法意图	体现	违背	不相关	顺应	违反
经济影响	促进经济良性发展	影响以致破坏市场规则	有利于企业间的竞争	有利于形成良好的税收征纳环境	违背公平竞争原则，破坏经济秩序

1.4 纳税筹划的成本与收益

1.4.1 纳税筹划的成本

纳税筹划成本是指因企业进行纳税筹划而失去或放弃的资源。纳税筹划成本包括以下几个方面内容。

1. 制订和执行纳税筹划方案而新增的成本

纳税筹划方案的制订和执行成本是指纳税筹划方案在制订和执行过程中所产生的支出。

纳税筹划方案的制订和执行成本具体包括：收集和保存与纳税筹划相关的信息的耗费，纳税筹划人员因从事与纳税筹划方案制订和执行工作相应的工资、薪金，对纳税筹划人员进行纳税筹划培训的费用，委托税务代理机构进行纳税筹划的全部费用，因按照纳税筹划方案来安排生产、经营等活动而产生的诸如筹建或改建成本、沟通及协作成本、制订计划成本、谈判成本、监督成本和管理成本等。需要注意的是，制订和执行纳税筹划方案而新增的成本指的是纳税筹划方案与原纳税方案相比，其制订和执行成本的增加值。

2. 因进行纳税筹划而新增的纳税成本

纳税成本是指纳税人在纳税过程中所发生的直接或间接费用，包括经济、时间等方面的损失。

因进行纳税筹划而新增的纳税成本也是一个增加值，它是与原纳税方案相比纳税成本的增加值，具体包括以下五个方面。一是新增正常税负，指按照税法规定计算得出的纳税筹划方案缴纳各项税款总额比原纳税方案税款总额的增加额，它是纳税筹划方案的正常税负，是必须支付的，是一项法定义务。此项成本是考虑到纳税筹划并非总是以减少税负为目的，有时税负增加同样会带来经济利益。二是新增办税费用，指与原纳税方案相比增加的办税费用。办税费用包括办税人员费用、资料费用、差旅费用、邮寄费用、利息等。三是新增税收滞纳金和罚款，指的是纳税筹划方案被认定为偷税等违法行为而导致的罚款及缴纳的滞纳金。四是为取得税务机关对纳税筹划方案的认可而发生的加强沟通、游说等支出。五是因不服税务机关对自己纳税筹划方案的违法行为认定而产生的行政复议、行政诉讼费用支出等。

3. 纳税筹划的心理成本

心理成本是指纳税人因担心纳税筹划失败而产生的与焦虑相关的损失。

心理成本很难测量，对此也很少有人进行深入研究，但这并不意味着心理成本不重要。许多人在处理纳税筹划事项时都要经历相当大的焦虑和挫折。这种状况将影响他们的工作效率，对于心理承受能力差的人而言，这种心理甚至会影响他们的身体健康，使他们付出更大的心理成本作为进行纳税筹划的代价。心理成本的高低取决于纳税筹划的复杂程度、纳税人的心理承受力、当地税务机关对纳税筹划的态度、政府对税收违法行为处罚的严厉程度等。

4. 纳税筹划的机会成本

纳税筹划的机会成本，也就是纳税筹划的隐性成本，是指纳税人由于采用拟订的纳税筹划方案而放弃的潜在利益。

纳税筹划过程本身是一个决策过程，即在众多方案中选择一个最佳方案，但选定一个方案必然要舍弃其他方案。纳税筹划的机会成本在纳税筹划实务中往往被忽视，可能导致结果得不偿失。

5. 纳税筹划的风险成本

纳税筹划的风险成本是指由于纳税筹划风险的存在而发生的成本。

纳税筹划的风险成本主要包括：企业因纳税筹划方案设计失误或实施不当而造成筹划目标落空的经济损失，因税收政策的变化导致纳税筹划方案失败产生的损失，因企业经营活动的变化导致原纳税筹划方案无法实现既定目标而产生的损失，因税务机关对纳税筹划方案的错误认定而产生的损失等。

6. 纳税筹划的非税成本

纳税筹划的非税成本是指企业因实施纳税筹划所产生的连带经济行为的经济后果。它是一个内涵丰富的概念，有可量化的内容，也有不能量化的内容。

由于信息的不对称，隐藏行为和隐藏信息的存在，使得非税成本有时很大，甚至大大超过节省的税收利益。例如，如果一个企业多年亏损，有大量的税收损失，这时，另一个盈利企业若兼并这家企业会产生很大的节税收益。但是不能忽视的是，兼并后管理费用、协调费用都会大大增加，而且由于信息不对称，盈利企业对被兼并企业其他方面（如资产状况、员工素质）的情况可能不是很了解，种种非税成本加起来可能会抵免了所享受的节税收益。

上述纳税筹划成本的分类并不是非常严格的，有些纳税筹划成本可能同时属于其中的两类或多类。例如，纳税筹划被认定为偷税等违法行为而导致的罚款及缴纳的滞纳金，既属于因进行纳税筹划而新增的纳税成本，又属于纳税筹划的风险成本。

1.4.2 纳税筹划的收益

纳税筹划收益是指因企业进行纳税筹划而获得的各种利益。纳税筹划收益包括以下几个方面内容。

1. 因进行纳税筹划而新增的收入

在数量上，新增收入等于纳税筹划后企业各项收入大于纳税筹划前各项收入的部分。值得注意的是，这里所说的新增收入均是由纳税筹划活动直接或间接引起的，但企业发生的与纳税筹划活动无关的新增收入不包括在其中。

2. 因进行纳税筹划而减少的纳税成本

与纳税筹划成本中的新增纳税成本相对应，纳税成本的减少额主要包括与原纳税方案相比，纳税筹划方案引起的税负的减少额、办税费用的节约额及行政处罚的减少额等。其中，税负的减少额是主要部分，是指实施纳税筹划方案的全部税负低于原纳税方案全部税负的差额。

3. 因进行纳税筹划而新增的货币时间价值

这主要是通过延期纳税来实现的。通过延期纳税使企业当期的总资金增加，不仅可以用来清偿债务，而且可以用来进行持续的生产经营。

4. 由于涉税零风险筹划而给企业带来的利益

前面也已提到，涉税零风险筹划虽然不能为纳税人带来直接经济利益的增加，但却能够为纳税人创造出一定的间接经济利益。通过实现涉税零风险，一方面有利于企业形成较好的纳税信誉，树立良好的形象，从而有利于企业的经营；另一方面会使税务机关对企业留下很好的印象,使之能够获取税务检查以及税收优惠政策运用上的宽松待遇等。

5. 由于纳税筹划提高了企业整体管理水平和核算水平而使企业增加的收益

企业进行纳税筹划时,起用高素质的财税人才,规范自己的财务会计处理、财务管理、内部纳税控制和纳税申报,这便提高了自己的管理水平和核算水平,从而为企业带来收益。

类似于纳税筹划成本的分类,上述纳税筹划收益的分类并不是非常严格的,有些纳税筹划收益可能同时属于其中的两类或多类。

1.4.3 纳税筹划的成本与收益分析法

纳税筹划的"成本与收益分析法",是指在纳税筹划方案的制订和执行过程中,要比较纳税筹划方案带来的收益与其耗费的成本,只有纳税筹划方案的成本小于取得的收益时,该纳税筹划方案才是可行的;反之,不可行。

借鉴财务管理中投资决策的分析方法,在进行成本收益分析时,可以把能够量化的纳税筹划成本和收益进行折算,然后进行大致比较,具体步骤如下。

1. 确定比较期限

纳税筹划一般立足于企业的长远发展,因而纳税筹划的成本与收益分析不能仅仅局限于某个纳税年度。企业可根据自身实际,确定比较年限为 n 年。

2. 将纳税筹划成本折现

即把前 n 年内的所有纳税筹划成本依次折现到纳税筹划方案执行的起始日,并求和得出 C。

3. 将纳税筹划收益折现

即把前 n 年内的所有纳税筹划收益依次折现到纳税筹划方案执行的起始日,并求和得出 R。

4. 比较这两个值的大小

若 $R>C$,则此纳税筹划方案是可行的;若 $R\leq C$,则此纳税筹划方案不可行。

上述步骤中第2、3步骤的计算公式如下:

$$C = \sum_{t=1}^{n}[C_t \times (P/F, i, t)]$$

$$R = \sum_{t=1}^{n}[R_t \times (P/F, i, t)]$$

式中 C——总的纳税筹划成本;

C_t——第 t 年的纳税筹划成本;

R——总的纳税筹划收益;

R_t——第 t 年的纳税筹划收益;

$(P/F, i, t)$——第 t 年的复利现值系数;

i——折现率;

n——比较期限,年。

案例分析

【例1-1】甲公司202×年年初开始实施一项为期5年的纳税筹划方案,制订和执行该纳税筹划方案第 1 年发生的各种可直接量化的成本为 40 万元（假设发生在年初），第 2～5 年每年发生的各种可直接量化的成本为 10 万元（假设发生在年初），该纳税筹划方案第 1～4 年每年获取的各种可直接量化的收益为 10 万元（假设发生在年末），第 5 年获取的各种可直接量化的收益为 50 万元（假设发生在年末）。假设包括风险成本在内的不可直接量化的成本和不可直接量化的收益都忽略不计，且设折现率为 10%，请运用成本与收益分析方法判断此方案是否可行。

分析过程：$R = 10 \times (P/A, 10\%, 4) + 50 \times (P/F, 10\%, 5) = 10 \times 3.1699 + 50 \times 0.6209 = 31.699 + 31.045 = 62.744$（万元）

$C = 40 + 10 \times (P/A, 10\%, 4) = 40 + 10 \times 3.1699 = 40 + 31.699 = 71.699$（万元）

由于 $R<C$，因此这一纳税筹划方案不可行。

1.5　纳税筹划的目标

1.5.1　纳税筹划目标的种类

纳税筹划的目标，是指企业通过纳税筹划希望达到的结果。对纳税筹划进行准确的目标定位，直接关系到纳税筹划的成败。纳税筹划的目标从不同的角度可以分为以下几种。

1. 实现税负最小化

纳税人对减轻自身税负的追求，是纳税筹划产生的最初原因。但随着现代财务理念的发展，人们发现纳税筹划单纯地以实现税负最小化为目标存在很多缺陷，主要表现在以下三个方面。第一，它没有考虑纳税筹划方案对相关收入和成本的影响，容易导致决策的片面性。若减少的税负是以减少更多的收入或增加更多的成本为代价，则结果是得不偿失的。第二，它没有考虑货币时间价值。不同纳税筹划方案下相关收益的流入或成本的流出可能发生在不同的时点，在不同时点的现金流量的现值是不同的，而税负最小化没有考虑时间价值因素，这在纳税筹划方案涉及长期决策时很可能出现失误。第三，它没有考虑相关的风险。不同的纳税筹划方案所面对的风险往往是不同的，有的方案可能实现比较低的税负，但是要实现低税负可能要面对很多不确定的负面因素，在这种情况下，仅仅考虑税负的高低就不能作出正确的决策。

因此，纳税筹划以实现税负最小化为目标具有很大的缺陷，甚至会将企业的纳税筹划引入误区。当然，减少税负是纳税筹划最直接的动机，也是纳税筹划兴起与发展的直接原因。没有节税动机，也就不可能会有纳税筹划。

2. 实现税后利润最大化

税后利润最大化目标，可以克服税负最小化目标的第一个缺陷，即克服没有考虑相关的收入和成本的缺陷。税后利润最大化目标在当今的理论和实务界比较流行。这种观点认为，由于税后利润=收入-成本-税金，要实现税后利润最大化，就要追求在收入增加、成本减少的同时，尽可能地减少税金的缴纳，使收入减去成本再减去税金后的值即税后利润最大。但是这一目标的提出，仍然没有解决时间价值和风险计量的问题，在纳税筹划方案涉及不同期间的现金流量时有可能导致决策失误。它容易导致企业只注重对本年度利润的追求，造成纳税筹划的短期行为，不能兼顾企业的长远发展。当然，在一年以内的短期纳税筹划决策中，税后利润最大化目标一般是能够胜任对纳税筹划方案的选择和评价的。

3. 获取货币时间价值最大化

货币是有时间价值的。企业通过一定的手段将本期应该缴纳的税款延期缴纳，以获得货币的时间价值，也是纳税筹划的目的之一。虽然这笔税款迟早是要缴纳的，但本期无偿占用这笔资金就相当于从财政部门获得了一笔无息贷款，并且这笔无息贷款不存在财务风险。然而，获取货币时间价值最大化是在应缴税金一定的情况下进行的，企业不能单纯地为了获取货币时间价值最大化而最大限度地晚缴税金，在少缴和晚缴之间应进行合理的选择。

4. 实现纳税风险最小化

实现纳税风险最小化虽然不一定能够直接获取税收上的好处，但却能间接地获取一定的经济利益，主要表现在以下三个方面。第一，实现纳税风险最小化可以使纳税人不至于遭受税务机关的经济处罚，避免发生不必要的经济损失。第二，实现纳税风险最小化可以避免企业发生不必要的名誉损失，使企业的品牌和产品更容易为消费者所接受，从而有利于企业的生产经营。第三，实现纳税风险最小化主要是通过达到涉税零风险这一状态来实现的。涉税零风险状态可以使企业账目更加清楚，使得管理更加有条不紊，有利于企业控制成本费用，也有利于企业的长远发展与规模扩大。

5. 实现企业价值最大化

这种观点认为，纳税筹划属于财务管理范畴，纳税筹划的目标应与财务管理的目标相一致。现代财务理论基本上确立了以企业价值最大化作为财务管理的目标，企业的内在价值，应当是未来企业能够创造的现金净流量的现值，是对未来现金流入和流出、现金流量的时间价值和风险综合评价的结果。将企业价值最大化作为纳税筹划的目标，可以弥补税负最小化和税后利润最大化目标的缺陷，能够综合考虑纳税筹划方案引起的相关的收益和成本以及时间价值和风险因素，因此不失为一种理想的目标定位。以实现企业价值最大化作为纳税筹划目标的主要应用是在长期纳税筹划决策中引入净现值法，即计算长期纳税筹划方案可能带来的相关现金流量的净现值，以此作为评价长期纳税筹划方案优劣的根据。由于计算净现值时采用的折现率不仅考虑了货币时间价值因素，而且考虑了风险因素，因此净现值法可以帮助纳税筹划人员更为准确地进行纳税筹划方案的选择与决策。当然，实现企业价值最大化的纳税筹划目标同样存在缺陷：一是在计算长期纳税筹划方案带来的净现值时，难以确定折现率，即难以准确计量纳税筹划方案的货币时间价值；二是难以确定风险因素的影响，即难以确定采用风险调整贴现率法还是调整现金流量法。这些都制约着企业价值最大化目标和净现值法在长期纳税筹划决策中的应用。另外，实现企业价值最大化的目标是针对企业而言的；对于个人而言，一般称为实现个人价值最大化或股东价值最大化。

1.5.2 纳税筹划各目标之间的关系

企业纳税筹划的各目标，在不同的纳税筹划项目中有不同的运用。企业在进行纳税筹划时应注意纳税筹划各目标相互之间的联系。企业价值最大化目标是纳税筹划中的最高目标，是企业长期发展必须关注的目标，其在很多时候应该包含其他几个目标。在具体的纳税筹划中，如果企业在实现其他几个目标的过程中违背了实现企业价值最大化的目标，那么也就违背了企业的长远发展规划，该项纳税筹划方案应该进行修正。事实上，纳税筹划决策的长期目标重点在于通过降低企业的纳税负担和纳税风险，以保证企业持续安全地盈利，最终实现企业价值最大化。

然而，值得注意的是，企业价值最大化目标在实际的计量中有一定的局限性。因此，可以把企业价值最大化作为最高目标；而在具体纳税筹划实务中，更多的应体现为其他几个目标。

1.6　纳税筹划的方法

纳税筹划的方法总的来说可以分为七种：一是降低计税依据；二是降低适用税率；三是增加可抵扣（或扣除、抵减、抵免）税额；四是直接减免税款；五是推迟纳税时间；六是规避或转换纳税义务；七是防范纳税风险。

1.6.1　降低计税依据

计税依据，是指纳税人计算应纳税额的依据。在税率确定的情况下，由于应纳税额＝计税依据×税率，因此，降低计税依据，就会导致应纳税额的降低。降低计税依据是纳税筹划最基本的方法。由于各个税种的计税依据不尽相同，因此，纳税人需要研究各个税种计税依据的不同税法规定，来通过各种不同的方法降低计税依据，从而降低企业税负。

1.6.2　降低适用税率

类似于第一种方法，降低适用税率是在存在不同税率的前提下，运用一定的方法选择适用相对较低的税率，从而降低应纳税额的方法。选择该方法的前提条件是存在税率差异以及存在选择的机会。

1.6.3　增加可抵扣（或扣除、抵减、抵免）税额

增加可抵扣（或扣除、抵减、抵免）税额相当于减少了纳税人应当缴纳的税款。可抵扣（或扣除、抵减、抵免）税额包括：在计算应纳增值税时，准予抵扣进项税额；在计算特定应税消费品应纳消费税时，对于以前环节（采购环节或委托加工环节）缴纳的税款在税法规定的范围内准予扣除；在计算缴纳企业所得税时，准许纳税人弥补以前年度（五年内）发生的亏损、自己分公司发生的亏损等，从而相当于变相抵减了税额；在计算缴纳企业所得税时，企业取得的来源于中国境外的应税所得已在境外缴纳的所得税税额，可以从其当期应纳税额中抵免，抵免限额为该项所得依照企业所得税法规定计算的应纳税额，超过抵免限额的部分可以在以后五个年度内，用每年度抵免限额抵免当年应抵税额后的余额进行抵补。

1.6.4 直接减免税款

这主要是指企业通过利用相关减免税的税收优惠政策，直接对企业税负进行减免。例如，农业生产者销售自产的初级农产品免征增值税。

1.6.5 推迟纳税时间

推迟纳税时间，属于相对节税的方法。延迟纳税时间的方法有很多，但基本思路可以归结为：一是尽量推迟确认收入，二是尽早确认成本和费用。

1.6.6 规避或转换纳税义务

这主要是指企业通过改变生产流程或经营方向，一方面可以规避纳税义务，另一方面可以转换纳税义务。对于规避纳税义务，若生产高档化妆品，则缴纳消费税；而若生产护肤护发品（非高档），则不必缴纳消费税。对于转换纳税义务，通过变有限责任公司为合伙企业，可将企业所得税纳税义务转换为个人所得税纳税义务。

1.6.7 防范纳税风险

企业纳税风险最小化是纳税筹划的目标之一。通过纳税筹划，合理合法地纳税，尽最大努力遵守税收法律、法规的规定，从而最大限度地降低纳税风险，使企业平稳健康地发展，有利于建立和谐的税收征纳关系，达到企业与国家的双赢。

1.7 纳税筹划的步骤

1.7.1 收集纳税筹划必需的信息

1. 企业涉税情况与需求分析

不同企业的基本情况及纳税要求有所不同。在实施纳税筹划活动时，首先要了解企业以下基本情况：企业组织形式、筹划主体的意图、经营状况、财务状况、投资意向、管理层对风险的态度、企业的需求和目标等。其中，筹划主体的意图是纳税筹划中最根本的部分，是纳税筹划活动的出发点。

2. 企业相关税收政策与环境分析

企业在着手进行纳税筹划方案设计之前，都应该对企业相关的财税政策和法规进行梳理、整理和归类。全面了解与企业相关的行业、部门税收政策，理解和掌握国家税收政策及精神，争取税务机关的帮助与合作，这对于成功实施纳税筹划尤为重要。如果有条件，最好建立企业税收信息资源库，以备使用。同时，企业必须了解政府的相关涉税行为，就政府对纳税筹划方案可能的行为反应做出合理的预期，以增强筹划成功的可能性。这方面的信息包括政府对纳税筹划中可能涉及的避税活动的态度、政府反避税的主要法规和措施以及政府反避税的运作规程等。

3. 确定纳税筹划的具体目标

纳税筹划的最终目标是企业价值最大化。在对上面已经收集的信息进行分析后，便可以确定纳税筹划的各个具体目标，并以此为基准来设计纳税筹划方案。

1.7.2　设计备选的纳税筹划方案

在掌握相关信息和确立目标之后，纳税筹划的决策者可以着手设计纳税筹划的具体方案。关注角度不同，具体方案就可能存在差异，因此决策者需要将方案逐一列示，并准备在后续过程中进行选择。

纳税筹划方案的设计一般按以下步骤进行：首先，对涉税问题进行认定，即涉税项目的性质，涉及哪些税种等；其次，对涉税问题进行分析，即涉税项目的发展态势、引发后果、纳税筹划空间大小、需解决的关键问题等；最后，设计多种备选方案，即针对涉税问题，设计若干可选方案，包括涉及的经营活动、财务运作和会计处理确定配套方案。

1.7.3　分析、评价各个备选方案并选择一个最佳方案

纳税筹划方案是多种筹划技术的组合运用，同时需要考虑风险因素。纳税筹划方案列示以后，必须进行一系列的分析，主要包括以下三种。

1. 不违法性分析

纳税筹划的首要原则是不违法性原则。任何纳税筹划方案都必须在不违法的前提下进行，因此，对设计的方案首先要进行不违法性分析，以规避法律风险。

2. 可行性分析

纳税筹划的实施，需要多方面的条件，企业必须对方案的可行性做出评估。这种评估包括实施时间的选择、人员素质以及未来的趋势预测。

3. 目标分析

每种设计方案都会产生不同的纳税结果，这种纳税结果是否符合企业既定的目标，是筹划方案选择的基本依据。因此，必须对方案进行目标分析，同时优选最佳方案。目标分析还包括评价纳税筹划的合理性，防止纳税筹划的片面性，影响企业整体策略。对列示方案逐项分析之后，设计者可能获取新的信息，并以此对原有的纳税筹划方案进行调整，同时继续规范分析过程。

对多种方案进行分析、比较和评估后，选择一个最佳方案。

1.7.4　实施该纳税筹划方案

纳税筹划方案选定之后，经管理部门批准，即进入实施阶段。企业应当按照选定的纳税筹划方案，对自己的纳税人身份、组织形式、注册地点、所从事的产业、经济活动及会计处理等做出相应的处理或改变，同时记录筹划方案的收益。

1.7.5　对该纳税筹划方案进行监控、评估和改进

在纳税筹划方案的实施过程中，应及时监控出现的问题，如国家税收政策有所调整，相

关键词

不违法性　事先性　节税筹划　避税筹划　税负转嫁筹划　涉税零风险筹划　纳税筹划成本　纳税筹划收益　纳税筹划目标　纳税筹划方法　纳税筹划步骤

能力训练

一、单项选择题

1. （　　）是政府提倡的行为。
   A. 避税筹划　　B. 偷税　　C. 抗税　　D. 节税筹划
2. 纳税人以暴力、威胁方法拒不缴纳税款的行为属于（　　）。
   A. 偷税　　B. 抗税　　C. 骗税　　D. 避税
3. 企业在从事经营活动或投资活动之前，就把税收作为影响最终成果的一个重要因素来设计和安排，这属于纳税筹划的（　　）特征。
   A. 风险性　　B. 事先性　　C. 目的性　　D. 协作性
4. 企业通过努力来做到会计账目清楚，纳税申报正确，缴纳税款及时、足额，使其一般不会出现任何关于税收方面的处罚是（　　）的主要形式。
   A. 节税筹划　　　　　　　　B. 避税筹划
   C. 涉税零风险筹划　　　　　D. 税负转嫁筹划
5. 纳税人采取伪造、变造、隐匿、擅自销毁账簿、记账凭证，或者在账簿上多列支出或者不列、少列收入，或者经税务机关通知申报而拒不申报或者进行虚假纳税申报，不缴或者少缴应纳税款的行为属于（　　）。
   A. 偷（逃）税　　B. 漏税　　C. 抗税　　D. 骗税
6. 纳税人由于采用拟订的纳税筹划方案而放弃的潜在利益是纳税筹划的（　　）。
   A. 机会成本　　B. 风险成本　　C. 非税成本　　D. 心理成本
7. 纳税筹划中的最高目标是（　　）。
   A. 实现税负最小化　　　　　B. 实现税后利润最大化
   C. 获取货币时间价值最大化　D. 实现企业价值最大化
8. 属于政府不提倡的纳税筹划形式是（　　）。
   A. 税负转嫁筹划　　　　　　B. 涉税零风险筹划
   C. 避税筹划　　　　　　　　D. 节税筹划
9. 财务管理的最终目标是（　　）。
   A. 企业价值最大化　　　　　B. 实现税负最小化
   C. 实现税后利润最大化　　　D. 获取货币时间价值最大化

10. 下列关于纳税筹划相关概念的表述中，正确的是（　　）。

A. 节税即纳税筹划

B. 避税是纳税人使用的一种在表面上遵守税收法律、法规，但实质上与立法意图相悖的非违法形式来达到自己的目的

C. 节税和避税都是税法允许甚至鼓励的行为

D. 偷（逃）税、避税具有违法性

11. 下列关于纳税筹划的表述中，正确的是（　　）。

A. 纳税筹划是税务代理机构可以从事的具有鉴证性能的业务内容

B. 纳税筹划只能在法律许可的范围内进行

C. 纳税筹划可以在纳税行为发生之前或之后进行

D. 纳税筹划的唯一目的是纳税额的减少

12. 下列关于纳税筹划的表述中，错误的是（　　）。

A. 纳税筹划是纳税人的一项权利

B. 纳税筹划要在纳税行为发生之前进行

C. 纳税筹划的唯一目标是少缴税款

D. 纳税筹划可以是企业经营管理中的一个环节

13. 纳税筹划的特点不包括（　　）。

A. 合法性　　　B. 风险性　　　C. 政策性　　　D. 目的性

14. 关于纳税筹划的目标，下列说法中，最为准确的是（　　）。

A. 总体收益最多，并且纳税最少

B. 总体收益最多，或许纳税并非最少

C. 纳税必须最少，或许总体收益并非最多

D. 只需考虑节约税收的支付

15. 纳税人在充分了解现行税法的基础上，通过掌握相关会计知识，在不触犯税法的前提下，对经济活动的筹资、投资、经营等活动做出巧妙的安排，这种安排手段处在合法与非法之间的灰色地带，达到规避或减轻税负目的的行为指的是（　　）。

A. 纳税筹划　　　B. 避税筹划　　　C. 节税筹划　　　D. 税负转嫁筹划

16. 税法在规定某一税种基本税率的基础上，为照顾某些特殊纳税人和征税对象，规定一个或若干个低于基本税率的税率属于（　　）。

A. 免税　　　B. 减税　　　C. 优惠税率　　　D. 累进税率

17. 纳税筹划的首要原则是（　　）。

A. 可行性　　　B. 不违法性　　　C. 合理性　　　D. 风险性

18. 纳税筹划最基本的方法是（　　）。

A. 降低计税依据

B. 降低适用税率

C. 增加可抵扣（或扣除、抵减、抵免）税额

D. 推迟纳税时间

二、多项选择题

1. 根据本书的观点，纳税筹划等同于（　　）。

A. 税收筹划　　　　B. 税务筹划　　　　C. 合理避税　　　　D. 合法节税

2. 纳税筹划的特点包括（　　）。

A. 违法性　　　　　B. 事先性　　　　　C. 目的性　　　　　D. 风险性

3. 下列各项中，属于纳税筹划主要形式的有（　　）。

A. 节税筹划　　　　B. 偷税筹划　　　　C. 税负转嫁筹划　　D. 涉税零风险筹划

4. 偷（逃）税、抗税、骗税与纳税筹划的区别在于（　　）。

A. 性质不同　　　　　　　　　　　B. 承担责任不同

C. 使用的手段不同　　　　　　　　D. 政府的态度不同

5. 下列关于纳税筹划与偷（逃）税、避税、节税的表述中，正确的有（　　）。

A. 偷（逃）税是以非法手段逃避税收负担，是一种违法行为，具有欺诈性；而纳税筹划是通过事前安排避免应税行为的发生，不具有欺诈性

B. 避税是纳税人采取利用某种法律的漏洞或含糊之处的方式来安排自己的事务，以减少纳税义务，但可能不符合税法的精神

C. 节税是指以遵循税收法规和政策的合法方式少缴税的合理行为，其行为符合税法精神

D. 如果纳税筹划符合税法的意图，就是节税；反之，如果企业的纳税筹划违背了税法的意图，利用了税法的漏洞与不足，就是避税

6. 纳税筹划成本包括（　　）。

A. 因进行纳税筹划而新增的纳税成本　　B. 心理成本

C. 非税成本　　　　　　　　　　　　　D. 机会成本

7. 纳税筹划收益包括（　　）。

A. 因进行纳税筹划而新增的收入

B. 因进行纳税筹划而减少的纳税成本

C. 因进行纳税筹划而新增的货币时间价值

D. 由于涉税零风险筹划而给企业带来的利益

8. 纳税筹划的目标从不同的角度可以分为（　　）。

A. 实现税负最小化　　　　　　　　B. 实现税前利润最大化

C. 获取货币时间价值最大化　　　　D. 实现纳税风险最小化

9. 实现纳税风险最小化的利好主要表现在（　　）。

A. 可以使纳税人不至于遭受税务机关的经济处罚，避免发生不必要的经济损失

B. 可以避免企业发生不必要的名誉损失，使企业的品牌和产品更容易为消费者所接受，从而有利于企业的生产经营

C. 使税务机关对企业留下良好的印象，以致能够获取税务检查及税收优惠政策运用上的宽松待遇等

D. 使企业的税负最低

10. 因进行纳税筹划而新增的纳税成本具体包括（　　）。

A. 新增正常税负　　　　　　　　　B. 新增办税费用

C. 新增税收滞纳金和罚款　　　　　D. 对纳税筹划人员进行纳税筹划培训的费用

11. 纳税筹划的方法包括（　　）。

A. 降低计税依据
B. 降低适用税率
C. 增加可抵扣（或扣除、抵减、抵免）税额
D. 推迟纳税时间

三、判断题

1. 纳税筹划就是避税筹划。（   ）
2. 纳税筹划的心理成本也就是纳税筹划的隐性成本。（   ）
3. 涉税零风险筹划虽然不能为企业带来直接经济利益的增加额，但却能够为企业创造出一定的间接经济利益。（   ）
4. 漏税是指纳税人采取伪造、变造、隐匿、擅自销毁账簿、记账凭证，或者在账簿上多列支出或者不列、少列收入，或者经税务机关通知申报而拒不申报或者进行虚假纳税申报，不缴或者少缴应纳税款的行为。（   ）
5. 避税筹划不违背法律本身但违背了法律立法精神。（   ）
6. 因进行纳税筹划而新增的收入不包括企业发生的与纳税筹划活动无关的新增收入。（   ）
7. 实现税负最小化的纳税筹划目标没有考虑相关的风险。（   ）
8. 获取货币时间价值最大化的目标是纳税筹划中的最高目标。（   ）
9. 纳税人最大和最基本的权利，是不需要缴纳比税法规定的更多的税款。（   ）
10. 在税率和计税依据既定的情况下，增加可抵扣（或扣除、抵减、抵免）税额就意味着纳税人实际缴纳税款的减少。（   ）
11. 纳税人来源于我国境外的所得，在境外实际缴纳的所得税款，准予在汇总纳税时，从其应纳税额中抵免。但抵免限额不得超过其境外所得按我国企业所得税法规定计算的应纳税额。（   ）
12. 推迟纳税时间可通过推迟收入和费用的确认来实现。（   ）
13. 纳税人享受减税、免税待遇的，在减税、免税期间可以暂不办理纳税申报。（   ）

四、思考题

1. 谈谈你对纳税筹划含义的理解。
2. 纳税筹划有哪些特征？
3. 纳税筹划有哪几种主要形式？它们之间有什么区别？
4. 涉税零风险筹划可以为企业带来哪些间接经济利益？
5. 偷（逃）税、抗税、骗税与纳税筹划有哪些区别？
6. 纳税筹划成本包括哪几方面内容？
7. 纳税筹划收益包括哪几方面内容？
8. 简述纳税筹划的成本与收益分析法的步骤。
9. 纳税筹划目标有哪些？你认为纳税筹划最佳目标是哪一个？
10. 纳税筹划的方法有哪几种？
11. 简述纳税筹划的步骤。

第 2 章

纳税筹划的风险与防范

能力目标
（1）能明确纳税筹划风险的含义及特征。
（2）能分析纳税筹划风险产生的原因。
（3）能区分纳税筹划风险的类型。
（4）能明确纳税筹划风险的防范措施。

2.1 纳税筹划风险的含义与特征

2.1.1 风险和纳税筹划风险的含义

1. 风险的含义

要对纳税筹划风险下定义，首先需要了解风险的内涵。目前，学术界对风险的内涵还没有统一和权威的定义，但归纳起来有以下八种代表性观点。

1）损失可能性观

美国学者海恩斯于 1895 年在其所著的《经济中的风险》中最早提出风险的概念，他将风险定义为"损害或损失发生的可能性"。这个定义非常接近日常生活中使用的普通概念，主要强调风险可能带来的损失。这种观点认为，损失发生的可能性或者说概率越大，风险越大。

2）损失不确定性观

美国学者威雷特于 1901 年在其博士论文《风险与保险的经济理论》中，为风险下了这样的定义："风险是关于不愿发生的事件发生的不确定性之客观体现。"这一定义强调了以下四点：第一，风险是与损失相关的；第二，风险的本质是"不确定性"，而非可能性；第三，风险是客观存在的；第四，风险被人厌恶，人们不愿其发生。

3）预期结果与实际结果差异观

美国学者小阿瑟·威廉斯将风险定义为："风险是结果中潜在的变化。风险是人们预期结果和实际结果的差异。"这种观点认为，风险是在风险状态下，预期结果与实际结果之间的差异大小或差异的偏离程度。这种预期结果和实际结果之间的差异越小或偏离程度越小，则风险越小；反之，则风险越大。

后来，在对风险进行深入研究以后，人们发现风险不仅可以带来超出预期的损失，也可能带来超出预期的收益。所以广义的风险可定义为：由于事件的不确定性而导致发生损失或收益的可能性。

而在实际的风险管理中，人们更多关注的是风险的负面效应，即风险可能带来的损失。所以狭义的风险可定义为：由于事件的不确定性而导致发生损失的可能性。

2. 纳税筹划风险的含义

一般情况下，从狭义的角度来理解风险更有意义，因此在对纳税筹划风险管理进行探讨时，把侧重点往往放在"损失"上。

根据上述风险的含义，可以总结出纳税筹划风险的含义：纳税筹划风险是指企业在进行纳税筹划时因各种不确定因素的存在，导致纳税筹划方案失败、纳税筹划目标落空、偷（逃）税等违法行为认定等而发生的各种损失的可能性。

2.1.2 纳税筹划风险的特征

1. 纳税筹划风险的客观性

一方面，纳税筹划风险是不可避免的，但纳税筹划风险同样是遵循一定规律的，只要把握了这种规律，纳税筹划风险是可以降低的；另一方面，影响纳税筹划风险的各种因素虽然具有不确定性，但也是客观存在的。

2. 纳税筹划风险的复杂性

纳税筹划风险的复杂性体现在纳税筹划风险的形成原因、形成过程、表现形式、影响程度等都是复杂的。

3. 纳税筹划风险的可评估性

纳税筹划风险的可评估性是指纳税筹划风险是可度量的。虽然纳税筹划具有复杂性，但是纳税筹划风险可能造成损失的大小和损失发生的可能性可以参照经验数据、借助数理技术手段加以分析估算，并在此基础上采取相应策略加以应对。

4. 纳税筹划风险的潜在性

一方面，由于纳税筹划风险是客观存在的，不易做出精确的判断，纳税筹划人员只能在思想上认识到它的存在，依赖知识和经验做出专业判断；另一方面，纳税筹划风险可能造成的损失要有一个显化的过程，这一过程的长短因纳税筹划风险的内容、企业的经济环境、法律环境及纳税筹划人员对风险的认识程度而异。

5. 纳税筹划风险的损失与收益的对立统一性

纳税筹划风险既可以带来损失，又可以带来收益，是损失与收益的对立统一。由于纳税筹划风险的特殊性，纳税筹划风险往往会给企业带来损失，因此纳税筹划风险主要是针对损失来说的。

2.2 纳税筹划风险产生的原因

2.2.1 纳税筹划方案本身设计不合理

一般来说，纳税筹划方案本身设计合理是纳税筹划成功的前提，而这与纳税筹划人员的认知水平和业务素质息息相关，如果纳税筹划人员的认知水平和业务素质较高，对税收、管理、财务、会计、法律等方面的政策及相关业务熟悉，那么纳税筹划方案本身设计合理性就高，其成功的可能性也就高；相反，则失败的可能性就高。目前，纳税筹划在我国还属于起步阶段，既懂得相关知识，又有很强的实战经验的专业性人才很少，企业有时错误地设计纳税筹划方案，不仅节税不成，反而可能演变为偷税，从而引发纳税筹划风险。

2.2.2 纳税筹划方案操作不善

纳税筹划方案涉及企业的采购、生产、投资、筹资、销售等各项活动，这需要企业认真操作、严格实施，需要各个部门密切配合、充分协作。即使纳税筹划方案本身设计得很正确，但如果操作不善，整个方案失败的可能性也会很大。

2.2.3 纳税筹划方案实施的条件发生变化

一切纳税筹划方案都是在一定条件下选择与确定的，并且也是在一定条件下组织实施的。纳税筹划方案实施的条件变化至少包括以下两方面的内容。

（1）企业自身条件的变化，主要是经济活动的变化。企业要获取某项税收利益，必须使企业的生产经营活动的某一方面符合所选择的税收政策，而这往往制约着企业经营的灵活性。一旦企业预期经营活动发生变化，企业就会失去享受税收优惠、税收利益的必要特征和条件，导致筹划结果与企业主观预期存在偏差。

（2）企业外部条件的变化。一是政治方面的变化。如发生战争，企业正常的生产经营都难以保证，何况纳税筹划。二是税收政策的变化。在不同经济发展时期，国家出于总体发展战略要求，不断调整税收政策，这不仅增加了企业纳税筹划的难度，也增加了企业纳税筹划的风险。三是国内经济的波动。这是对纳税筹划风险制约度较大、较为直接的因素。例如，全国发生恶性通货膨胀，由于各种能源、原料、设备及劳动力成本上涨，与企业纳税筹划息息相关的成本费用大量增加，与企业相关的各种税负也会发生重大的变化，这样纳税筹划的效果就会难以预料，风险陡然增大。四是全球经济的波动，国外税收、金融政策的变化。如2008年的美元贬值，全球范围的经济、金融危机，对于许多从事外贸的企业来说，在这一背景下设计的纳税筹划方案，其风险必然增大。五是自然灾害、突发事件的出现。自然灾害、突发事件会直接导致已设计好的纳税筹划方案无法实施，并由此带来风险。

2.2.4 征纳双方权利和义务并不对等

税务机关和纳税义务人都是税收法律关系的权利主体之一。双方的法律地位是平等的，但由于主体双方是行政管理者与被管理者的关系，其权利和义务并不对等。

一方面，纳税筹划方案究竟是否合法，很大程度上取决于税务机关对纳税人纳税筹划方案的认定。如果企业原本正确的纳税筹划方案被税务机关认定为偷（逃）税或恶意避税，那么，企业的纳税筹划不但得不到节税收益，还会因为其行为上的违法而受到处罚，从而导致纳税筹划活动的失败。

另一方面，从征纳博弈的角度看，税务机关是纳税筹划"游戏规则"的制定者，主动权掌握在立法者手中。因此，一旦立法者修改调整税法，纳税人如果不能及时进行应变调整，就难免要遭受损失，从而导致纳税筹划活动的失败。

2.2.5　纳税筹划成本最终超过收益

前已述及，在纳税筹划方案的制订和执行过程中，要充分考虑纳税筹划带来的收益与其耗费的成本，只有纳税筹划方案的成本小于取得的收益时，该纳税筹划方案才具有可行性。然而，由于有些成本和收益是预期估算值，无法准确度量，纳税筹划方案制订时，测算的收益大于成本的纳税筹划方案，最终实施的结果有可能是成本超过收益，从而产生纳税筹划风险。

2.3　纳税筹划风险的类型

2.3.1　按照纳税筹划风险产生的原因进行分类

按照纳税筹划风险产生的原因，可将其分为以下八种类型。

1. 纳税意识低下的风险

纳税意识，包括企业领导人的纳税意识和纳税筹划相关人员的职业道德，其中企业领导人的纳税意识是主要的。一方面，若企业领导人纳税意识低下，利用其职权指使或强迫纳税筹划人员完成其指定的纳税目标，而不计后果，这样无形中加大了纳税筹划风险；反之，若企业领导人依法纳税意识很强，进行纳税筹划的目的只是降低企业涉税费用和风险，实现合理优化纳税，那么只要纳税筹划人员依法严格按照规程精心筹划，风险一般不高。另一方面，若纳税筹划人员职业道德水平低下，会直接影响其工作态度、对风险的判断及筹划事项最终完成的结果，这无形之中带来潜在的风险；反之，若纳税筹划人员以坚持遵守税法为前提，保持必要的职业谨慎性和敏锐的专业判断力，依法严格按程序从事纳税筹划工作，就自然会降低风险。

2. 政策风险

政策风险又分为政策变化风险和政策选择风险。

政策变化风险是指政府政策在一定时期内发生改变而引起的风险。税收政策是国家对经济进行宏观调控的主要手段之一。为了适应市场经济的发展，优化产业结构，一个国家的税收政策不可能是固定不变的，总是要根据经济发展状况进行相应的调整，通过及时修订、补充或完善税收法律、法规，使旧的政策不断被取消和改变，而新的政策不断推出。这使得纳税筹划，尤其是长期纳税筹划会产生一定的风险。

政策选择风险是指企业对政府的政策选择错误或不恰当而导致的风险。该种风险的产生主要是企业对税收法律、法规及政策精神认识不足、理解不透、把握不准所致。也就是说，企业自认为其采取的纳税筹划方案符合国家的政策，但实际上却违背了国家的法律、法规，由此导致纳税筹划活动的失败。

3. 经营活动变化风险

纳税筹划是一种合理合法的预先谋划行为，具有较强的计划性、事先性和时效性。一方面，纳税筹划是对未来企业所处环境的一种预期。纳税筹划方案的选择是在未来实际环境与纳税筹划方案的预期环境相一致的假设前提下作出的，如果两者不一致，将会容易导致纳税筹划活动的失败。另一方面，纳税筹划是对不同的税收政策进行选择和利用的一个过程。纳税筹划一旦选定某项税收政策，企业日后的生产经营活动只有符合所选定税收政策要求的特殊性，才能够享受此税收政策的优惠。然而，在市场经济体制下，企业的生产经营活动并非一成不变，需要随着市场环境的变化和企业战略管理的要求而进行相应的调整。一旦经营活动本身发生变化，就很可能失去享受税收优惠的必要特征或条件，不仅无法达到预期财务目的，而且还有可能加重税负，从而导致纳税筹划活动的失败。

4. 制订和执行不当风险

制订和执行不当风险是指纳税筹划方案在具体制订和执行过程中所产生的风险。制订和执行不当风险主要包含以下三个方面的内容：一是纳税筹划方案的制订本身存在问题，导致对其执行的结果只能是得不偿失；二是在纳税筹划方案的执行过程中，因相关部门及人员配合与协作不到位而产生纳税筹划风险；三是纳税筹划方案在执行过程中不彻底或半途而废，或执行的手段不恰当，或是某一环节衔接不上都有可能造成整个纳税筹划方案前功尽弃，从而导致纳税筹划活动的失败。

5. 片面性风险

片面性风险是指纳税人进行纳税筹划方案选择时，未全面、综合、长远考虑问题而产生的风险。片面性风险主要包含以下四个方面的内容：一是没有从战略的角度去进行全面的考虑和把握，只考虑个别税种税负的高低，而未着眼于整体税负的轻重；二是仅考虑了税负的减轻，而未考虑其他方面的成本，导致项目筹划后的税后净收益小于筹划前的税后净收益；三是仅局限于短期目标的实现，而未考虑企业的长远发展目标；四是纳税筹划方案的实施虽然获取了较少纳税上的收益，但是同时有可能要承担较多的其他方面的责任，如违约责任、担保责任、赔偿责任等。

6. 执法风险

纳税筹划中的节税筹划是符合立法者意图的，但这种合法性还需要税务行政执法部门的确认；纳税筹划中的避税筹划是违背立法者意图的，如果国家对某些避税措施坚决抵制和查处的话，将会大大增加其筹划的风险。因此，执法风险是指因税务行政执法的偏差或实施反避税措施等原因而产生的风险。

执法风险主要包括以下五个方面。一是税收法律、法规的不完善导致税务行政执法部门税收政策执行偏差。很多税收政策只对有关税收的基本层面做出相应规定，具体的税收条款设置不完善，无法涵盖所有的税收事项，企业和税务机关对同一税收政策理解上很可能存在偏差。二是税法对具体的税收事项通常留有一定的弹性空间，在一定的范围内税务机关拥有自由裁量权，客观上也为税务行政执法偏差提供了可能。三是部分行政执法人员的专业素质低，从而将原本合法的纳税筹划方案错误地认定为偷（逃）税等违法行为。四是部分行政执法人员从思想上抵制纳税筹划，对纳税筹划在认识上存在偏差。五是原本得到政府默认的避税措施突然得到坚决抵制和查处，导致企业避税筹划失败。

7. 纳税信誉风险

纳税信誉风险是指纳税筹划一旦被认定为违法行为，企业建立起来的信誉和品牌形象将受到严重影响，从而影响企业未来经营的风险。市场经济是信誉经济，强调品牌意识，而纳税信誉是企业重要的信誉之一。大多数企业不愿意与纳税信誉低的企业有业务往来，因为纳税信誉低的企业往往被认为在资金支付能力及合同履行能力等方面也都有较高的风险。纳税信誉风险是一种间接风险，能间接导致企业发生经济损失。

8. 心理风险

纳税筹划的心理风险是指企业在制订和实施纳税筹划方案时，由于所面临的预期结果具有不确定性，因而需要承受与此相关的心理负担和精神痛苦，由此可能给企业和个人造成损失。

值得注意的是，纳税筹划人员的素质低而形成的风险也是非常重要的，之所以没有单独作为纳税筹划风险之一介绍，是因为它已被包含在纳税意识低下的风险、政策选择风险、制订和执行不当风险、片面性风险等里面了。

2.3.2　按照纳税筹划风险是否可以直接度量进行分类

按照纳税筹划风险是否可以直接量化，可将其分为以下两种类型。

1. 定性的纳税筹划风险

定性的纳税筹划风险的特征是不容易直接度量（评估）风险的大小，一般只用"是否变化""是否存在"等作为风险大小的度量指标。当然，这并不意味着绝对不能对这种风险进行度量。目前主要采用模糊测评法对定性的纳税筹划风险进行度量。这种方法主要涉及对前面所提到的政策变化风险、经营活动变化风险、制订和执行不当风险、执法风险等进行度量。

2. 定量的纳税筹划风险

定量的纳税筹划风险特征是能够直接度量风险的大小，且只能通过量化的数字来描述风险的大小，包括度量纳税筹划风险导致的显性损失的大小以及隐性损失的大小两大类。纳税筹划风险导致的显性损失比较直观，可以通过企业的财务数据表现出来，如纳税筹划方案设计不合理而多缴的税款、纳税筹划方案被认定为偷税行为而产生的罚款和滞纳金等。纳税筹划风险导致的隐性损失，是指纳税人由于实施所制订的纳税筹划方案而放弃的潜在利益，它是一种机会成本，在纳税筹划实务中易被忽视。

2.4　纳税筹划风险的防范措施

2.4.1　提高纳税筹划相关人员的素质

一方面，要引进高素质的纳税筹划人才，将应聘人员的纳税筹划知识与能力的考核成绩、职业道德修养以及沟通和协作能力，作为人员录取的标准之一；另一方面，要加强对包括财会人员在内的从事纳税筹划工作的人员进行培训，使之较好地掌握税收、会计、财务、法律、企业管理、风险管理等各方面的知识，同时加强职业道德教育和沟通、协作能力的培训，使其既能制订正确的纳税筹划方案，又能正确地组织执行纳税筹划方案，还能有效地对纳税筹划风险进行防范。

2.4.2　加强企业各部门之间的沟通、协作与配合

一方面，在企业管理层的组织下，各业务部门应当定期进行交流，共享各自掌握的信息

并进行讨论，协调纳税筹划与其他领域的管理活动，分享各自对纳税筹划风险的建议；另一方面，企业应当建立纳税筹划风险责任制，明确各部门和人员的职责，将其风险防范业绩与工资挂钩，以保证纳税筹划风险降到最低。

2.4.3 密切关注纳税筹划方案实施的条件变化，不断调整、完善筹划方案

一方面，要密切关注企业自身条件的变化，主要是经济活动的变化；另一方面要密切关注企业外部条件的变化，包括政治方面的变化，税收政策的变化，国内经济的波动，全球经济的波动，国外税收、金融政策的变化，自然灾害、突发事件的出现等。有时甚至要预测、推断上述变化，以不断调整、完善筹划方案，将纳税筹划风险降到最低。

2.4.4 加强与税务机关的沟通，协调好与税务机关的征纳关系

企业应当积极加强与税务机关的诚心交流和沟通，处理好和税务机关的关系，主动适应税务机关的管理，及时争取税务机关的指导，努力寻求税务机关的支持与帮助，树立良好的纳税信誉和形象，甚至在实施每一项新的筹划方案时，诚心地向税务机关咨询，获取其批准和认可，以降低纳税筹划的风险。

2.4.5 合理利用税务代理的专业化服务

一方面，不能盲目信赖税务代理的专业化服务，在将纳税筹划方案外包出去的同时，企业自身仍要加强对纳税筹划风险的防范，避免外包的纳税筹划失败而产生的损失；另一方面，对纳税筹划方案的复杂程度和企业纳税筹划人员的专业胜任能力进行合理的评价，应该外包的纳税筹划方案就外包给税务代理机构，不必外包的就不外包。

2.4.6 尽量避免纳税筹划成本最终超过收益

企业应当较为保守地预计纳税筹划成本和收益，同时不能忽略纳税筹划隐性损失（机会成本），合理运用成本收益分析法，谨慎地选择及实施纳税筹划方案。

 关键词

损失可能性观　纳税筹划风险的客观性　纳税筹划风险产生的原因　政策风险　经营活动变化风险　定性的纳税筹划风险　税务代理

能力训练

一、单项选择题

1. 纳税筹划风险既可以带来损失，又可以带来收益，是指（　　）。
   A. 纳税筹划风险的损失与收益的对立统一性
   B. 纳税筹划的复杂性
   C. 纳税筹划的可评估性
   D. 纳税筹划的潜在性

2. 下列各项中，不属于制订与执行不当风险的是（　　）。
   A. 纳税筹划方案的执行本身存在问题而产生的风险
   B. 方案在执行过程中，因相关部门及人员配合与协调不到位而产生的风险
   C. 纳税筹划方案在执行过程中不彻底或半途而废而产生的风险
   D. 纳税意识低下的风险
3. 美国学者（　　）于 1895 年在其所著的《经济中的风险》中最早提出风险的概念，他将风险定义为"损害或损失发生的可能性"。
   A. 海恩斯　　　　　　　　　　　　B. 威雷特
   C. 小阿瑟·威廉斯　　　　　　　　D. N. J. 雅萨斯威
4. 纳税筹划方案在具体制订和执行过程中所产生的风险指的是（　　）。
   A. 纳税意识低下的风险　　　　　　B. 执法风险
   C. 制订和执行不当风险　　　　　　D. 片面性风险
5. 在税收法律关系中，权利主体双方（　　）。
   A. 法律地位平等，权利义务对等　　B. 法律地位平等，权利义务不对等
   C. 法律地位不平等，权利义务对等　D. 法律地位不平等，权利义务不对等
6. 对纳税筹划风险问题认识正确的是（　　）。
   A. 纳税筹划没有风险　　　　　　　B. 纳税筹划存在风险，但无法估计
   C. 纳税筹划存在风险，但无法防范　D. 纳税筹划存在风险，既可估计，又能防范
7. 原本得到政府默认的避税措施突然得到坚决抵制和查处，导致企业避税筹划失败，属于（　　）。
   A. 执法风险　　　　　　　　　　　B. 政策变化风险
   C. 经营活动变化风险　　　　　　　D. 制订和执行不当风险

二、多项选择题

1. 纳税筹划风险的防范措施包括（　　）。
   A. 提高纳税筹划相关人员的素质
   B. 加强企业各部门之间的沟通协作与配合
   C. 密切关注纳税筹划方案的条件变化，不断调整、完善纳税筹划方案
   D. 加强与税务机关的沟通，协调好与税务机关的征纳关系
2. 按照纳税筹划风险是否可以直接度量，可以将纳税筹划风险分为（　　）。
   A. 定性的纳税筹划风险　　　　　　B. 定量的纳税筹划风险
   C. 纳税意识低下的风险　　　　　　D. 政策风险
3. 纳税筹划风险的特征包括（　　）。
   A. 纳税筹划风险的客观性　　　　　B. 纳税筹划风险的复杂性
   C. 纳税筹划风险的不可评估性　　　D. 纳税筹划风险的潜在性
4. 纳税筹划风险产生的原因包括（　　）。
   A. 纳税筹划方案本身设计不合理　　B. 纳税筹划方案操作不得当
   C. 纳税筹划方案实施的条件改变　　D. 征纳双方权利和义务并不对等
5. 纳税筹划风险的类型包括（　　）。
   A. 纳税意识低下的风险　　　　　　B. 政策风险

C. 经营活动变化风险　　　　　　D. 制订和执行不当风险

6. 片面性纳税筹划风险的内容主要包括（　　）。

A. 没有从战略的角度去进行全面的考虑和把握，只考虑个别税种税负的高低，而未着眼于整体税负的轻重

B. 仅考虑了税负的减轻，而未考虑其他方面的成本，导致项目筹划后的税后净收益小于筹划前的税后净收益

C. 仅局限于短期目标的实现，而未考虑企业的长远发展目标

D. 纳税筹划方案的实施虽然获取了较少纳税上的收益，但是同时有可能要承担较多的其他方面的责任，如违约责任、担保责任、赔偿责任等

7. 纳税筹划方案实施的外部条件变化主要包括（　　）。

A. 政治方面的变化　　　　　　　B. 税收政策的变化
C. 国内经济的波动　　　　　　　D. 企业经济活动的变化

三、判断题

1. 一般来说，纳税筹划方案本身设计合理是纳税筹划成功的前提，而这与纳税筹划人员的认知水平和业务素质息息相关。（　　）
2. 纳税筹划风险的可评估性决定了纳税筹划风险是可度量的。（　　）
3. 政策选择风险是指政府政策在一定时期内发生改变而引起的风险。（　　）
4. 政策风险又分政策变化风险和政策选择风险。（　　）
5. 纳税筹划风险是不可评估的。（　　）
6. 片面性风险是指纳税人进行纳税筹划方案选择时，未全面、综合、长远考虑问题而产生的风险。（　　）
7. 执法风险不包括下述情况：由于部分行政执法人员的专业素质低，从而将原本合法的纳税筹划方案错误地认定为偷（逃）税等违法行为。（　　）
8. 广义的纳税筹划风险不仅可以带来超出预期的损失，也可能带来超出预期的收益。（　　）
9. 影响纳税筹划风险的各种因素，虽然具有不确定性，但也是客观存在的。（　　）

四、思考题

1. 纳税筹划风险的含义是什么？
2. 简述纳税筹划风险的特征。
3. 简述纳税筹划风险产生的原因。
4. 按照纳税筹划风险产生的原因，如何对纳税筹划风险进行分类？
5. 政策风险分为哪两种？并对这两种政策风险分别举例。
6. 简述定性的纳税筹划风险和定量的纳税筹划风险的区别。
7. 如何对纳税筹划风险进行防范？

第2篇 纳税人不同税种下的纳税筹划

第3章

增值税的纳税筹划

能力目标

(1) 能对增值税纳税人身份的选择进行纳税筹划。
(2) 能对供应商增值税纳税人身份的选择进行纳税筹划。
(3) 能通过分别核算进行纳税筹划。
(4) 能对折扣方式的选择进行纳税筹划。
(5) 能通过分立农业生产部门进行纳税筹划。
(6) 能通过对存货非正常损失进行纳税筹划。
(7) 能对增值税计税方法的选择进行纳税筹划。
(8) 能对一般纳税人从小规模纳税人处购买货物、劳务、服务、无形资产或者不动产进行纳税筹划。
(9) 能通过避免零申报、负申报进行纳税筹划。
(10) 能通过延期纳税进行纳税筹划。
(11) 能利用增值税小规模纳税人免征增值税政策进行纳税筹划。
(12) 能对全面"营改增"后兼营行为进行纳税筹划。
(13) 能对全面"营改增"后混合销售行为进行纳税筹划。
(14) 能对全面"营改增"后变小规模纳税人为一般纳税人进行纳税筹划。
(15) 能对全面"营改增"后变一般纳税人为小规模纳税人进行纳税筹划。
(16) 能对全面"营改增"后餐饮服务和住宿服务相互转化进行纳税筹划。
(17) 能对全面"营改增"后一般计税方法与简易计税方法的选择进行纳税筹划。
(18) 能对全面"营改增"后程租、期租与光租的选择进行纳税筹划。
(19) 能对全面"营改增"后固定资产购置时机的选择进行纳税筹划。
(20) 能对全面"营改增"后自然人是否办理税务登记进行纳税筹划。

3.1 增值税纳税人身份选择的纳税筹划

案例导入

【例 3-1】 甲公司①为一家工业企业，年不含税应征增值税销售额为 450 万元，现为小规模纳税人，适用 3% 的增值税征收率②。由于其能够按照国家统一的会计制度规定设置账簿，根据合法、有效凭证核算，能够提供准确税务资料，可登记成为一般纳税人。若登记为一般纳税人，则销货适用 13% 的增值税税率，其不含税可抵扣购进金额为 300 万元，购货适用 13% 的增值税税率，且可取得合法的扣税凭证。请对该企业的增值税纳税人身份选择进行纳税筹划。

税法依据

一、增值税纳税人身份的种类和标准

（一）增值税纳税人身份的种类

增值税纳税人分为小规模纳税人和一般纳税人两类，并实行不同的征收和管理方式。

（二）增值税纳税人身份的标准

1. 小规模纳税人的标准

小规模纳税人是指年销售额在规定标准以下，并且会计核算不健全，不能按规定报送有关税务资料的增值税纳税人。

根据规定，凡符合下列条件的视为小规模纳税人。

(1) 自 2018 年 5 月 1 日起，增值税小规模纳税人标准统一为年应征增值税销售额 500 万元及以下。

(2) 年应税销售额超过小规模纳税人标准的其他个人（指自然人）按小规模纳税人纳税（不属于一般纳税人）。

(3) 对于原增值税纳税人，超过小规模纳税人标准的非企业性单位、不经常发生应税行为的企业可选择按小规模纳税人纳税；对于"营改增"试点纳税人，年应税销售额超过小规模纳税人标准但不经常发生应税行为的单位和个体工商户可选择按照小规模纳税人纳税。

---

① 如果未明确说明，本书例题中的企业均不符合小微企业和小型微利企业的条件。

② 为教学方便，若无特别说明，本书增值税小规模纳税人征收率一般为 3% 或 5% 等，不考虑"自 2020 年 3 月 1 日至 2021 年 3 月 31 日，湖北省增值税小规模纳税人，适用 3% 征收率的应税销售收入，免征增值税；适用 3% 预征率的预缴增值税项目，暂停预缴增值税。自 2021 年 4 月 1 日至 2021 年 12 月 31 日，湖北省增值税小规模纳税人，适用 3% 征收率的应税销售收入，减按 1% 征收率征收增值税；适用 3% 预征率的预缴增值税项目，减按 1% 预征率预缴增值税。自 2020 年 3 月 1 日至 2021 年 12 月 31 日，除湖北省外，其他省、自治区、直辖市的增值税小规模纳税人，适用 3% 征收率的应税销售收入，减按 1% 征收率征收增值税；适用 3% 预征率的预缴增值税项目，减按 1% 预征率预缴增值税"等政策，全书同。

2. 一般纳税人的标准

增值税纳税人（以下简称纳税人），年应税销售额超过财政部、税务总局规定的小规模纳税人标准（自2018年5月1日起，为500万元）的，除税法另有规定外，应当向其机构所在地主管税务机关办理一般纳税人登记。其中，年应税销售额是指纳税人在连续不超过12个月或4个季度的经营期内累计应征增值税销售额，包括纳税申报销售额、稽查查补销售额、纳税评估调整销售额。纳税申报销售额是指纳税人自行申报的全部应征增值税销售额，包括免税销售额和税务机关代开发票销售额。稽查查补销售额和纳税评估调整销售额计入查补税款申报当月（或当季）的销售额，不计入税款所属期销售额。经营期是指在纳税人存续期内的连续经营期间，含未取得销售收入的月份或季度。

销售服务、无形资产或者不动产（简称"应税行为"）有扣除项目的纳税人，其应税行为年应税销售额按未扣除之前的销售额计算。纳税人偶然发生的销售无形资产、转让不动产的销售额，不计入应税行为年应税销售额。

年应税销售额未超过规定标准的纳税人，会计核算健全，能够提供准确税务资料的，可以向主管税务机关办理一般纳税人登记。会计核算健全，是指能够按照国家统一的会计制度规定设置账簿，根据合法、有效凭证进行核算。

二、小规模纳税人和一般纳税人的征税管理

小规模纳税人实行简易计税方法，不得抵扣进项税额。小规模纳税人销售货物、加工修理修配劳务、服务、无形资产或不动产可以由税务机关代开增值税专用发票（代开的增值税专用发票的税率一般情况下为3%，特殊情况下为5%等）。自2020年2月1日起，增值税小规模纳税人（其他个人除外）发生增值税应税行为，需要开具增值税专用发票的，可以自愿使用增值税发票管理系统自行开具。选择自行开具增值税专用发票的小规模纳税人，税务机关不再为其代开增值税专用发票。

符合增值税一般纳税人条件的纳税人应当向主管税务机关办理一般纳税人登记，以取得法定资格；未办理一般纳税人登记手续的，应按销售额依照增值税税率计算应纳税额，不得抵扣进项税额，也不得使用增值税专用发票。经税务机关审核登记的一般纳税人，可按规定领购和使用增值税专用发票，按增值税条例的规定计算缴纳增值税。需要注意的是，纳税人登记为一般纳税人后，不得转为小规模纳税人，税务总局另有规定的除外。

三、增值税的税率和征收率

一般纳税人一般情况下采用一般计税方法按照税率计算纳税增值税。上述税率主要有以下三种情形。第一种是基本税率；第二种是低税率；第三种是出口货物、服务或者无形资产适用的零税率。自2017年7月1日起，简并增值税税率结构，取消原来13%的增值税税率，将其调整为11%。自2018年5月1日起，增值税一般纳税人发生增值税应税销售行为或者进口货物，原适用17%和11%税率的，税率分别调整为16%和10%。自2019年4月1日起，增值税一般纳税人发生增值税应税销售行为或者进口货物，原适用16%税率的，税率调整为13%；原适用10%税率的，税率调整为9%。一般纳税人特殊情况下采用简易计税方法适用征收率。小规模纳税人缴纳增值税采用简易计税方法适用征收率。自2019年4月1日起，增值税税率和征收率的具体适用范围如下。

1. 基本税率

增值税的基本税率为13%，适用于纳税人销售或者进口货物（适用9%的低税率的除

外)、提供加工修理修配劳务、销售有形动产租赁服务。

2. 低税率

增值税的低税率分以下两档。

1) 低税率9%

(1) 一般纳税人销售或者进口下列货物,税率为9%。

粮食等农产品、食用植物油、食用盐;自来水、暖气、冷气、热水、煤气、石油液化气、天然气、二甲醚、沼气、居民用煤炭制品;图书、报纸、杂志、音像制品、电子出版物;饲料、化肥、农药、农机、农膜;国务院规定的其他货物。

(2) 纳税人销售交通运输、邮政、基础电信、建筑、不动产租赁服务,销售不动产,转让土地使用权,税率为9%。

2) 低税率6%

纳税人销售增值电信服务、金融服务、现代服务和生活服务,销售土地使用权以外的无形资产,税率为6%。

3. 零税率

(1) 纳税人出口货物或者劳务,一般适用零税率,国务院另有规定的除外。

(2) 境内单位和个人跨境销售国务院规定范围内的服务、无形资产,税率为零。

4. 征收率

一般纳税人特殊情况下采用简易计税方法按照征收率计算缴纳增值税。小规模纳税人采用简易计税方法按照征收率计算缴纳增值税。我国增值税的法定征收率是3%;一些特殊项目适用3%减按2%的征收率。全面"营改增"后的与不动产有关的特殊项目适用5%的征收率;一些特殊项目适用5%减按1.5%的征收率。

自2020年3月1日至2021年3月31日,湖北省增值税小规模纳税人,适用3%征收率的应税销售收入,免征增值税;适用3%预征率的预缴增值税项目,暂停预缴增值税。自2021年4月1日至2021年12月31日,湖北省增值税小规模纳税人,适用3%征收率的应税销售收入,减按1%征收率征收增值税;适用3%预征率的预缴增值税项目,减按1%预征率预缴增值税。自2020年3月1日至2021年12月31日,除湖北省外,其他省、自治区、直辖市的增值税小规模纳税人,适用3%征收率的应税销售收入,减按1%征收率征收增值税;适用3%预征率的预缴增值税项目,减按1%预征率预缴增值税。

四、增值税的计算

增值税的计税方法,主要包括一般计税方法和简易计税方法。我国目前对一般纳税人增值税的计算一般情况下采用一般计税方法,某些特殊情况下采用或者选择采用简易计税方法;我国目前对小规模纳税人增值税的计算采用简易计税方法。

一般计税方法下的应纳增值税税额等于本期销项税额减本期准予抵扣进项税额。其计算公式为:

$$应纳增值税税额 = 本期销项税额 - 本期准予抵扣进项税额$$

简易计税方法的应纳增值税税额等于本期不含税销售额乘以征收率,不得抵扣进项税额。其计算公式为:

$$应纳增值税税额 = 不含税销售额 \times 征收率$$

五、准予从销项税额中抵扣的进项税额

增值税一般纳税人的下列进项税额准予从销项税额中抵扣。

（1）从销售方取得的增值税专用发票（含税控机动车销售统一发票，下同）上注明的增值税额。

具体来说，购进货物或接受加工、修理修配劳务，从销售方或提供劳务方取得的增值税专用发票上注明的增值税额为进项税额，准予从销项税额中抵扣；购进服务、无形资产或者不动产，取得的增值税专用发票上注明的增值税额为进项税额，准予从销项税额中抵扣。

（2）从海关取得的海关进口增值税专用缴款书上注明的增值税额。

（3）自2018年5月1日起，纳税人购进农产品，原适用11%扣除率的，扣除率调整为10%。自2019年4月1日起，纳税人购进农产品，原适用10%扣除率的，扣除率调整为9%。自2019年4月1日起，纳税人购进农产品，按下列规定抵扣进项税额：

① 除下面第②项规定外，纳税人购进农产品，取得一般纳税人开具的增值税专用发票或海关进口增值税专用缴款书的，以增值税专用发票或海关进口增值税专用缴款书上注明的增值税额为进项税额；从按照简易计税方法依照3%征收率计算缴纳增值税的小规模纳税人取得增值税专用发票的，以增值税专用发票上注明的金额和9%（自2017年7月1日起至2018年4月30日，为11%；自2018年5月1日起至2019年3月31日，为10%）的扣除率计算进项税额；取得（开具）农产品销售发票或收购发票的，以农产品销售发票或收购发票上注明的农产品买价和9%（自2017年7月1日起至2018年4月30日，为11%；自2018年5月1日起至2019年3月31日，为10%）的扣除率计算进项税额（买价，是指纳税人购进农产品在农产品收购发票或者销售发票上注明的价款和按照规定缴纳的烟叶税）。

② 自2019年4月1日起的营改增试点期间，纳税人购进用于生产或者委托加工13%税率货物的农产品，按照10%的扣除率计算进项税额（自2017年7月1日起至2018年4月30日的营改增试点期间，纳税人购进用于生产销售或者委托加工17%税率货物的农产品，按照13%的扣除率计算进项税额；自2018年5月1日起至2019年3月31日的营改增试点期间，纳税人购进用于生产销售或者委托加工16%税率货物的农产品，按照12%的扣除率计算进项税额）。

③ 继续推进农产品增值税进项税额核定扣除试点，纳税人购进农产品进项税额已实行核定扣除的，仍按照《财政部 国家税务总局关于在部分行业试行农产品增值税进项税额核定扣除办法的通知》（财税〔2012〕38号）、《财政部 国家税务总局关于扩大农产品增值税进项税额核定扣除试点行业范围的通知》（财税〔2013〕57号）执行。其中，《农产品增值税进项税额核定扣除试点实施办法》（财税〔2012〕38号）第四条第（二）项规定的扣除率调整为9%（自2017年7月1日起至2018年4月30日，为11%；自2018年5月1日起至2019年3月31日，为10%）；第（三）项规定的扣除率调整为按上述第①项、第②项规定执行。

④ 纳税人从批发、零售环节购进适用免征增值税政策的蔬菜、部分鲜活肉蛋而取得的普通发票，不得作为计算抵扣进项税额的凭证。

⑤ 纳税人购进农产品既用于生产销售或者委托加工13%（自2017年7月1日起至2018年4月30日，为17%；自2018年5月1日起至2019年3月31日，为16%）税率货物又用于生产销售其他货物服务的，应当分别核算用于生产销售或者委托加工13%（自2017年7月1日

起至2018年4月30日，为17%；自2018年5月1日起至2019年3月31日，为16%）税率货物和其他货物服务的农产品进项税额。未分别核算的，统一以增值税专用发票或海关进口增值税专用缴款书上注明的增值税额为进项税额，或以农产品收购发票或销售发票上注明的农产品买价和9%（自2017年7月1日起至2018年4月30日，为11%；自2018年5月1日起至2019年3月31日，为10%）的扣除率计算进项税额。

⑥ 销售发票，是指农业生产者销售自产农产品适用免征增值税政策而开具的普通发票。

（4）自用的应征消费税的摩托车、汽车、游艇，2013年8月1日（含）以后购入的，其进项税额准予从销项税额中抵扣。

（5）从境外单位或者个人购进劳务、服务、无形资产或者境内的不动产，自税务机关或者扣缴义务人取得的代扣代缴税款的完税凭证上注明的增值税额。

纳税人凭完税凭证抵扣进项税额的，应当具备书面合同、付款证明和境外单位的对账单或者发票。资料不全的，其进项税额不得从销项税额中抵扣。

（6）自2019年4月1日起，购进国内旅客运输服务，其进项税额允许从销项税额中抵扣。纳税人购进国内旅客运输服务未取得增值税专用发票的，暂按照以下规定确定进项税额：

① 取得增值税电子普通发票的，为发票上注明的税额；

② 取得注明旅客身份信息的航空运输电子客票行程单的，为按照下列公式计算的进项税额：

$$航空旅客运输进项税额 = [(票价+燃油附加费)/(1+9\%)] \times 9\%$$

③ 取得注明旅客身份信息的铁路车票的，为按照下列公式计算的进项税额：

$$铁路旅客运输进项税额 = [票面金额/(1+9\%)] \times 9\%$$

④ 取得注明旅客身份信息的公路、水路等其他客票的，为按照下列公式计算的进项税额：

$$公路、水路等其他旅客运输进项税额 = [票面金额/(1+3\%)] \times 3\%$$

六、加计抵减政策

（1）自2019年4月1日至2021年12月31日，允许生产、生活性服务业纳税人按照当期可抵扣进项税额加计10%，抵减应纳税额（简称加计抵减10%政策）。

① 生产、生活性服务业纳税人，是指提供邮政服务、电信服务、现代服务、生活服务（以下称四项服务）取得的销售额占全部销售额的比重超过50%的纳税人。

2019年3月31日前设立的纳税人，自2018年4月至2019年3月期间的销售额（经营期不满12个月的，按照实际经营期的销售额）符合上述规定条件的，自2019年4月1日起适用加计抵减政策。

2019年4月1日后设立的纳税人，自设立之日起3个月的销售额符合上述规定条件的，自登记为一般纳税人之日起适用加计抵减政策。

纳税人确定适用加计抵减政策后，当年内不再调整，以后年度是否适用，根据上年度销售额计算确定。

纳税人可计提但未计提的加计抵减额，可在确定适用加计抵减政策当期一并计提。

② 纳税人应按照当期可抵扣进项税额的10%计提当期加计抵减额。按照现行规定不得从销项税额中抵扣的进项税额，不得计提加计抵减额；已计提加计抵减额的进项税额，按规定作进项税额转出的，应在进项税额转出当期，相应调减加计抵减额。计算公式如下：

$$当期计提加计抵减额 = 当期可抵扣进项税额 \times 10\%$$

当期可抵减加计抵减额＝上期末加计抵减额余额＋当期计提加计抵减额－
当期调减加计抵减额

③ 纳税人按照现行规定计算一般计税方法下的应纳税额（以下称抵减前的应纳税额）后，应区分以下情形加计抵减：

● 抵减前的应纳税额等于零的，当期可抵减加计抵减额全部结转下期抵减；

● 抵减前的应纳税额大于零，且大于当期可抵减加计抵减额的，当期可抵减加计抵减额全额从抵减前的应纳税额中抵减；

● 抵减前的应纳税额大于零，且小于或等于当期可抵减加计抵减额的，以当期可抵减加计抵减额抵减应纳税额至零。未抵减完的当期可抵减加计抵减额，结转下期继续抵减。

④ 纳税人出口货物劳务、发生跨境应税行为不适用加计抵减政策，其对应的进项税额不得计提加计抵减额。

纳税人兼营出口货物劳务、发生跨境应税行为且无法划分不得计提加计抵减额的进项税额时，按照以下公式计算：

不得计提加计抵减额的进项税额＝当期无法划分的全部进项税额×当期出口货物劳务和
发生跨境应税行为的销售额/当期全部销售额

⑤ 纳税人应单独核算加计抵减额的计提、抵减、调减、结余等变动情况。骗取适用加计抵减政策或虚增加计抵减额的，按照《中华人民共和国税收征收管理法》等有关规定处理。

⑥ 加计抵减政策执行到期后，纳税人不再计提加计抵减额，结余的加计抵减额停止抵减。

（2）自 2019 年 10 月 1 日至 2021 年 12 月 31 日，允许生活性服务业纳税人按照当期可抵扣进项税额加计 15%，抵减应纳税额（简称加计抵减 15% 政策）。

① 生活性服务业纳税人，是指提供生活服务取得的销售额占全部销售额的比重超过 50% 的纳税人。生活服务的具体范围按照《销售服务、无形资产、不动产注释》（财税〔2016〕36 号）执行。

2019 年 9 月 30 日前设立的纳税人，自 2018 年 10 月至 2019 年 9 月期间的销售额（经营期不满 12 个月的，按照实际经营期的销售额）符合上述规定条件的，自 2019 年 10 月 1 日起适用加计抵减 15% 政策。

2019 年 10 月 1 日后设立的纳税人，自设立之日起 3 个月的销售额符合上述规定条件的，自登记为一般纳税人之日起适用加计抵减 15% 政策。

纳税人确定适用加计抵减 15% 政策后，当年内不再调整，以后年度是否适用，根据上年度销售额计算确定。

② 生活性服务业纳税人应按照当期可抵扣进项税额的 15% 计提当期加计抵减额。按照现行规定不得从销项税额中抵扣的进项税额，不得计提加计抵减额；已按照 15% 计提加计抵减额的进项税额，按规定作进项税额转出的，应在进项税额转出当期，相应调减加计抵减额。计算公式如下：

当期计提加计抵减额＝当期可抵扣进项税额×15%

当期可抵减加计抵减额＝上期末加计抵减额余额＋当期计提加计抵减额－
当期调减加计抵减额

筹划思路

增值税一般纳税人在一般计税方法下购进货物、劳务、服务、无形资产或者不动产，若取得增值税专用发票等合法的扣税凭证，则可抵扣进项税额；而增值税小规模纳税人以及增值税一般纳税人在简易计税方法下购进货物、劳务、服务、无形资产或者不动产，不能抵扣进项税额，只能将进项税额计入成本。一般纳税人销售货物、劳务、服务、无形资产或者不动产时，可以自行开具增值税专用发票或者增值税普通发票；小规模纳税人销售货物、劳务、服务、无形资产或者不动产时，可以通过税务机关代开增值税专用发票（部分行业的小规模纳税人可以自行开具增值税专用发票）或者自行开具增值税普通发票。小规模纳税人销售货物、劳务、服务、无形资产或者不动产，因开具的增值税专用发票或者增值税普通发票的税率较低，一般为3%或5%，因此不必由购买方负担不含税销售价格的13%、9%或者6%等比例的增值税销项税额，只需由购买方负担不含税销售价格的3%或5%的增值税额，因此销售价格相对较低。尤其对一些不需增值税专用发票或不能抵扣进项税额的购买方来说，就更愿意从小规模纳税人那里购进货物、劳务、服务、无形资产或者不动产。实际操作中可以通过比较不同纳税人身份下税负的大小来做出纳税人身份的选择。

筹划方法

（一）毛利率判别法[①]

假定纳税人不含税销售额为 S，适用的销售增值税税率为 T_1，不含税可抵扣购进金额为 P，适用的购进增值税税率为 T_2，假设增值税征收率为 T_3。假定一般纳税人采用一般计税方法，具体操作如下。

1. 计算毛利率

$$毛利率=(不含税销售额-不含税可抵扣购进金额)/不含税销售额=(S-P)/S$$

2. 计算应纳增值税税额

一般纳税人采用一般计税方法的应纳增值税税额 = 不含税销售额×销售增值税税率 - 不含税可抵扣购进金额×购进增值税税率

$$=S\times T_1-P\times T_2$$

小规模纳税人应纳增值税税额 = 不含税销售额 $\times T_3 = S\times T_3$

3. 计算增值税纳税均衡点下的毛利率

令两种纳税人增值税税负相等，则 $S\times T_1-P\times T_2=S\times T_3$，得：

$$毛利率=(S-P)/S=1-(T_1-T_3)/T_2[②]$$

令 $T_1=13\%$，$T_2=13\%$，$T_3=3\%$，得：

$$毛利率=(S-P)/S=1-(13\%-3\%)/13\%=23.08\%$$

由此得出结论：若 $T_1=13\%$，$T_2=13\%$，$T_3=3\%$，当毛利率=23.08%时，两者增值税税负相同，这时既可以选择一般纳税人身份，又可以选择小规模纳税人身份；当毛利率<23.08%

[①] 传统说法一般叫作"增值率判别法"，但由于增值率=（不含税销售额-不含税可抵扣购进金额）/不含税可抵扣购进金额=$(S-P)/P$，而非$(S-P)/S$，因此在此叫作"毛利率判别法"更确切。此处叫作"毛利率判别法"的前提是：毛利率=（不含税销售额-不含税可抵扣购进金额）/不含税销售额=$(S-P)/S$。

[②] 具体推导过程为：$S\times T_1-P\times T_2=S\times T_3\Rightarrow S(T_1-T_3)=P\times T_2\Rightarrow P/S=(T_1-T_3)/T_2\Rightarrow (S-P)/S=[T_2-(T_1-T_3)]/T_2\Rightarrow (S-P)/S=1-(T_1-T_3)/T_2$。

时,小规模纳税人的增值税税负重于一般纳税人的增值税税负,这时选择一般纳税人身份是有利的;当毛利率>23.08%时,一般纳税人的增值税税负重于小规模纳税人的增值税税负,这时选择小规模纳税人身份是有利的。

将增值税税率13%、9%、6%,增值税征收率3%分别代入毛利率公式①,计算出两类纳税人增值税纳税均衡点下的毛利率见表3-1。

表3-1 两类纳税人增值税纳税均衡点下的毛利率

一般纳税人销售增值税税率 T_1	一般纳税人购进增值税税率 T_2	小规模纳税人增值税征收率 T_3	增值税纳税均衡点下的毛利率
13%	13%	3%	23.08%
13%	9%	3%	−11.11%
13%	6%	3%	−66.67%
9%	13%	3%	53.85%
9%	9%	3%	33.33%
9%	6%	3%	0
6%	13%	3%	76.92%
6%	9%	3%	66.67%
6%	6%	3%	50%

(二) 可抵扣购进金额占不含税销售额比重判别法(简称为"不含税购销金额比判别法")

上述方法中毛利率的测算较为复杂,在纳税筹划中难以操作,因而,可以将毛利率的计算公式进行转化。假定纳税人不含税销售额为 S,适用的销售增值税税率为 T_1,不含税可抵扣购进金额为 P,适用的购进增值税税率为 T_2,假设增值税征收率为 T_3。假定一般纳税人采用一般计税方法。具体操作如下:

1. 计算不含税购销金额比

$$不含税购销金额比=不含税可抵扣购进金额/不含税销售额=P/S$$

2. 计算应纳增值税税额

一般纳税人采用一般计税方法的应纳增值税税额 = 不含税销售额×销售增值税税率 − 不含税可抵扣购进金额×购进增值税税率

$$=S\times T_1-P\times T_2$$

小规模纳税人应纳增值税税额 = 不含税销售额 $\times T_3 = S\times T_3$

3. 计算增值税纳税均衡点下的不含税购销金额比

令两种纳税人增值税税负相等,则 $S\times T_1-P\times T_2=S\times T_3$,得:

$$不含税购销金额比\ P/S=(T_1-T_3)/T_2$$

令 $T_1=13\%$,$T_2=13\%$,$T_3=3\%$,得:

---

① 为教学方便,在此不考虑3%减按2%的征收率、与不动产有关的特殊项目适用5%的征收率、一些特殊项目适用5%减按1.5%的征收率,同时不考虑"自2019年4月1日起,纳税人购进用于生产销售或委托加工13%税率货物的农产品,按照10%的扣除率计算进项税额",以及"自2019年4月1日至2021年12月31日,允许生产、生活性服务业纳税人按照当期可抵扣进项税额加计10%,抵减应纳税额"。下同。

不含税购销金额比 $P/S=(13\%-3\%)/13\%=76.92\%$

由此得出结论：若 $T_1=13\%$，$T_2=13\%$，$T_3=3\%$，当不含税购销金额比=76.92%时，两者增值税税负相同，这时既可以选择一般纳税人身份，又可以选择小规模纳税人身份；当不含税购销金额比>76.92%时，小规模纳税人的增值税税负重于一般纳税人的增值税税负，这时选择一般纳税人身份是有利的；当不含税购销金额比<76.92%时，一般纳税人的增值税税负重于小规模纳税人的增值税税负，这时选择小规模纳税人身份是有利的。

将增值税税率13%、9%、6%，增值税征收率3%分别代入不含税购销金额比公式，计算出两类纳税人增值税纳税均衡点下的不含税购销金额比，如表3-2所示。

表3-2　两类纳税人增值税纳税均衡点下的不含税购销金额比

一般纳税人销售增值税税率 T_1	一般纳税人购进增值税税率 T_2	小规模纳税人增值税征收率 T_3	增值税纳税均衡点下的不含税购销金额比
13%	13%	3%	76.92%
13%	9%	3%	111.11%
13%	6%	3%	166.67%
9%	13%	3%	46.15%
9%	9%	3%	66.67%
9%	6%	3%	100%
6%	13%	3%	23.08%
6%	9%	3%	33.33%
6%	6%	3%	50%

筹划过程

（1）若采用毛利率判别法：

$$毛利率=(S-P)/S=(450-300)/450=33.33\%>23.08\%$$

根据表3-1的结论，此时选择作为小规模纳税人可节税。具体验证如下。

方案一：选择作为一般纳税人。

$$应纳增值税=450\times13\%-300\times13\%=19.5（万元）$$

方案二：选择作为小规模纳税人。

$$应纳增值税=450\times3\%=13.5（万元）$$

（2）若采用不含税购销金额比判别法：

不含税购销金额比 $P/S=300/450=66.67\%<76.92\%$，根据表3-2的结论，此时选择作为小规模纳税人可节税。具体验证同上。

筹划结论

方案二比方案一少缴纳增值税6万元（19.5万-13.5万），因此，应当选择方案二。

筹划点评

除了单纯考虑增值税税负因素外，在进行增值税纳税人身份选择的纳税筹划时还需注意以下因素：除增值税以外的其他税负，纳税人身份转化成本，企业货物、劳务、服务、无形资产或者不动产的性质及客户的特殊要求对企业选择纳税人身份的制约，转换后导致的收入和成本的增加或减少等。而对增值税纳税人身份选择的纳税筹划较为精确的方法是现金净流量法，本书从略。

3.2 供应商增值税纳税人身份选择的纳税筹划

案例导入

【例 3-2】甲公司为增值税一般纳税人，适用增值税税率为 13%。甲公司 202×年 7 月购进原材料时，有以下几种方案可供选择：一是从一般纳税人 A 公司购进，每吨含税价格为 11 000 元，可取得由 A 公司开具的税率为 13% 的增值税专用发票；二是从小规模纳税人 B 公司购进，每吨含税价格为 10 000 元，可取得由 B 公司开具的税率为 3% 的增值税专用发票；三是从小规模纳税人 C 公司购进，每吨含税价格为 9 000 元，可取得由 C 公司开具的税率为 3% 的增值税普通发票。甲公司用此原材料生产的产品每吨销售额为 20 000 元（不含税），其他相关费用为 3 000 元（不含税）。甲公司的纳税筹划以实现税后利润（净利润）最大化为目标，甲公司适用的企业所得税税率为 25%，城市维护建设税税率为 7%，教育费附加征收率为 3%。① 请对其进行纳税筹划。

税法依据

增值税纳税人有一般纳税人和小规模纳税人两种类型。一般纳税人一般情况下采用一般计税方法按照税率计算缴纳增值税，实行凭增值税专用发票等扣税凭证抵扣进项税额的购进扣税法；而小规模纳税人采用简易计税方法按照征收率计算缴纳增值税，不能抵扣进项税额。

筹划思路

若购买方为增值税一般纳税人，一方面，从其他一般纳税人购进货物、劳务、服务、无形资产或者不动产可以按不含税价格的 13%、9% 或者 6% 等比例抵扣增值税进项税额，而从小规模纳税人购进货物、劳务、服务、无形资产或者不动产则无法抵扣增值税进项税额，或者即便能取得小规模纳税人通过主管税务机关代开或者小规模纳税人自行开具的增值税专用发票，也只能抵扣货物、劳务、服务、无形资产或者不动产不含税价格 3%（特殊情况下为 5% 等）的增值税进项税额；另一方面，一般情况下，从其他一般纳税人比从小规模纳税人购进货物、劳务、服务、无形资产或者不动产的价格要高。所以，一般纳税人在选择供应商时，需要综合考虑上述两方面内容。

若购买方为增值税小规模纳税人，是从一般纳税人还是从小规模纳税人购进货物、劳务、服务、无形资产或者不动产，其选择是比较容易的，由于小规模纳税人不能抵扣进项税额，含税购进价格中的增值税税额对其意味着单纯的现金流出，所以只要比较一下供应商给出含税销售价格的高低即可。

---

① 若没有特别说明，本书例题中的企业所得税税率均为 25%，增值税税率均为 13%，城市维护建设税税率均为 7%，教育费附加征收率均为 3%。除了城市维护建设税和教育费附加之外，实务中还有地方教育附加（征收率为 3%）、部分省份有地方水利建设基金（征收率为 1% 或 0.5%）。为教学方便，本书不考虑地方教育附加、地方水利建设基金。

筹划方法

若购买方的纳税筹划以实现税后利润（净利润）最大化为目标，则可以采用税后利润法（又称净利润法），即比较选择不同供应商税后利润（净利润）的大小，进而选择税后利润（净利润）最大的方案。

1. 一般纳税人对供应商纳税人身份的选择

1）一般纳税人选择供应商纳税人身份的类型

一般纳税人在采购货物、劳务、服务、无形资产或者不动产时，可以选择不同增值税纳税人身份的供应商。概括起来，共有三种类型：一是从一般纳税人采购；二是从小规模纳税人采购，并可取得由主管税务机关代开的增值税专用发票或小规模纳税人自行开具的增值税专用发票；三是从小规模纳税人采购，只能取得增值税普通发票。

2）一般纳税人选择供应商纳税人身份的纳税筹划方法

若供应商既可以是一般纳税人，又可以是小规模纳税人，则需在两者之间做出选择。

首先分别计算不同情况下的税后利润情况。

（1）假定购买方为一般纳税人，其不含税销售额为 S，销售货物、劳务、服务、无形资产或者不动产的增值税税率为 T，从一般纳税人购进货物、劳务、服务、无形资产或者不动产的含税购进金额为 P_1，购进货物、劳务、服务、无形资产或者不动产的增值税税率为 T_1（假设从一般纳税人购进货物、劳务、服务、无形资产或者不动产，能取得增值税专用发票），其他费用为 F[①]，此时，税后利润为 L_1。假定城市维护建设税税率为7%，教育费附加征收率为3%，企业所得税税率为25%。

L_1 =（不含税销售额-不含税购进金额-其他费用-城市维护建设税和教育费附加）×(1-企业所得税税率)

= $[S-P_1/(1+T_1)-F-\{S\times T-[P_1\times T_1/(1+T_1)]\}\times(7\%+3\%)]\times(1-25\%)$

（2）假定购买方为一般纳税人，其不含税销售额为 S，销售货物、劳务、服务、无形资产或者不动产的增值税税率为 T，从小规模纳税人购进货物、劳务、服务、无形资产或者不动产的含税购进金额为 P_2，购进货物、劳务、服务、无形资产或者不动产的增值税征收率为 T_2（假设从小规模纳税人购进货物、劳务、服务、无形资产或者不动产，能取得由主管税务机关代开或者自行开具的增值税专用发票），其他费用为 F，此时，税后利润为 L_2。

L_2 =（不含税销售额-不含税购进金额-其他费用-城市维护建设税和教育费附加）×(1-企业所得税税率)

= $[S-P_2/(1+T_2)-F-\{S\times T-[P_2\times T_2/(1+T_2)]\}\times(7\%+3\%)]\times(1-25\%)$

（3）假定购买方为一般纳税人，其不含税销售额为 S，销售货物、劳务、服务、无形资产或者不动产的增值税税率为 T，从小规模纳税人购进货物、劳务、服务、无形资产或者不动产的含税购进金额为 P_3，购进货物、劳务、服务、无形资产或者不动产的增值税征收率为 T_3（假设从小规模纳税人购进货物、劳务、服务、无形资产或者不动产，只能取得普通发票，不能取得增值税专用发票），其他费用为 F，此时，税后利润为 L_3。

L_3 =（不含税销售额-含税购进金额-其他费用-城市维护建设税和教育费附加）×(1-企业所得税税率)

[①] 不管对供应商如何选择都不影响其他费用 F。下同。

$= [S-P_3-F-(S×T)×(7\%+3\%)]×(1-25\%)$

其次,根据不同情况下的税后利润,计算税后利润均衡点价格比。

(1) 令 $L_1=L_2$,得税后利润均衡点价格比 $P_1/P_2=[(1+T_1)(1-0.1T_2)]/[(1+T_2)(1-0.1T_1)]$

当 $T_1=13\%$,$T_2=3\%$ 时,代入上式得 $P_1/P_2=[(1+13\%)(1-0.1×3\%)]/[(1+3\%)×(1-0.1×13\%)]=1.1082$。

也就是说,若 $T_1=13\%$,$T_2=3\%$,且 $P_1/P_2=1.1082$ 时,无论是从一般纳税人还是从能取得由主管税务机关代开或者自行开具的增值税专用发票的小规模纳税人采购,其税后利润是一样的;当 $P_1/P_2>1.1082$ 时,则从由主管税务机关代开或者自行开具增值税专用发票的小规模纳税人采购,产生的税后利润较大,此时应当选择从小规模纳税人采购;当 $P_1/P_2<1.1082$ 时,应当选择从一般纳税人采购。

(2) 令 $L_1=L_3$,得税后利润均衡点价格比 $P_1/P_3=(1+T_1)/(1-0.1T_1)$

当 $T_1=13\%$ 时,代入上式得 $P_1/P_3=(1+T_1)/(1-0.1T_1)=(1+13\%)/(1-0.1×13\%)=1.1449$。

也就是说,若 $T_1=13\%$,且 $P_1/P_3=1.1449$ 时,无论是从一般纳税人还是从只能开具增值税普通发票的小规模纳税人采购,其税后利润是一样的;当 $P_1/P_3>1.1449$ 时,则从只能开具增值税普通发票的小规模纳税人采购产生的税后利润较大,此时应当选择从小规模纳税人采购;当 $P_1/P_3<1.1449$ 时,应当选择从一般纳税人采购。

(3) 令 $L_2=L_3$,得税后利润均衡点价格比 $P_2/P_3=(1+T_2)/(1-0.1T_2)$

当 $T_2=3\%$ 时,代入上式得 $P_2/P_3=(1+T_2)/(1-0.1T_2)=(1+3\%)/(1-0.1×3\%)=1.0331$。

也就是说,若 $T_2=3\%$,且 $P_2/P_3=1.0331$ 时,无论是从由主管税务机关代开或者自行开具增值税专用发票的小规模纳税人,还是从只能开具增值税普通发票的小规模纳税人采购,其税后利润是一样的;当 $P_2/P_3>1.0331$ 时,则从只能开具增值税普通发票的小规模纳税人采购产生的税后利润较大,此时应当选择从只能开具增值税普通发票的小规模纳税人采购;当 $P_2/P_3<1.0331$ 时,应当选择从由主管税务机关代开或者自行开具增值税专用发票的小规模纳税人采购。

同理,我们可以得出其他情况下税后利润均衡点价格比[①](见表3-3)。

---

① 为教学方便,除非题目中特别说明,本教材不考虑各种类型的免征增值税,"自2020年3月1日至2021年3月31日,湖北省增值税小规模纳税人,适用3%征收率的应税销售收入,免征增值税;适用3%预征率的预缴增值税项目,暂停预缴增值税。自2021年4月1日至2021年12月31日,湖北省增值税小规模纳税人,适用3%征收率的应税销售收入,减按1%征收率征收增值税;适用3%预征率的预缴增值税项目,减按1%预征率预缴增值税。自2020年3月1日至2021年12月31日,除湖北省外,其他省、自治区、直辖市的增值税小规模纳税人,适用3%征收率的应税销售收入,减按1%征收率征收增值税;适用3%预征率的预缴增值税项目,减按1%预征率预缴增值税",3%的征收率减按2%征收增值税,"自2020年5月1日至2023年12月31日,从事二手车经销的纳税人销售其收购的二手车,减按0.5%征收率征收增值税",与不动产有关的特殊项目适用5%的征收率,一些特殊项目适用5%的征收率减按1.5%征收增值税,同时不考虑"自2019年4月1日起,纳税人购进用于生产销售或者委托加工13%税率货物的农产品,按照10%的扣除率计算进项税额","自2019年4月1日至2021年12月31日,允许生产、生活性服务业纳税人按照当期可抵扣进项税额加计10%,抵减应纳税额"以及"自2019年10月1日至2021年12月31日,允许生活性服务业纳税人按照当期可抵扣进项税额加计15%,抵减应纳税额"等优惠政策。

表 3-3 不同情况下税后利润均衡点价格比汇总表

	13%税率增值税专用发票	9%税率增值税专用发票	6%税率增值税专用发票	3%税率增值税专用发票
3%税率的增值税专用发票	$P_1/P_2 = 1.108\ 2$	$P_1/P_2 = 1.064\ 7$	$P_1/P_2 = 1.032\ 2$	—
3%税率的增值税普通发票	$P_1/P_3 = 1.144\ 9$	$P_1/P_3 = 1.100$	$P_1/P_3 = 1.066\ 4$	$P_2/P_3 = 1.033\ 1$

2. 小规模纳税人对供应商纳税人身份的选择

1) 小规模纳税人选择供应商纳税人身份的类型

小规模纳税人在购进货物、劳务、服务、无形资产或者不动产的时候，也可以选择不同纳税人身份的供应商。概括起来，也共有三种类型。同上述一般纳税人选择供应商纳税人身份的类型。

2) 小规模纳税人选择供应商纳税人身份的纳税筹划方法

对于小规模纳税人来说，无论是从增值税一般纳税人购进货物、劳务、服务、无形资产或者不动产，还是从小规模纳税人购进，都不能抵扣进项税额。所以，小规模纳税人在选择供应商纳税人身份时，主要考虑购进货物、劳务、服务、无形资产或者不动产的含税价格的高低，选择提供价格最低的供应商就可以了。

筹划过程

$P_1/P_2 = 11\ 000/10\ 000 = 1.1 < 1.108\ 2$，根据表 3-3 的结论，方案一与方案二相比，应当选择方案一。

$P_1/P_3 = 11\ 000/9\ 000 = 1.222\ 2 > 1.144\ 9$，根据表 3-3 的结论，方案一与方案三相比，应当选择方案三。

$P_2/P_3 = 10\ 000/9\ 000 = 1.111\ 1 > 1.033\ 1$，根据表 3-3 的结论，方案二与方案三相比，应当选择方案三。

综上所述，应当选择方案三。具体验证如下：

方案一：从一般纳税人 A 公司购进原材料。

税后利润 = {20 000 − 11 000/(1+13%) − 3 000 − [20 000×13% − 11 000/(1+13%)×13%]×(7%+3%)}×(1−25%) = 5 349.03（元）

方案二：从小规模纳税人 B 公司购进原材料。

税后利润 = {20 000 − 10 000/(1+3%) − 3 000 − [20 000×13% − 10 000/(1+3%)×3%]×(7%+3%)}×(1−25%) = 5 295.29（元）

方案三：从小规模纳税人 C 公司购进原材料。

税后利润 = [20 000 − 9 000 − 3 000 − 20 000×13%×(7%+3%)]×(1−25%) = 5 805（元）

筹划结论

方案三比方案一多获取税后利润 455.97 元（5 805−5 349.03），比方案二多获取税后利润 509.71 元（5 805−5 295.29），因此，方案三为最优方案，其次是方案一，最后是方案二。

筹划点评

以上是在"购买方以税后利润最大化为目标"的前提下进行讨论的。事实上,企业选择供应商时除了需要考虑税后利润大小以外,还应当考虑诸如现金净流量、信用关系、售后服务、购进运费等其他因素,以便作出全面、合理的决策。

3.3 分别核算的纳税筹划

案例导入

【例 3-3】甲公司为增值税一般纳税人,主要生产机电设备。甲公司 202×年 7 月销售机电设备共取得收入 1 000 万元(不含增值税),其中农机的销售额为 600 万元(不含增值税),适用增值税税率为 9%,其他机电设备的销售额为 400 万元(不含增值税),适用增值税税率为 13%。当月可抵扣的进项税额共为 100 万元。请对其进行纳税筹划。

税法依据

纳税人销售货物、加工修理修配劳务、服务、无形资产或者不动产适用不同税率或者征收率的,应当分别核算适用不同税率或者征收率的销售额;未分别核算销售额的,从高适用税率或者征收率。

筹划思路

纳税人应当尽量将不同税率或者征收率的货物、加工修理修配劳务、服务、无形资产或者不动产分别核算,以适用不同的税率或者征收率,从而规避从高适用税率或者征收率,进而减轻企业负担。

筹划过程

方案一:未分别核算销售额。

$$应纳增值税 = 1\,000 \times 13\% - 100 = 30(万元)$$

方案二:分别核算销售额。

$$应纳增值税 = 400 \times 13\% + 600 \times 9\% - 100 = 6(万元)$$

筹划结论

方案二比方案一少缴纳增值税 24 万元(30 万 - 6 万),因此,应当选择方案二。

筹划点评

分别核算在一定程度上会加大核算成本,但与节税额相比较,当然是非常值得的。

3.4 折扣方式选择的纳税筹划

案例导入

【例3-4】甲商场为增值税一般纳税人，为扩大销售，准备在202×年国庆节期间开展一次促销活动，现有三种促销方案可供选择：

(1) 让利（折扣）20%销售商品，即甲商场将原价为1 000元的商品以800元的价格销售，且将销售额和折扣额在同一张发票上的金额栏分别注明。这相当于折扣销售，折扣为20%。

(2) 赠送商品，即甲商场在销售原价为800元商品的同时，另外再赠送原价为200元的商品（将赠送的200元的商品单独开具发票，则不仅原价800元的商品按照800元换算为不含税价款后的价格计算缴纳增值税，而且赠送的200元的商品也按照200元换算为不含税价款后的价格视同销售计算缴纳增值税）。

(3) 返还20%的现金，即甲商场销售原价为1 000元商品的同时，向顾客（自然人）赠送200元现金。

以销售1 000元的商品为基数，参与该次活动的商品含增值税购进成本为600元（即甲商场商品的购进成本占商品原价的60%）。以上价格和成本均含增值税。假设甲商场销售商品适用增值税税率为13%，购进商品均取得了税率为13%的增值税专用发票。甲商场每销售原价为1 000元（含增值税）的商品可以在企业所得税税前扣除的工资和其他费用为60元（不含增值税）。甲商场适用的企业所得税税率为25%，城市维护建设税税率为7%，教育费附加征收率为3%。请对其进行纳税筹划。

税法依据

(1) 折扣销售。纳税人采取折扣方式销售货物，如果销售额和折扣额在同一张发票上分别注明的，可按折扣后的销售额征收增值税。纳税人采取折扣方式销售货物，销售额和折扣额在同一张发票上分别注明是指销售额和折扣额在同一张发票上的"金额"栏分别注明的，可按折扣后的销售额征收增值税。未在同一张发票"金额"栏注明折扣额，而仅在发票的"备注"栏注明折扣额的，折扣额不得从销售额中减除。

(2) 实物折扣（如买一赠一）。增值税方面，折扣销售的税收优惠仅适用于对货物价格的折扣，而不适用于实物折扣（如买一赠一）。如果销售者将自产、委托加工和购买的货物用于实物折扣的，则该实物款额不能从销售货物额中减除，且该实物应按增值税条例"视同销售货物"中的"无偿赠送他人"计算征收增值税①。企业所得税方面，企业以买一赠一等方式

---

① 对于买一赠一等组合销售方式的增值税涉税规定，即对组合销售方式赠送的商品的增值税是否征税，税务总局至今并未下文予以明确，于是各地执行并不一致。一方面，若本地税务机关认可组合销售方式赠送的商品不征增值税，则企业可以采取组合销售方式，反之，尽量避免采取组合销售方式；另一方面，若将赠送的商品单独开具发票，则不仅原品按照其公允价值计算缴纳增值税，而且赠送的商品也按照其公允价值视同销售计算缴纳增值税，若以实际收取不含税的价款按照原品与赠品公允价值的比例分别填写在同一张发票的金额栏，则按照分摊后的金额分别计算原品与赠品各自的增值税销项税额。

组合销售本企业商品的，不属于捐赠，应将总的销售金额按各项商品的公允价值的比例来分摊确认各项的销售收入。个人所得税方面，根据《财政部 国家税务总局关于企业促销展业赠送礼品有关个人所得税问题的通知》（财税〔2011〕50号）文件规定，根据《中华人民共和国个人所得税法》及其实施条例有关规定，现对企业和单位（包括企业、事业单位、社会团体、个人独资企业、合伙企业和个体工商户等，以下简称企业）在营销活动中以折扣折让、赠品、抽奖等方式，向个人赠送现金、消费券、物品、服务等（以下简称礼品）有关个人所得税问题通知如下：一、企业在销售商品（产品）和提供服务过程中向个人赠送礼品，属于下列情形之一的，不征收个人所得税：1. 企业通过价格折扣、折让方式向个人销售商品（产品）和提供服务；2. 企业在向个人销售商品（产品）和提供服务的同时给予赠品，如通信企业对个人购买手机赠话费、入网费，或者购话费赠手机等；3. 企业对累积消费达到一定额度的个人按消费积分反馈礼品。二、（略）。

(3) 返还现金。返还现金是指企业在销售货物的同时，返还部分现金给购货方，返还部分现金相当于赠送现金给购货方。企业发生的公益性捐赠支出，在年度利润总额12%以内的部分，准予在计算应纳税所得额时扣除；超过年度利润总额12%的部分，准予结转以后三年内在计算应纳税所得额时扣除。除此以外的捐赠支出都不允许在企业所得税税前扣除。返还现金不属于公益性捐赠，不得在企业所得税税前扣除。

筹划思路

对于折扣销售，应尽量使得销售额和折扣额在同一张发票的金额栏中分别注明，按折扣后的销售额计征增值税，这样便可达到节税的目的。企业在选择折扣方式时，应当尽量不选择实物折扣，在必须采用实物折扣的销售方式时，企业可以在发票上作适当的调整，变"实物折扣"为"价格折扣（折扣销售）"或捆绑销售方式，以达到节税的目的。对于返还现金的折扣方式，由于这部分金额不得在企业所得税税前扣除，所以加重了企业所得税税负，同样若选择变"返还现金"为"价格折扣（折扣销售）"，便会达到节税效果。

筹划过程

方案一：让利（折扣）20%销售商品，即甲商场将原价为1 000元的商品以800元的价格销售，且将销售额和折扣额在同一张发票上的金额栏分别注明。这相当于折扣销售，折扣为20%。

应纳增值税 = [800/(1+13%)]×13% − [1 000×60%/(1+13%)]×13% = 23.01（元）

应纳城市维护建设税及教育费附加 = 23.01×(7%+3%) = 2.30（元）

应纳税所得额 = 800/(1+13%) − 1 000×60%/(1+13%) − 60 − 2.30 = 114.69（元）

应纳企业所得税 = 114.69×25% = 28.67（元）

应纳税额合计 = 23.01+2.30+28.67 = 53.98（元）

税后利润 = 800/(1+13%) − 1 000×60%/(1+13%) − 60 − 2.30 − 28.67 = 86.02（元）

方案二：赠送商品，即甲商场在销售原价为800元商品的同时，另外再赠送200元的商品（将赠送的200元的商品单独开具发票，则不仅原价800元的商品按照800元换算为不含税价款后的价格计算缴纳增值税，而且赠送的200元的商品也按照200元换算为不含税价款后的价格视同销售计算缴纳增值税)。

甲商场销售价格为 800 元(含增值税)的商品时,应纳增值税 = [800/(1+13%)]×13% - [800×60%/(1+13%)]×13% = 36.81(元)

赠送 200 元(含增值税)的商品,按照现行增值税税收政策规定,应视同销售处理,应纳增值税 = [200/(1+13%)]×13% - [200×60%/(1+13%)]×13% = 9.20(元)

合计应纳增值税 = 36.81+9.20 = 46.01(元)

应纳城市维护建设税及教育费附加 = 46.01×(7%+3%) = 4.60(元)

应纳税所得额 = 800/(1+13%) - 800×60%/(1+13%) - 200×60%/(1+13%) - 60 - 4.60 - 200/(1+13%)×13% = 89.38(元)①

应纳企业所得税 = 89.38×25% = 22.35(元)

应纳税额合计 = 46.01+4.60+22.35 = 72.96(元)

税后利润 = 800/(1+13%) - 800×60%/(1+13%) - 200×60%/(1+13%) - 60 - 4.60 - [200/(1+13%)]×13% - 22.35 = 67.03(元)

方案三:返还 20% 的现金,即甲商场销售原价为 1 000 元商品的同时,向顾客(自然人)赠送 200 元现金。

应纳增值税 = [1 000/(1+13%)]×13% - [1 000×60%/(1+13%)]×13% = 46.02(元)

应纳城市维护建设税及教育费附加 = 46.02×(7%+3%) = 4.60(元)

应纳税所得额 = 1 000/(1+13%) - 1 000×60%/(1+13%) - 60 - 4.60 = 289.38(元)

应纳企业所得税 = 289.38×25% = 72.35(元)

(注:甲商场返还的现金不得在企业所得税税前扣除)

应纳税额合计 = 46.02+4.60+72.35 = 122.97(元)

税后利润 = 1 000/(1+13%) - 1 000×60%/(1+13%) - 60 - 200 - 4.60 - 72.35 = 17.03(元)

将以上方案计算进行汇总分析(见表 3-4)。

表 3-4　各方案的税收负担及税后利润比较　　　　　　　　　　　　　元

方案	应纳增值税	应纳城市维护建设税及教育费附加	应纳企业所得税	应纳税额合计	企业税后利润
方案一	23.01	2.30	28.67	53.98	86.02
方案二	46.01	4.60	22.35	72.96	67.03
方案三	46.02	4.60	72.35	122.97	17.03

筹划结论

方案一比方案二少缴税 18.98 元(72.96-53.98),多获取税后利润 18.99 元(86.02-67.03),方案一比方案三少缴税 68.99 元(122.97-53.98),多获取税后利润 68.99 元(86.02-17.03),因此,应当选择方案一。

---

① 对于企业所得税,国税函〔2008〕875 号规定:企业以买一赠一等方式组合销售本企业商品的,不属于捐赠,应将总的销售金额按各项商品的公允价值的比例来分摊确认各项的销售收入。因此,买一赠一、捆绑销售等组合销售中的赠送商品视同销售的增值税销项税额 23.01 元[200/(1+13%)×13%]可以从应纳税所得额中扣除。

筹划点评

企业在选择折扣方式之前,不能盲目,而应当全面权衡,综合筹划,选择最佳的折扣方式,以便降低成本,获得最大的经济效益。

3.5 分立农业生产部门的纳税筹划

案例导入

【例3-5】甲公司为增值税一般纳税人,以亚麻为原材料生产纺织品,纺织品的增值税税率为13%,生产所用原材料主要由本公司的种植园提供。甲纺织品公司预计202×年纺织品实现销售收入6 300万元,种植园自产亚麻的成本为2 000万元,种植园外购原材料可抵扣进项税额很少,仅有10万元。另外,甲纺织品公司外购其他原材料等可抵扣的进项税额为150万元。请对其进行纳税筹划。

税法依据

销售自产农产品免征增值税。销售自产农产品,指农业生产者销售的自产初级农产品(包括制种、"公司+农户"经营模式的畜禽饲养)。

农产品,是指种植业、养殖业、林业、牧业、水产业生产的各种植物、动物的初级产品。

自2018年5月1日起,纳税人购进农产品,原适用11%扣除率的,扣除率调整为10%。自2019年4月1日起,纳税人购进农产品,原适用10%扣除率的,扣除率调整为9%。纳税人购进农产品,按下列规定抵扣进项税额:

① 除下面第②项规定外,纳税人购进农产品,取得一般纳税人开具的增值税专用发票或海关进口增值税专用缴款书的,以增值税专用发票或海关进口增值税专用缴款书上注明的增值税额为进项税额;从按照简易计税方法依照3%征收率计算缴纳增值税的小规模纳税人取得增值税专用发票的,以增值税专用发票上注明的金额和9%(自2017年7月1日起至2018年4月30日,为11%;自2018年5月1日起至2019年3月31日,为10%)的扣除率计算进项税额;取得(开具)农产品销售发票或收购发票的,以农产品销售发票或收购发票上注明的农产品买价和9%(自2017年7月1日起至2018年4月30日,为11%;自2018年5月1日起至2019年3月31日,为10%)的扣除率计算进项税额(买价,是指纳税人购进农产品在农产品收购发票或者销售发票上注明的价款和按照规定缴纳的烟叶税)。

② 自2017年7月1日起至2018年4月30日的营改增试点期间,纳税人购进用于生产销售或委托加工17%税率货物的农产品,维持原扣除力度不变(原扣除力度指的是13%的扣除率)。自2018年5月1日起至2019年3月31日的营改增试点期间,纳税人购进用于生产销售或委托加工16%税率货物的农产品,按照12%的扣除率计算进项税额。自2019年4月1日起的营改增试点期间,纳税人购进用于生产或者委托加工13%税率货物的农产品,按

照 10%的扣除率计算进项税额。

筹划思路

对农业生产者销售的自产农产品（如亚麻）免征增值税，但以自产农产品（如亚麻）为原材料加工后的产品并不属于农产品免税范围。企业要想享受销售自产农产品免税的政策，可以考虑把种植园和纺织品公司分为两个独立法人，采取纺织品公司购买种植园亚麻的经营模式，一方面，种植园可以享受销售自产农产品免征增值税的政策；另一方面，纺织品公司还可以按采购亚麻金额乘以扣税率来计算抵扣进项税。

筹划过程

方案一：将种植园和纺织品公司作为一个独立法人。

应纳增值税 = 6 300×13% - 10 - 150 = 659（万元）

方案二：将种植园和纺织品公司分为两个独立法人，种植园将自己生产的亚麻以 2 400 万元的市场价格直接销售给纺织品公司。

（1）202×年种植园实现销售收入 2 400 万元，由于其自产自销未经加工的亚麻符合农业生产者自产自销农产品的条件，因而可以享受免税待遇，税负为零，相应的进项税额 10 万元也不予抵扣。

（2）纺织品公司购进亚麻。自 2019 年 4 月 1 日起，纳税人购进用于生产或者委托加工 13%税率货物的农产品，按照 10%的扣除率计算进项税额。

应纳增值税 = 6 300×13% - 2 400×10% - 150 = 429（万元）

筹划结论

方案二比方案一少缴纳增值税 230 万元（659 万 - 429 万），因此，应当选择方案二。

筹划点评

将种植园和纺织品公司分为两个独立法人，必然要多支出一部分开办费用及其他费用，但这笔费用与省下来的增值税相比要少很多，因此采用上述方式是非常划算的。

3.6 存货非正常损失的纳税筹划

案例导入

【例 3-6】甲公司为增值税一般纳税人，适用 13%的增值税税率。202×年 7 月甲公司购入一批原材料，不含增值税价格为 200 万元，取得的增值税专用发票注明的增值税税额为 26 万元，该进项税额已经于 202×年 7 月从销项税额中抵扣。202×年 12 月该批原材料由于仓库发生火灾（因管理不善）而发生损失，甲公司对其进行盘存清理，发现有不含增值税价格 50 万元的原材料经过一定处理后仍能使用，为回笼资金决定变价卖出。202×年 12 月甲公司其他业务增值税销项税额为 100 万元，可抵扣进项税额为 40 万元。

税法依据

下列项目的进项税额不得从销项税额中抵扣:

(1) 用于简易计税方法计税项目、免征增值税项目、集体福利或者个人消费的购进货物、劳务、服务、无形资产和不动产。其中涉及的无形资产、不动产,仅指专用于上述项目的无形资产(不包括其他权益性无形资产)、不动产。

纳税人的交际应酬消费属于个人消费。

(2) 非正常损失的购进货物,以及相关的劳务和交通运输服务。

(3) 非正常损失的在产品、产成品所耗用的购进货物(不包括固定资产)、劳务和交通运输服务。

(4) 非正常损失的不动产,以及该不动产所耗用的购进货物、设计服务和建筑服务。

(5) 非正常损失的不动产在建工程所耗用的购进货物、设计服务和建筑服务。

纳税人新建、改建、扩建、修缮、装饰不动产,均属于不动产在建工程。

(6) 购进的贷款服务、餐饮服务、居民日常服务和娱乐服务。

需要注意的是,2019年3月31日之前,购进的旅客运输服务,其进项税额不得从销项税额中抵扣;自2019年4月1日起,购进的旅客运输服务,其进项税额允许从销项税额中抵扣。

(7) 财政部和税务总局规定的其他情形。

上述第(4)条、第(5)条所称货物,是指构成不动产实体的材料和设备,包括建筑装饰材料和给排水、采暖、卫生、通风、照明、通讯、煤气、消防、中央空调、电梯、电气、智能化楼宇设备及配套设施。

非正常损失,是指因管理不善造成货物被盗、丢失、霉烂变质,以及因违反法律法规造成货物或者不动产被依法没收、销毁、拆除的情形。

纳税人接受贷款服务向贷款方支付的与该笔贷款直接相关的投融资顾问费、手续费、咨询费等费用,其进项税额不得从销项税额中抵扣。

已抵扣进项税额的购进货物(不含固定资产)、劳务、服务,发生上述第(1)至(7)条规定情形(简易计税方法计税项目、免征增值税项目除外)的,应当将该进项税额从当期进项税额中扣减(即进项税额转出);无法确定该进项税额的,按照当期实际成本计算应扣减的进项税额。

已抵扣进项税额的无形资产或者不动产,发生上述第(1)至(7)条规定情形的,按照下列公式计算不得抵扣的进项税额:

$$不得抵扣的进项税额 = 无形资产或者不动产净值 \times 适用税率$$

按照《中华人民共和国增值税暂行条例》第十条和上述不得抵扣且未抵扣进项税额的固定资产、无形资产、不动产,发生用途改变,用于允许抵扣进项税额的应税项目,可在用途改变的次月按照下列公式,依据合法有效的增值税扣税凭证,计算可以抵扣的进项税额:

$$可以抵扣的进项税额 = \frac{固定资产、无形资产、不动产净值}{1+适用税率} \times 适用税率$$

上述可以抵扣的进项税额应取得合法有效的增值税扣税凭证。

自2020年3月1日起,增值税一般纳税人取得2017年1月1日及以后开具的增值税专用发票、海关进口增值税专用缴款书、机动车销售统一发票、收费公路通行费增值税电子普通发票,取消认证确认、稽核比对、申报抵扣的期限。纳税人在进行增值税纳税申报时,应当通过本省(自治区、直辖市、计划单列市)增值税发票综合服务平台对上述扣税凭证信息进行用途确认。

自 2020 年 3 月 1 日起,增值税一般纳税人取得 2016 年 12 月 31 日及以前开具的增值税专用发票、海关进口增值税专用缴款书、机动车销售统一发票,超过认证确认、稽核比对、申报抵扣期限,但符合规定条件的,仍可按照《国家税务总局关于逾期增值税扣税凭证抵扣问题的公告》(2011 年第 50 号,国家税务总局公告 2017 年第 36 号、2018 年第 31 号修改)、《国家税务总局关于未按期申报抵扣增值税扣税凭证有关问题的公告》(2011 年第 78 号,国家税务总局公告 2018 年第 31 号修改)规定,继续抵扣进项税额。

筹划思路

非正常损失存货的进项税额不能抵扣,因此增值税一般纳税人在合理且精确地计算存货非正常损失额的基础上,尽量降低非正常损失存货的会计核算额具有重要意义。

筹划过程

方案一:会计核算时将 200 万元作为非正常损失。

进项税转出额=200×13%=26(万元)

50 万元的原材料变价销售的销项税额=50×13%=6.5(万元)

应纳增值税=100+6.5-(40-26)=92.5(万元)

方案二:会计核算时将 150 万元(200 万-50 万)作为非正常损失。

进项税转出额=150×13%=19.5(万元)

50 万元的原材料变价销售的销项税额=50×13%=6.5(万元)

应纳增值税=100+6.5-(40-19.5)=86(万元)

筹划结论

方案二比方案一少缴纳增值税 6.5 万元(92.5 万-86 万),因此,应当选择方案二。

筹划点评

尽量降低非正常损失存货的会计核算额的前提在于,合理且精确地将报废的存货和仍能使用的存货分开,并在会计核算时体现正确的数量、单价和金额。

3.7 增值税计税方法选择的纳税筹划

案例导入

【例 3-7】甲公司是 20×1 年 1 月新成立的自来水公司,成立之初登记为增值税一般纳税人,20×1 年购进一台大型设备,取得增值税专用发票,注明价款 400 万元,增值税额 52 万元,其他可抵扣进项税额为 25 万元。20×1 年生产销售自来水,取得收入 1 000 万元(不含增值税)。20×2 年及以后各年收入不变,可抵扣进项税额每年均为 25 万元。

税法依据

自 2017 年 7 月 1 日起,简并增值税税率结构,取消原来的 13% 的增值税税率。自 2017 年 7 月 1 日起,自来水适用税率由 13% 调整为 11%(采用一般计税方法时);自 2018 年 5 月 1 日起,自来水适用税率由 11% 调整为 10%(采用一般计税方法时);自 2019 年 4 月 1 日起,自来水适用税率由 10% 调整为 9%(采用一般计税方法时)。

一般纳税人销售其自产的自来水可以选择按照简易方法依照 3% 的征收率计算缴纳增值税。一般纳税人一旦选择按照简易方法计算缴纳增值税后,在 36 个月之内不得变更。

筹划思路

由于自来水公司在增值税纳税方式上具有一定的选择权及转变权,因此,自来水公司应当测算不同计税方式的税负大小,以便选择最优的计税方式,或适时转变为最优的计税方式。

筹划过程

方案一:选择按简易方法依照 3% 征收率计算缴纳增值税。

因为在 36 个月的简易征收期间进项税额不得抵扣,所以大型设备的进项税额不得抵扣。

20×1 年应纳增值税 = 1 000×3% = 30(万元)
20×2 年应纳增值税 = 1 000×3% = 30(万元)
20×3 年应纳增值税 = 1 000×3% = 30(万元)
20×4 年应纳增值税 = 1 000×3% = 30(万元)
4 年应纳增值税共计 = 30+30+30+30 = 120(万元)

方案二:选择按一般计税方法计算缴纳增值税。
20×1 年应纳增值税 = 1 000×9% − 52 − 25 = 13(万元)
20×2 年应纳增值税 = 1 000×9% − 25 = 65(万元)
20×3 年应纳增值税 = 1 000×9% − 25 = 65(万元)
20×4 年应纳增值税 = 1 000×9% − 25 = 65(万元)
4 年应纳增值税共计 = 13+65+65+65 = 208(万元)

方案三:20×1 年选择按一般计税方法计算缴纳增值税,20×2 年转变为简易计税方法。
20×1 年应纳增值税 = 1 000×9% − 52 − 25 = 13(万元)
20×2 年应纳增值税 = 1 000×3% = 30(万元)
20×3 年应纳增值税 = 1 000×3% = 30(万元)
20×4 年应纳增值税 = 1 000×3% = 30(万元)
4 年应纳增值税共计 = 13+30+30+30 = 103(万元)

筹划结论

方案三比方案一少缴纳增值税 17 万元（120 万－103 万），方案三比方案二少缴纳增值税 105 万元（208 万－103 万），因此，应当选择方案三。

筹划点评

一般纳税人选择简易方法计税后，36 个月内不得变更，因此，企业应当从长远且综合的角度来进行测算，最终选择或转变为对自己有整体利益的纳税方式。

3.8 一般纳税人从小规模纳税人处购买货物、劳务、服务、无形资产或者不动产的纳税筹划

案例导入

【例 3-8】甲公司是增值税一般纳税人，202×年 12 月从本市的小规模纳税人乙公司购买原材料一批，含税购进金额为 10.3 万元，小规模纳税人乙公司开具增值税普通发票一张，票面含增值税金额为 10.3 万元。请对其进行纳税筹划。乙公司适用 3% 的增值税征收率。

税法依据

一般纳税人从小规模纳税人购买货物、劳务、服务、无形资产或者不动产取得增值税普通发票的，不得抵扣进项税额；但是一般纳税人若要求小规模纳税人到税务机关代开增值税专用发票或者小规模纳税人自行开具增值税专用发票，则可按 3% 或 5% 的税率计算进项税额予以抵扣。

筹划思路

一般纳税人从小规模纳税人处购买货物、劳务、服务、无形资产或者不动产应尽量取得增值税专用发票，以便达到降低企业税负的目的。

自 2020 年 2 月 1 日起，增值税小规模纳税人（其他个人除外）发生增值税应税行为，需要开具增值税专用发票的，可以自愿使用增值税发票管理系统自行开具。选择自行开具增值税专用发票的小规模纳税人，税务机关不再为其代开增值税专用发票。

筹划过程

方案一：甲公司从小规模纳税人乙公司取得增值税普通发票。

这样不得抵扣进项税额，因此甲公司可抵扣的进项税额为 0。

方案二：甲公司要求小规模纳税人乙公司取得增值税专用发票。

甲公司可抵扣的进项税额=[10.3/(1+3%)]×3%=0.3（万元）

筹划结论

方案二比方案一多抵扣进项税额 0.3 万元（0.3 万-0），从而少缴纳增值税 0.3 万元，因此，应当选择方案二。

筹划点评

一般纳税人从小规模纳税人购买货物、劳务、服务、无形资产或者不动产时，经过努力从小规模纳税人索取增值税专用发票，可以获取进项税额抵扣的好处，勿以利小而不为。

3.9 避免零申报、负申报的纳税筹划

案例导入

【例3-9】甲公司是一家电子产品的代理商，为增值税一般纳税人。202×年由于代理的商品购销价格受到产品生产厂家的控制，因此毛利率偏低。近期一方面由于集中购入产品，导致进项税额急剧上升，另一方面由于前期库存商品的市场销售价格下跌，导致销项税额下降，已连续两个月增值税应纳税额负申报。202×年9—10月的销项税额分别为100万元、120万元，认证通过可抵扣进项税额分别为110万元、160万元，这样到202×年11月仍有50万元的进项税留抵。202×年11月销项税额为70万元，购入产品取得增值税专用发票注明的增值税额为30万元。假设甲公司连续三个月增值税零申报或者负申报时，有可能被当地主管税务机关作为异常户进行管理。请对其进行纳税筹划。

税法依据

自2020年3月1日起，增值税一般纳税人取得2017年1月1日及以后开具的增值税专用发票、海关进口增值税专用缴款书、机动车销售统一发票、收费公路通行费增值税电子普通发票，取消认证确认、稽核比对、申报抵扣的期限。纳税人在进行增值税纳税申报时，应当通过本省（自治区、直辖市和计划单列市）增值税发票综合服务平台对上述扣税凭证信息进行用途确认。

自2020年3月1日起，增值税一般纳税人取得2016年12月31日及以前开具的增值税专用发票、海关进口增值税专用缴款书、机动车销售统一发票，超过认证确认、稽核比对、申报抵扣期限，但符合规定条件的，仍可按照《国家税务总局关于逾期增值税扣税凭证抵扣问题的公告》（2011年第50号，国家税务总局公告2017年第36号、2018年第31号修改）、《国家税务总局关于未按期申报抵扣增值税扣税凭证有关问题的公告》（2011年第78号，国家税务总局公告2018年第31号修改）规定，继续抵扣进项税额。

增值税一般纳税人本期申报抵扣的增值税专用发票必须先进行认证，纳税人可以持增值税专用发票的抵扣联在办税服务厅认证窗口认证，或进行远程认证（指的是网上增值税专用发票认证，包括扫描认证、勾选确认认证两种）。未经认证的，不得申报抵扣。自2019年

3月1日起，将取消增值税发票认证（指的是扫描认证）的纳税人范围扩大至全部一般纳税人。一般纳税人取得增值税发票（包括增值税专用发票、机动车销售统一发票、收费公路通行费增值税电子普通发票，下同）后，可以自愿使用增值税发票综合服务平台查询、选择用于申报抵扣、出口退税或者代办退税的增值税发票信息（一般称作发票勾选确认认证）。纳税人取得增值税发票，通过增值税发票综合服务平台未查询到对应发票信息的，仍可进行扫描认证。扫描专用发票认证是在本月末进行，而通过增值税发票综合服务平台进行发票勾选确认认证一般是在次月纳税申报期之内进行。

筹划思路

企业对增值税的纳税申报，如果在一定时期内均为零申报或者负申报，则可能被主管税务机关作为异常户进行管理。企业将被税务机关约谈，要求说明纳税申报异常的原因，甚至还有可能接受税务机关的调查和检查。为了避免上述麻烦，增值税一般纳税人在取得2017年1月1日及以后开具的增值税专用发票、海关进口增值税专用缴款书、机动车销售统一发票、收费公路通行费增值税电子普通发票后，可以适当推迟通过本省（自治区、直辖市、计划单列市）增值税发票综合服务平台对上述扣税凭证信息进行用途确认（勾选确认认证）的时间。

筹划过程

方案一：甲公司使得本年11月取得的增值税专用发票在本年11月符合抵扣规定（甲公司在本年12月初的纳税申报期内，对本年11月取得的增值税专用发票通过增值税发票综合服务平台进行勾选确认）。

202×年11月应纳增值税＝70-50-30＝-10（万元）

即仍是负申报，且有10万元进项税留抵。甲公司连续三个月增值税负申报，可能导致的后果是，甲公司被当地主管税务机关作为异常户进行管理，将被税务机关约谈，并要求说明纳税申报异常的原因，甚至可能接受税务机关的调查和检查。

方案二：甲公司使得本年11月取得的增值税专用发票在本年11月尚不符合抵扣规定（甲公司在本年12月初的纳税申报期内，未对本年11月取得的增值税专用发票通过增值税发票综合服务平台进行勾选确认），以使本年11月产生适当的应纳增值税，这样可以避免长期增值税负申报带来的诸多麻烦。

202×年11月应纳增值税＝70-50＝20（万元）

筹划结论

方案二与方案一相比，会避免企业税收风险，因此，应当选择方案二。

筹划点评

纳税筹划的目的不仅仅是节税，更重要的是防范税收风险，为企业营造一个安全稳妥的经营环境。

3.10 延期纳税的纳税筹划

案例导入

【例 3-10】 甲公司为增值税一般纳税人，20×7 年 10 月 15 日发生销售业务 3 笔，共计应收货款 2 000 万元（不含增值税）。其中，第 1 笔 800 万元，货款两清；第 2 笔 500 万元，两年后一次性付清；第 3 笔 700 万元，一年后付 300 万元，余款 400 万元两年后结清。甲公司销售产品适用的增值税税率为 13%。请对其进行纳税筹划。

税法依据

赊销和分期收款结算方式以合同约定的日期为增值税的纳税义务发生时间。采取赊销和分期收款方式销售货物，为书面合同约定的收款日期的当天，无书面合同的或者书面合同没有约定收款日期的，为货物发出的当天。

筹划思路

企业在产品销售过程中，在应收货款一时无法收回或部分无法收回的情况下，可选择赊销或分期收款结算方式，避免垫付税款。具体来说，应在合同中体现出赊销或分期收款的具体日期。

筹划过程

方案一：采取直接收款方式。具体来说，合同中未体现出购销或分期收款结算的具体日期，则税务机关推断为直接收款方式。

20×7 年 10 月的增值税销项税额 = 2 000×13% = 260（万元）

方案二：对第 2 笔和第 3 笔业务采取赊销和分期收款结算方式。具体来说，需要在合同中体现出赊销或分期收款结算的具体日期，即第 2 笔 500 万元，于 20×9 年 10 月 15 日付款；第 3 笔 700 万元，于 20×8 年 10 月 15 日付款 300 万元，20×9 年 10 月 15 日付款 400 万元。

20×7 年 10 月的增值税销项税额 = 800×13% = 104（万元）

20×8 年 10 月的增值税销项税额 = 300×13% = 39（万元）

20×9 年 10 月的增值税销项税额 =（500+400）×13% = 117（万元）

筹划结论

方案二比方案一 20×7 年 10 月少缴纳增值税 156 万元（260 万-104 万），因此，应当选择方案二。

筹划点评

虽然这 156 万元的增值税在以后期间要缴清，但延缓了纳税时间，充分利用了资金的时间价值。

3.11 增值税小规模纳税人免征增值税的纳税筹划

案例导入

【例3-11】甲公司是一家商业企业,为增值税小规模纳税人,选择以1个月为纳税期限,202×年7月不含税销售额为150 100元。假设不考虑城市维护建设税和教育费附加。假设甲公司适用的增值税征收率为3%。请对其进行纳税筹划。

税法依据

自2021年4月1日起执行的小微企业暂免征收增值税的优惠政策规定如下:

(1) 小规模纳税人发生增值税应税销售行为,合计月销售额未超过15万元(以1个季度为1个纳税期的,季度销售额未超过45万元,下同)的,免征增值税。

小规模纳税人发生增值税应税销售行为,合计月销售额超过15万元,但扣除本期发生的销售不动产的销售额后未超过15万元的,其销售货物、劳务、服务、无形资产取得的销售额免征增值税。

(2) 适用增值税差额征税政策的小规模纳税人,以差额后的销售额确定是否可以享受本公告规定的免征增值税政策。

"增值税纳税申报表(小规模纳税人适用)"(简并税费申报后为"增值税及附加税费申报表(小规模纳税人适用)",下同)中的"免税销售额"相关栏次,填写差额后的销售额。

(3) 按固定期限纳税的小规模纳税人可以选择以1个月或1个季度为纳税期限,一经选择,一个会计年度内不得变更。

(4) 《中华人民共和国增值税暂行条例实施细则》第九条所称的其他个人,采取一次性收取租金形式出租不动产取得的租金收入,可在对应的租赁期内平均分摊,分摊后的月租金收入未超过15万元的,免征增值税。

(5) 按照现行规定应当预缴增值税税款的小规模纳税人,凡在预缴地实现的月销售额未超过15万元的,当期无需预缴税款。

(6) 小规模纳税人中的单位和个体工商户销售不动产,应按其纳税期、上述第(5)条规定以及其他现行政策规定确定是否预缴增值税;其他个人销售不动产,继续按照现行规定征免增值税。

(7) 已经使用金税盘、税控盘等税控专用设备开具增值税发票的小规模纳税人,月销售额未超过15万元的,可以继续使用现有设备开具发票,也可以自愿向税务机关免费换领税务Ukey开具发票。

筹划思路

增值税小规模纳税人如果月销售额刚刚超过15万元(以1个季度为1个纳税期的,季度销售额刚刚超过45万元),则应减少销售额至15万元或者15万元以下(以1个季度为 1 个纳税期的，减少销售额至 45 万元或者 45 万元以下），以便规避增值税纳税义务。

筹划过程

方案一：将月不含税销售额仍定为 150 100 元。

$$应纳增值税 = 150\ 100 \times 3\% = 4\ 503（元）$$
$$增值税税后收入 = 150\ 100 - 4\ 503 = 145\ 597（元）$$

方案二：将月不含税销售额降至 149 900 元。
未超过 150 000 元，因此，免征增值税。

$$增值税税后收入 = 149\ 900（元）$$

筹划结论

方案二比方案一少缴纳增值税 4 503 元（4 503-0），多获取增值税税后收入 4 303 元（149 900-145 597），因此，应当选择方案二。

筹划点评

增值税小规模纳税人免征增值税的纳税筹划仅适用于增值税小规模纳税人月销售额刚刚超过 15 万元（以 1 个季度为 1 个纳税期的，季度销售额刚刚超过 45 万元）的情况，因此，其应用空间较小。

3.12　全面"营改增"后兼营行为的纳税筹划

案例导入

【例 3-12】甲公司为增值税一般纳税人，202×年 7 月共取得销售额 600 万元（含增值税），其中提供设备租赁取得收入为 400 万元（含增值税），对境内单位提供信息技术咨询服务取得销售额 200 万元（含增值税），当月可抵扣的进项税额共为 30 万元。请对其进行纳税筹划。

税法依据

纳税人兼营销售货物、劳务、服务、无形资产或者不动产，适用不同税率或者征收率的，应当分别核算适用不同税率或者征收率的销售额；未分别核算的，从高适用税率。

试点纳税人销售货物、加工修理修配劳务、服务、无形资产或者不动产适用不同税率或者征收率的，应当分别核算适用不同税率或者征收率的销售额。未分别核算销售额的，按照以下方法适用税率或者征收率：（1）兼有不同税率的销售货物、加工修理修配劳务、服务、无形资产或者不动产，从高适用税率；（2）兼有不同征收率的销售货物、加工修理修配劳务、服务、无形资产或者不动产，从高适用征收率；（3）兼有不同税率和征收率的销售货物、加工修理修配劳务、服务、无形资产或者不动产，从高适用税率。

自 2019 年 4 月 1 日起，增值税一般纳税人发生增值税应税销售行为或者进口货物，原适用 16% 税率的，税率调整为 13%；原适用 10% 税率的，税率调整为 9%。纳税人销售有形动产租赁服务，税率为 13%。纳税人销售交通运输、邮政、基础电信、建筑、不动产租赁服务，销售不动产，转让土地使用权，税率为 9%。纳税人销售增值电信服务、金融服务、现代服务和生活服务，销售土地使用权以外的无形资产，税率为 6%。境内单位和个人发生的跨境应税行为，税率为零。

一般纳税人特殊情况下采用简易计税方法适用征收率。小规模纳税人缴纳增值税采用简易计税方法适用征收率。我国增值税的法定征收率是 3%；一些特殊项目适用 3% 减按 2% 的征收率。全面"营改增"后的与不动产有关的特殊项目适用 5% 的征收率；一些特殊项目适用 5% 减按 1.5% 的征收率。

筹划思路

纳税人若兼营货物、劳务、服务、无形资产或者不动产，则应当尽量将不同税率或者征收率的货物、劳务、服务、无形资产或者不动产分别核算，以适用不同的税率或者征收率，从而规避从高适用税率或者征收率，进而降低企业的税负。

筹划过程

方案一：未分别核算销售额。

应纳增值税 = [600/(1+13%)]×13% - 30 = 39.03（万元）

方案二：分别核算销售额。

应纳增值税 = [400/(1+13%)]×13% + [200/(1+6%)]×6% - 30 = 27.34（万元）

筹划结论

方案二比方案一少缴纳增值税 11.69 万元（39.03 万 - 27.34 万），因此，应当选择方案二。

筹划点评

分别核算在一定程度上会加大核算成本，但若节税额比较大，当然是非常值得的。

3.13 全面"营改增"后混合销售行为的纳税筹划

案例导入

【例 3-13】甲公司是一家销售并安装设备的企业（非设备生产企业），为增值税一般纳税人，202×年 7 月销售设备（适用增值税税率 13%）并同时提供安装服务（由于设备属于高尖端产品，因此安装费用较高，与设备价款相当），共取得销售额 100 万元（含增值税），该企业与购入设备相关的可抵扣进项税额为 6 万元，与提供安装服务相关的可抵扣进项税额为1万元。请对其进行纳税筹划。

税法依据

一项销售行为如果既涉及服务又涉及货物，为混合销售。从事货物的生产、批发或者零售的单位和个体工商户的混合销售行为，按照销售货物缴纳增值税；其他单位和个体工商户的混合销售行为，按照销售服务缴纳增值税。本条所称从事货物的生产、批发或者零售的单位和个体工商户，包括以从事货物的生产、批发或者零售为主，并兼营销售服务的单位和个体工商户在内。

筹划思路

企业可以通过控制销售货物或服务所占的比例，结合销售货物和服务的税率或征收率的大小，来选择按照销售货物还是按照销售服务缴纳增值税。也就是说，在混合销售行为中，若想按照销售货物缴纳增值税，则应尽量使得纳税人从事货物的生产、批发或者零售的年货物销售额超过50%；反之，若想按照销售服务缴纳增值税，则应尽量使得纳税人从事货物的生产、批发或者零售的年货物销售额低于50%。

由于销售设备的增值税税率为13%，安装服务（属于建筑服务）的增值税税率为9%，因此，应尽量使得企业从事货物的生产、批发或者零售的年货物销售额低于50%，这样可以按照9%的税率缴纳增值税。

筹划过程

方案一：使得甲公司从事货物的生产、批发或者零售的年货物销售额超过50%。

按照销售货物缴纳增值税，适用增值税税率为13%，应纳增值税＝[100/（1+13%）]×13%－6－1＝4.50（万元）。

方案二：使得甲公司从事货物的生产、批发或者零售的年货物销售额低于50%。

按照销售服务缴纳增值税，适用增值税税率为9%，应纳增值税＝[100/（1+9%）]×9%－6－1＝1.26（万元）。

筹划结论

方案二比方案一少缴纳增值税3.24万元（4.50万－1.26万），因此，应当选择方案二。

筹划点评

纳税人在对混合销售行为进行纳税筹划时，主要是对比销售货物和服务的税率或征收率的大小，最终选择税率或征收率最小的方案。同时需要注意，纳税人的销售行为是否属于混合销售行为，由主管税务机关确定，这是税务机关拥有自由裁量权的具体表现。也就是说，税务机关可能将其认定为混合销售行为，也可能不认定为混合销售行为；可能将其认定为按照销售货物缴纳增值税的混合销售行为，也可能将其认定为按照销售服务缴纳增值税的混合销售行为。因此，纳税人对混合销售行为进行纳税筹划应事先得到税务机关的认可，以获取正当的纳税利益。

3.14 全面"营改增"后变小规模纳税人为一般纳税人的纳税筹划

案例导入

【例3-14】甲咨询服务公司202×年7月经测算年应税销售额为450万元（不含增值税），则该公司仍然可作为小规模纳税人；若为增值税小规模纳税人，适用3%的增值税征收率。而若登记成为一般纳税人，则可抵扣进项税额为16万元，且满足增值税加计抵减10%政策的条件。请对其进行纳税筹划。

税法依据

纳税人分为一般纳税人和小规模纳税人；应税行为的年应征增值税销售额（以下称应税销售额）超过财政部和税务总局规定标准的纳税人为一般纳税人，未超过规定标准的纳税人为小规模纳税人；年应税销售额超过规定标准的其他个人不属于一般纳税人；年应税销售额超过规定标准但不经常发生应税行为的单位和个体工商户可选择按照小规模纳税人纳税；年应税销售额未超过规定标准的纳税人，会计核算健全，能够提供准确税务资料的，可以向主管税务机关办理一般纳税人资格登记，成为一般纳税人；会计核算健全，是指能够按照国家统一的会计制度规定设置账簿，根据合法、有效凭证核算；符合一般纳税人条件的纳税人应当向主管税务机关办理一般纳税人资格登记；具体登记办法由国家税务总局制定；除税务总局另有规定外，一经登记为一般纳税人后，不得转为小规模纳税人。上述年应税销售额标准为500万元（含本数）。

筹划思路

对于年应税销售额未超过500万元以及新开业的试点纳税人，若经测算发现作为增值税一般纳税人更有利，则应当在满足会计核算健全，能够提供准确税务资料这一条件的基础上，主动向主管税务机关登记成为一般纳税人。

筹划过程

方案一：仍然作为小规模纳税人。

应纳增值税 = 450 × 3% = 13.5（万元）

方案二：在满足会计核算健全，能够提供准确税务资料这一条件的基础上，主动向主管税务机关登记成为一般纳税人。

应纳增值税 = 450 × 6% − 16 − 16 × 10% = 9.4（万元）

筹划结论

方案二比方案一少缴纳增值税4.1万元（13.5万−9.4万），因此，应当选择方案二。

筹划点评

通过主动创造条件来满足税法规定，是纳税筹划常用的思路。但应当注意的是，除税务总局另有规定外，企业一旦转化为一般纳税人就不能再恢复为小规模纳税人。

3.15 全面"营改增"后变一般纳税人为小规模纳税人的纳税筹划

案例导入

【例3-15】甲咨询公司现为小规模纳税人，适用3%的增值税征收率。若登记为增值税一般纳税人，预计未来一年的年应税销售额将达到689万元（含增值税），对应的全年可抵扣进项税额为8万元，且满足增值税加计抵减10%政策的条件。请对其进行纳税筹划。

税法依据

纳税人分为一般纳税人和小规模纳税人。应税行为的年应征增值税销售额（以下称应税销售额）超过财政部和税务总局规定标准的纳税人为一般纳税人，未超过规定标准的纳税人为小规模纳税人。年应税销售额超过规定标准的其他个人不属于一般纳税人。年应税销售额超过规定标准但不经常发生应税行为的单位和个体工商户可选择按照小规模纳税人纳税。年应税销售额未超过规定标准的纳税人，会计核算健全，能够提供准确税务资料的，可以向主管税务机关办理一般纳税人资格登记，成为一般纳税人。会计核算健全，是指能够按照国家统一的会计制度规定设置账簿，根据合法、有效凭证核算。符合一般纳税人条件的纳税人应当向主管税务机关办理一般纳税人资格登记。具体登记办法由税务总局制定。除税务总局另有规定外，一经登记为一般纳税人后，不得转为小规模纳税人。上述年应税销售额标准为500万元（含本数）。

自2019年4月1日起，增值税一般纳税人发生增值税应税销售行为或者进口货物，原适用16%税率的，税率调整为13%；原适用10%税率的，税率调整为9%。纳税人销售有形动产租赁服务，税率为13%。纳税人销售交通运输、邮政、基础电信、建筑、不动产租赁服务，销售不动产，转让土地使用权，税率为9%。纳税人销售增值电信服务、金融服务、现代服务和生活服务，销售土地使用权以外的无形资产，税率为6%。我国增值税的法定征收率是3%；一些特殊项目适用3%减按2%的征收率。全面"营改增"后的与不动产有关的特殊项目适用5%的征收率；一些特殊项目适用5%减按1.5%的征收率。

筹划思路

对于"营改增"试点纳税人来说，"营改增"后成为一般纳税人后的适用税率高于小规模纳税人的征收率，当企业可抵扣进项税额较少时，在符合成为一般纳税人的条件（年应税销售额标准为500万元）之前，企业应当尽量拆分为小规模纳税人，以降低企业增值税税负，达到节税的目的。

筹划过程

方案一：年销售额将达到 689 万元（含增值税），转换为不含增值税销售额 = 689/(1+6%) = 650（万元），超过 500 万元，应当登记为增值税一般纳税人。

$$应纳增值税 = [689/(1+6\%)] \times 6\% - 8 - 8 \times 10\% = 30.2（万元）$$

方案二：在年销售额尚未超过 500 万元之前，将甲咨询公司分拆为 A 公司和 B 公司，年应税销售额的 206.7 万元由 A 公司实现，482.3 万元由 B 公司实现，则 A 公司和 B 公司都可作为小规模纳税人。

A 公司应纳增值税 = [206.7/(1+3%)] × 3% = 6.02（万元）
B 公司应纳增值税 = [482.3/(1+3%)] × 3% = 14.05（万元）
合计应纳增值税 = 6.02 + 14.05 = 20.07（万元）

筹划结论

方案二比方案一少缴纳增值税 10.13 万元（30.2 万 - 20.07 万），因此，应当选择方案二。

筹划点评

小规模纳税人征收率比一般纳税人税率要低很多，对于规模不大的企业，当可抵扣进项税额较少时，可以根据自己的营收状况、资产状况，通过分拆业务、新设公司等方式成为小规模纳税人，享受小规模纳税人 3% 或 5% 的征收率。但同时又应当考虑到自身客户和供应商因素，最终选择适合自身的纳税人身份。

3.16 全面"营改增"后餐饮服务和住宿服务相互转化的纳税筹划

案例导入

【例 3-16】甲公司为增值税一般纳税人，202× 年 7 月派出 50 名员工去外地出差两周，出差的餐饮和住宿预算支出为 500 000 元（含增值税），其中，餐饮预算支出为 300 000 元，住宿预算支出为 200 000 元。请对其进行纳税筹划。

税法依据

购进的贷款服务、餐饮服务、居民日常服务和娱乐服务的进项税额不得从销项税额中抵扣。

餐饮住宿服务，包括餐饮服务和住宿服务。（1）餐饮服务，是指通过同时提供饮食和饮食场所的方式为消费者提供饮食消费服务的业务活动。（2）住宿服务，是指提供住宿场所及配套服务等的活动，包括宾馆、旅馆、旅社、度假村和其他经营性住宿场所提供的住宿服务。

筹划思路

购进的餐饮服务的进项税额不得从销项税额中抵扣,但购进的住宿服务的进项税额可以从销项税额中抵扣。企业应当合理分配购进的餐饮服务和住宿服务的支出,努力增加可抵扣进项税额。

筹划过程

方案一:购进餐饮服务 300 000 元,购进住宿服务 200 000 元。

可抵扣的进项税额=[200 000/(1+6%)]×6% = 11 320.75(元)

方案二:购进餐饮服务 200 000 元,购进住宿服务 300 000 元。

可抵扣的进项税额=[300 000/(1+6%)]×6% = 16 981.13(元)

筹划结论

方案二比方案一多抵扣增值税额 5 660.38 元(16 981.13-11 320.75),因此,应当选择方案二。

筹划点评

企业可以通过提高住宿质量的同时,适当降低餐饮质量,以获取抵扣更多进项税的好处。

3.17 全面"营改增"后一般计税方法与简易计税方法选择的纳税筹划

案例导入

【例 3-17】陕西省的甲公司是一家设备租赁公司,为增值税一般纳税人,202×年 7 月 1 日将 2013 年 5 月(该地区营改增试点实施之日前)购进的 3 台设备对外租赁给乙公司,租期为 6 个月,共收取租赁费 100 万元(含增值税),租赁结束时甲公司收回该设备继续用于出租。202×年 7 月 1 日至 202×年 12 月 31 日可抵扣进项税额共为 1 万元。请对其进行纳税筹划。

税法依据

一般纳税人发生下列应税行为可以选择适用简易计税方法计税。

(1)公共交通运输服务。

公共交通运输服务,包括轮客渡、公交客运、地铁、城市轻轨、出租车、长途客运、班车。

班车,是指按固定路线、固定时间运营并在固定站点停靠的运送旅客的陆路运输服务。

(2)经认定的动漫企业为开发动漫产品提供的动漫脚本编撰、形象设计、背景设计、动画设计、分镜、动画制作、摄制、描线、上色、画面合成、配音、配乐、音效合成、剪辑、字幕制作、压缩转码（面向网络动漫、手机动漫格式适配）服务，以及在境内转让动漫版权（包括动漫品牌、形象或者内容的授权及再授权）。

动漫企业和自主开发、生产动漫产品的认定标准和认定程序，按照《文化部 财政部 国家税务总局关于印发〈动漫企业认定管理办法（试行）〉的通知》（文市发〔2008〕51号）的规定执行。

（3）电影放映服务、仓储服务、装卸搬运服务、收派服务和文化体育服务。

（4）以纳入营改增试点之日前取得的有形动产为标的物提供的经营租赁服务。

（5）在纳入营改增试点之日前签订的尚未执行完毕的有形动产租赁合同。

（6）提供物业管理服务的纳税人，向服务接受方收取的自来水水费，以扣除其对外支付的自来水水费后的余额为销售额，按照简易计税方法依3%的征收率计算缴纳增值税。

（7）非企业性单位中的一般纳税人提供的研发和技术服务、信息技术服务、鉴证咨询服务，以及销售技术、著作权等无形资产，可以选择简易计税方法按照3%征收率计算缴纳增值税。

非企业性单位中的一般纳税人提供"技术转让、技术开发和与之相关的技术咨询、技术服务"，可以参照上述规定，选择简易计税方法按照3%的征收率计算缴纳增值税。

（8）一般纳税人提供教育辅助服务，可以选择简易计税方法按照3%的征收率计算缴纳增值税。

筹划思路

试点一般纳税人将试点实施之前购进的有形动产对外提供经营租赁时，由于该有形资产在试点前购进，当时其进项税额不予抵扣，这样在其试点后可抵扣的进项税额较少，因此一般情况下选择适用简易计税方法计算缴纳增值税，可达到节税的目的。

筹划过程

方案一：选择一般计税方法。
$$应纳增值税 = [100/(1+13\%)] \times 13\% - 1 = 10.50（万元）$$

方案二：选择简易计税方法。
$$应纳增值税 = [100/(1+3\%)] \times 3\% = 2.9（万元）$$

筹划结论

方案二比方案一少缴纳增值税7.6万元（10.50万-2.9万），因此，应当选择方案二。

筹划点评

试点一般纳税人在试点期间提供有形动产经营租赁服务，一旦选择适用简易计税方法计算缴纳增值税，在36个月内就不得变更了，因此，企业应当权衡利弊，综合考虑，慎重选择计税方法。

3.18 全面"营改增"后程租、期租与光租选择的纳税筹划

案例导入

【例3-18】 甲公司为增值税一般纳税人，202×年7月为乙公司提供一次光租业务，收费200万元（含增值税），相关成本费用100万元（不含增值税），相关可抵扣的进项税额为15万元。若提供期租业务自身多支出成本费用50万元（不含增值税），需要收费250万元（含增值税），相关可抵扣的进项税额为20万元。若提供程租业务自身多支出成本费用100万元（不含增值税），需要收费300万元（含增值税），相关可抵扣的进项税额为24万元。甲公司适用的企业所得税税率为25%，城市维护建设税税率为7%，教育费附加征收率为3%。甲公司不满足增值税加计抵减政策的条件。请对其进行纳税筹划。

税法依据

水路运输的程租、期租业务，属于水路运输服务，按照交通运输服务缴纳增值税，适用9%的增值税税率。程租业务，是指运输企业为租船人完成某一特定航次的运输任务并收取租赁费的业务。期租业务，是指运输企业将配备有操作人员的船舶承租给他人使用一定期限，承租期内听候承租方调遣，不论是否经营，均按天向承租方收取租赁费，发生的固定费用均由船东负担的业务。

水路运输的光租业务，属于经营租赁，按照有形动产经营租赁服务缴纳增值税，适用13%的增值税税率。光租业务，是指运输企业将船舶在约定的时间内出租给他人使用，不配备操作人员，不承担运输过程中发生的各项费用，只收取固定租赁费的业务活动。

筹划思路

水路运输的程租、期租业务，属于水路运输服务，按照交通运输服务缴纳增值税，适用9%的增值税税率；水路运输的光租业务，属于经营租赁，按照有形动产经营租赁服务缴纳增值税，适用13%的增值税税率。因此，企业应当尽量提供程租、期租业务，以适用较低的增值税税率。

筹划过程

方案一：提供光租业务。

应纳增值税 $= [200/(1+13\%)] \times 13\% - 15 = 8.01$（万元）

应纳城市维护建设税和教育费附加 $= 8.01 \times (7\% + 3\%) = 0.80$（万元）

税后利润 $= \{[200/(1+13\%)] - 100 - 0.80\} \times (1-25\%) = 57.14$（万元）

方案二：提供期租业务。

应纳增值税 $= [250/(1+9\%)] \times 9\% - 20 = 0.64$（万元）

应纳城市维护建设税和教育费附加 $= 0.64 \times (7\% + 3\%) = 0.06$（万元）

税后利润 $= \{[250/(1+9\%)] - 100 - 50 - 0.06\} \times (1-25\%) = 59.47$（万元）

方案三：提供程租业务。

应纳增值税 = [300/(1+9%)]×9% - 24 = 0.77（万元）

应纳城市维护建设税和教育费附加 = 0.77×(7%+3%) = 0.08（万元）

税后利润 = {[300/(1+9%)] - 100 - 100 - 0.08}×(1-25%) = 56.36（万元）

筹划结论

方案二比方案一多获取税后利润 2.33 万元（59.47 万 - 57.14 万），方案二比方案三多获取税后利润 3.11 万元（59.47 万 - 56.36 万），因此，应当选择方案二。

筹划点评

相对于水路运输的光租业务来说，提供水路运输的程租、期租业务的运输企业需要承担一定的责任，因此，运输企业应当权衡利弊、综合考虑，以选择最优方案。

3.19 全面"营改增"后固定资产购置时机选择的纳税筹划

案例导入

【例3-19】 甲公司为增值税小规模纳税人，从事信息技术咨询服务，适用3%的增值税征收率。202×年6月甲公司对境内单位提供信息技术咨询服务取得收入为50万元（含增值税），购进信息技术专用设备的价款为22.6万元（含增值税），并取得增值税专用发票。202×年7月甲公司登记成为一般纳税人，202×年7月对境内单位提供信息技术咨询服务取得收入为100万元，但不满足增值税加计抵减政策的条件。请对其进行纳税筹划。

税法依据

小规模纳税人实行简易计税方法，也不得抵扣进项税额。一般纳税人一般情况下实行一般计税方法，可以抵扣进项税额。

筹划思路

"营改增"试点小规模纳税人在登记成为一般纳税人之前，在不影响正常经营的前提下，可以适当推迟货物、劳务、服务、无形资产或者不动产的购进时间，即在登记成为一般纳税人之后再购买货物、劳务、服务、无形资产或者不动产，以便使得这部分货物、劳务、服务、无形资产或者不动产的进项税额获得抵扣，从而降低增值税税负，达到节税的目的。

筹划过程

方案一：202×年6月购进信息技术专用设备。

由于甲公司202×年6月仍为小规模纳税人，因此202×年6月的进项税额不能抵扣。

202×年 6 月应纳增值税 = [50/(1+3%)]×3% = 1.46（万元）
202×年 7 月应纳增值税 = [100/(1+6%)]×6% = 5.66（万元）
202×年 6 月和 7 月应纳增值税合计 = 1.46+5.66 = 7.12（万元）。
方案二：202×年 7 月购进信息技术专用设备。
202×年 6 月应纳增值税 = [50/(1+3%)]×3% = 1.46（万元）
由于甲公司 202×年 7 月登记成为一般纳税人，因此 202×年 7 月的进项税额可以抵扣。
202×年 7 月应纳增值税 = [100/(1+6%)]×6% − [22.6/(1+13%)]×13% = 3.06（万元）
202×年 6 月和 7 月应纳增值税合计 = 1.46+3.06 = 4.52（万元）。

筹划结论

方案二比方案一少缴纳增值税合计 2.60 万元（7.12 万−4.52 万），因此，应当选择方案二。

筹划点评

此纳税筹划思路同样适用于："营改增"试点小规模纳税人以外的原增值税小规模纳税人，若即将转变为一般纳税人，也应当在转变为增值税一般纳税人之后再购买货物、劳务、服务、无形资产或者不动产，以达到抵扣进项税额的目的。

3.20 全面"营改增"后办理自然人[①]税务登记的纳税筹划

案例导入

【例 3-20】张某是我国的自然人（其他个人），现为灵活就业者，未办理税务登记或者临时税务登记（均通过办理"一照一码"登记来实现。下同），对外提供咨询服务。202×年 7 月共提供咨询服务 20 次，每次取得咨询服务收入 3 000 元（含增值税），并通过税务机关代开发票，发票上的增值税税率为 3%。本月取得咨询服务收入总额为 60 000 元（含增值税）。当地规定的增值税起征点为每次（日）500 元。假设不考虑城市维护建设税和教育费附加，请对其进行纳税筹划。

税法依据

个人发生应税行为的销售额未达到增值税起征点的，免征增值税；达到起征点的，全额计算缴纳增值税。增值税起征点不适用于登记为一般纳税人的个体工商户。增值税起征点幅度如下：（1）按期纳税的，为月销售额 5 000～20 000 元（含本数）；（2）按次纳税的，为每次（日）销售额 300～500 元（含本数）。起征点的调整由财政部和税务总局规定。省、自治区、直辖市财政厅（局）和税务局应当在规定的幅度内，根据实际情况确定本地区适

---

① 个人分为两类：一类是个体工商户；另一类为其他个人，即自然人。

用的起征点,并报财政部和税务总局备案。

自 2021 年 4 月 1 日起执行的小微企业暂免征收增值税的优惠政策规定如下:

(1) 小规模纳税人发生增值税应税销售行为,合计月销售额未超过 15 万元(以 1 个季度为 1 个纳税期的,季度销售额未超过 45 万元,下同)的,免征增值税。

小规模纳税人发生增值税应税销售行为,合计月销售额超过 15 万元,但扣除本期发生的销售不动产的销售额后未超过 15 万元的,其销售货物、劳务、服务、无形资产取得的销售额免征增值税。

(2) 适用增值税差额征税政策的小规模纳税人,以差额后的销售额确定是否可以享受本公告规定的免征增值税政策。

"增值税纳税申报表(小规模纳税人适用)"(简并税费申报后为"增值税及附加税费申报表(小规模纳税人适用)",下同)中的"免税销售额"相关栏次,填写差额后的销售额。

(3) 按固定期限纳税的小规模纳税人可以选择以 1 个月或 1 个季度为纳税期限,一经选择,一个会计年度内不得变更。

(4)《中华人民共和国增值税暂行条例实施细则》第九条所称的其他个人,采取一次性收取租金形式出租不动产取得的租金收入,可在对应的租赁期内平均分摊,分摊后的月租金收入未超过 15 万元的,免征增值税。

(5) 按照现行规定应当预缴增值税税款的小规模纳税人,凡在预缴地实现的月销售额未超过 15 万元的,当期无需预缴税款。

(6) 小规模纳税人中的单位和个体工商户销售不动产,应按其纳税期、上述第(5)条规定以及其他现行政策规定确定是否预缴增值税;其他个人销售不动产,继续按照现行规定征免增值税。

(7) 已经使用金税盘、税控盘等税控专用设备开具增值税发票的小规模纳税人,月销售额未超过 15 万元的,可以继续使用现有设备开具发票,也可以自愿向税务机关免费换领税务 Ukey 开具发票。

筹划思路

增值税适用按次纳税还是按期纳税,以是否办理税务登记或者临时税务登记作为划分标准。

对于未办理税务登记或临时税务登记的小规模纳税人个人发生增值税应税销售行为,除特殊规定外,执行《中华人民共和国增值税暂行条例》及其实施细则关于按次纳税的起征点有关规定,每次销售额未达到 300~500 元(各地的起征点一般确定为 500 元。下同)的,享受增值税免税政策,达到 300~500 元的则需要全额缴纳增值税;而对于办理了税务登记或临时税务登记的小规模纳税人个人发生增值税应税销售行为,执行按期纳税的有关规定,合计月销售额未超过 15 万元(以 1 个季度为 1 个纳税期的,季度销售额未超过 45 万元)的,都可以按规定享受增值税免税政策。

因此,对于经常通过税务机关代开发票的自然人(其他个人),应当主动办理税务登记或临时税务登记,以充分享受小规模纳税人合计月销售额未超过 15 万元(以 1 个季度为 1 个纳税期的,季度销售额未超过 45 万元)的增值税免税政策。

筹划过程

方案一：张某不办理税务登记或临时税务登记。

每次不含增值税销售额=3 000/(1+3%)=2 912.62（元），超过当地规定的增值税起征点每次（日）500元，因此，需要全额缴纳增值税。

本月应纳增值税=[20×3 000/(1+3%)]×3%=1 747.57（元）

本月增值税税后收入=20×3 000−1 747.57=58 252.43（元）

方案二：张某通过办理税务登记或临时税务登记，登记为小规模纳税人的个体工商户，并选择以1个月为纳税期限。

本月不含增值税销售额=20×3 000/(1+3%)=58 252.42（元），未超过150 000元，因此，免缴增值税。

本月增值税税后收入=20×3 000=60 000（元）

筹划结论

方案二比方案一少缴纳增值税1 747.57元（1 747.57−0），多获取增值税税后收入1 747.57元（60 000−58 252.43），因此，应当选择方案二。

筹划点评

自然人通过办理税务登记成为小规模纳税人的个体工商户，需要定期进行纳税申报，也可能增加一定的运营成本，因此，纳税人应当权衡利弊、综合考虑，以选择最优方案。

关键词

增值税纳税人身份　分别核算　混合销售行为　延期纳税　餐饮服务和住宿服务相互转化　一般计税方法与简易计税方法　程租、期租与光租

能力训练

一、单项选择题

1. 下列各项中，不属于增值税特点的是（　　）。
   A. 保持税收中性　　　　　　　　B. 实行价外税制度
   C. 税收负担由企业承担　　　　　D. 实行税款抵扣制度

2. 根据《中华人民共和国增值税暂行条例》及《中华人民共和国增值税暂行条例实施细则》的规定，采取预收款方式销售货物的增值税的纳税义务的发生时间是（　　）。
   A. 销售收到第一笔货款的当天　　B. 销售收到剩余货款的当天
   C. 销售方发出货物的当天　　　　D. 购买方收到货物的当天

3. 从2009年1月1日开始，我国增值税实行全面"转型"指的是（　　）。
   A. 由生产型转为收入型　　　　　B. 由收入型转为生产型
   C. 由生产型转为消费型　　　　　D. 由消费型转为收入型

4. 甲工业企业年不含税应征增值税销售额为 400 万元，销货适用 13% 的增值税税率，现为小规模纳税人。其会计核算制度比较健全，可以登记为一般纳税人，不含税可抵扣购进金额为 200 万元，购货适用 13% 的增值税税率，且可以取得增值税专用发票。若单从增值税税负因素上考虑，则该企业应当选择的纳税人身份是（　　）。

　　A. 一般纳税人　　B. 小规模纳税人　　C. 都一样　　D. 不一定

5. 毛利率判别法中的毛利率等于（　　）。

　　A.（不含税销售额-不含税可抵扣购进金额）/不含税可抵扣购进金额
　　B.（不含税销售额-不含税可抵扣购进金额）/不含税销售额
　　C.（含税销售额-含税可抵扣购进金额）/含税可抵扣购进金额
　　D.（含税销售额-含税可抵扣购进金额）/含税销售额

6. 202×年 7 月甲公司收购一批免税农产品全部领用用于生产销售 13% 增值税税率的产品，农产品收购发票上注明价款为 100 000 元，支付给运输公司的购货运费为 2 000 元（不含增值税），取得增值税专用发票，则该企业此项业务可计算抵扣增值税进项税额为（　　）元。

　　A. 12 140　　B. 13 220　　C. 10 180　　D. 14 440

7. 甲酒厂销售黄酒的不含税销售额为 100 万元，发出货物包装物押金为 5.65 万元，定期 60 天收回。则该黄酒厂上述业务的增值税销项税额是（　　）万元。

　　A. 13　　B. 13.65　　C. 117.99　　D. 18

8. 甲公司作为一般纳税人购进乙国有农场自产玉米，购入当月全部领用用于生产销售 13% 增值税税率的货物，收购凭证注明价款为 65 830 元。则甲公司上述业务可抵扣的进项税额为（　　）元。

　　A. 7 899.6　　B. 6 583　　C. 7 241.3　　D. 8 557.9

9. 下列项目所包含的进项税额，不得从销项税额中抵扣的是（　　）。

　　A. 购买的用于生产的机器设备　　B. 用于返修产品修理的易损零配件
　　C. 生产企业用于经营管理的办公用品　　D. 生产企业外购用于集体福利的商品

10. 甲服装厂将自产的服装作为福利发给本厂职工，该批产品制造成本共计 10 万元，利润率 10%，按当月同类产品的平均售价计算的不含增值税销售额为 18 万元，计征增值税的销售额为（　　）万元。

　　A. 10　　B. 10.9　　C. 11　　D. 18

11. 甲公司采取折扣方式销售货物，折扣额单独开发票，则增值税销售额是（　　）。

　　A. 折扣额　　B. 加上折扣额的销售额
　　C. 扣除折扣额的销售额　　D. 不扣除折扣额的销售额

12. 增值税纳税人身份选择的筹划，可通过计算（　　）的平衡点来决定适当的纳税人身份。

　　A. 毛利率　　B. 退税率　　C. 净利率　　D. 利润率

二、多项选择题

1. 根据现行增值税法律制度的规定，纳税人提供的下列服务或者劳务中，应当缴纳增值税的有（　　）。

　　A. 汽车的租赁　　B. 汽车的修理　　C. 房屋的修缮　　D. 委托加工白酒

2. 关于增值税的计税销售额规定，下列说法中，正确的有（   ）。
   A. 以物易物销售货物由多支付货款的一方以差价计算缴纳增值税
   B. 以旧换新方式销售货物以实际收取的不含增值税的价款计算缴纳增值税（金银首饰除外）
   C. 还本销售方式销售货物，以实际销售额计算缴纳增值税
   D. 现金折扣方式销售货物不得从计税销售额中扣减折扣额
3. 下列符合增值税专用发票相关规定的有（   ）。
   A. 项目齐全，与实际交易相符
   B. 字迹清楚，不得压线、错格
   C. 发票联和抵扣联加盖发票专用章
   D. 按照增值税的纳税义务发生的时间开具专用发票
4. 下列各项中，视同销售货物计算缴纳增值税的有（   ）。
   A. 销售代销货物   B. 将货物交付他人代销
   C. 将自产货物分配给股东   D. 将购买货物用于集体福利
5. 下列各项中，符合现行增值税法律制度的有（   ）。
   A. 增值税对单位和个人都规定了起征点
   B. 纳税人销售额未达到规定的增值税起征点的，免征增值税；达到起征点的，全额缴纳增值税
   C. 销售货物的增值税起征点，为月销售额 5 000～20 000 元；销售应税劳务的增值税起征点，为月销售额 5 000～20 000 元
   D. 按次纳税的增值税起征点，为每次（日）销售额 300～500 元
6. 下列各项中，符合小规模纳税人基本标准的有（   ）。
   A. 从事货物生产或者提供应税劳务为主的纳税人，年应征增值税销售额在 500 万元以下（含）的
   B. 从事货物生产或者提供应税劳务为主的纳税人，年应征增值税销售额在 800 万元以下（含）的
   C. 以货物批发或者零售为主的纳税人，年应税销售额在 500 万元以下（含）的
   D. 以货物批发或者零售为主的纳税人，年应税销售额在 800 万元以下（含）的
7. 某商场（增值税一般纳税人）与其供货企业达成协议，按销售量挂钩进行平销返利。202×年 5 月向供货方购进商品取得增值税专用发票，注明销售额 120 万元、进项税额 15.6 万元并通过主管税务机关认证，当月按平价全部销售，月末供货方向该商场支付返利 5.65 万元。下列该项业务的处理符合有关规定的有（   ）。
   A. 商场应按 120 万元计算销项税额
   B. 商场应按 125.65 万元计算销项税额
   C. 商场当月应抵扣的进项税额为 15.6 万元
   D. 商场当月应抵扣的进项税额为 14.95 万元
8. 下列关于增值税纳税义务发生时间的说法中，正确的有（   ）。
   A. 以预收款方式销售货物的，为发出货物的当天
   B. 委托他人代销货物的，为货物发出当天

C. 采用赊销方式销售货物的，为合同约定的收款日期的当天

D. 采取分期收款方式销售货物，为实际收到货款的当天

三、判断题

1. 中华人民共和国境外的单位或者个人在境内提供应税劳务，在境内未设有经营机构的以其境内代理人为扣缴义务人；在境内没有代理人的，不用缴纳增值税。（　　）

2. 采取赊销和分期收款方式销售货物为书面合同约定的收款日期的当天，无书面合同或者书面合同没有约定收款日期，为货物发出的当天。（　　）

3. 增值税混合销售行为的税务处理是分开核算、分别缴税的。（　　）

4. 企业的销售行为既涉及销售货物又涉及服务，该销售行为均应按照销售货物缴纳增值税。（　　）

5. 年应税销售额超过小规模纳税人标准的其他个人，按小规模纳税人纳税。（　　）

6. 除税务总局另有规定外，纳税人一经登记为一般纳税人后，不得转为小规模纳税人。（　　）

7. 纳税人以1个月或者1个季度为1个纳税期的，自期满之日起15日内申报纳税。（　　）

8. 对纳税人为销售货物而出租、出借的包装物收取的押金，无论会计上如何核算均应并入销售额计算缴纳增值税。（　　）

9. 纳税人兼营销售货物、劳务、服务、无形资产或者不动产，适用不同税率或者征收率的，应当分别核算适用不同税率或者征收率的销售额；未分别核算的，从高适用税率。（　　）

四、案例题

1. 某投资者202×年年初欲投资设立一工业企业，预计全年应纳增值税销售额为800万元，会计核算制度也比较健全，符合作为一般纳税人条件，适用增值税税率为13%。但该企业准予从销项税额中抵扣的进项税额较少，只占销项税额的15%。若投资设立两个小规模纳税人企业，各自作为独立核算单位，则这两个小企业年应税销售额分别为450万元和350万元，适用3%的征收率。请对其进行纳税筹划。

2. 甲家电超市为增值税一般纳税人，202×年9月销售空调2 000台，销售额为800万元（不含增值税），当月与销售空调相关的可抵扣进项税额为100万元；同时为客户提供上门安装服务，收取安装费33.9万元（含增值税），当月与安装服务相关的可抵扣进项税额为1万元。请对其进行纳税筹划。

3. 甲公司为增值税一般纳税人，202×年7月销售机器设备取得含增值税销售额900万元，同时又销售农机取得含增值税销售额100万元，进项税额共计70万元。甲公司未对其分别进行核算。请对其进行纳税筹划。

4. 甲公司为增值税一般纳税人，202×年国庆期间为促销产品欲采用两种方式：一是销售一台价值1 000元的空调（其购进价值为700元），赠送一台价值300元的电饭煲（其购进价值为210元）；二是销售一台价值1 000元的空调和一台价值300元的电饭煲，给予300元的价格折扣，并将价格折扣开在同一张发票的金额栏中。该企业销售利润率为30%，即若销售额为1 000元，则进价为700元。以上价格均为含增值税价格。当地税务机关认为买一赠一中的赠送行为视同销售需要缴纳增值税。请对其进行纳税筹划（假定只考虑增值税）。

5. 甲商业企业为增值税一般纳税人，202×年7月若从一般纳税人采购A商品，则不含增值税购买价为2 000元，且可取得税率为13%的增值税专用发票，该商品的不含增值税销售价为2 200元；若甲商业企业从小规模纳税人采购A商品，则不含增值税购买价为1 800元，且可取得税率为3%的增值税专用发票，该商品的不含增值税销售价仍为2 200元。请对甲商业企业的供应商进行选择。

五、思考题

1. 对纳税人纳税身份进行纳税筹划时，应考虑哪些因素？
2. 简述毛利率判别法的思路。
3. 简述如何对混合销售行为进行纳税筹划。
4. 简述混合销售行为和兼营行为的区别。
5. 简述增值税延期纳税的纳税筹划思路。
6. 简述利用增值税小规模纳税人免征增值税政策进行纳税筹划的思路。
7. 简述存货非正常损失的纳税筹划思路。
8. 简述避免零申报、负申报的纳税筹划思路。
9. 简述餐饮服务和住宿服务相互转化的纳税筹划思路。
10. 简述程租、期租与光租选择的纳税筹划思路。

第4章

消费税的纳税筹划

> **能力目标**
> （1）能通过降低价格的方式进行纳税筹划。
> （2）能通过先销售来降低计税依据的方式进行纳税筹划。
> （3）能通过设立销售公司来降低计税依据的方式进行纳税筹划。
> （4）能对成套消费品进行纳税筹划。
> （5）能通过对酒类生产企业合并进行纳税筹划。
> （6）能对白酒生产企业委托加工与自行加工的选择进行纳税筹划。
> （7）能通过规避消费税进行纳税筹划。
> （8）能利用手表起征点进行纳税筹划。
> （9）能对自产自用应税消费品进行纳税筹划。
> （10）能通过延期纳税进行纳税筹划。

4.1 降低价格的纳税筹划

案例导入

【例4-1】甲啤酒厂为增值税一般纳税人，位于市区，202×年6月生产销售某品牌啤酒，每吨出厂价格为3 010元（不含增值税），可抵扣的进项税额为300元，与此相关的成本费用为2 500元。甲啤酒厂适用的企业所得税税率为25%，城市维护建设税税率为7%，教育费附加征收率为3%。请对其进行纳税筹划。

税法依据

每吨啤酒出厂不含增值税价格（含包装物及包装物押金）在3 000元（含3 000元）以上的，消费税的单位税额为250元/吨；每吨啤酒出厂价格在3 000元（不含3 000元，不含增值税）以下的，消费税的单位税额为220元/吨。娱乐业、饮食业自制啤酒，消费税的单位税额为250元/吨。

筹划思路

我国啤酒消费税的税率实质上是一种全额累进性质的定额税率，其特点是：在临界点上下，税收负担变化较大。当每吨啤酒的销售价格稍微低于临界点时，将销售价格从临界点之下提高到临界点之上，会出现税收负担的增加额大于销售价格的增加额的情况。当每吨啤酒的销售价格稍微高于临界点时，适当降低销售价格至临界点之下，反而能够增加税后利润。

筹划过程

方案一：将啤酒的价格仍然定为3 010元，则：

每吨啤酒应纳增值税＝3 010×13%－300＝91.3（元）

每吨啤酒应纳消费税＝250（元）

应纳城市维护建设税和教育费附加＝（91.3+250）×（7%+3%）＝34.13（元）

每吨啤酒的税后利润＝（3 010－2 500－250－34.13）×（1－25%）＝169.40（元）

方案二：将啤酒的价格降至2 990元，则：

每吨啤酒应纳增值税＝2 990×13%－300＝88.7（元）

每吨啤酒应纳消费税＝220（元）

应纳城市维护建设税和教育费附加＝（88.7+220）×（7%+3%）＝30.87（元）

每吨啤酒的税后利润＝（2 990－2 500－220－30.87）×（1－25%）＝179.35（元）

筹划结论

方案二比方案一每吨啤酒少缴纳消费税30元（250－220），少缴纳城市维护建设税和教育费附加3.26元（34.13－30.87），多获取税后利润9.95元（179.35－169.40），因此，应当选择方案二。

筹划点评

当每吨啤酒的销售价格稍微高于临界点时，将每吨啤酒的销售价格从临界点之上适当地降低至临界点之下，不仅可以降低消费税税负，多获取税后利润，而且可以增加产品在价格上的竞争力，使销售数量得以提升。

4.2 通过先销售来降低计税依据的纳税筹划

案例导入

【例4-2】甲公司为一家摩托车生产企业，202×年6月对外销售同型号的摩托车时共有三种价格，以6 000元的单价销售500辆，以6 500元的单价销售200辆，以7 000元的单价销售100辆。当月以300辆同型号的摩托车来抵偿所欠乙公司的货款，双方按当月的加权平均销售价格确定抵债的价格。此类摩托车消费税税率为10%。请对其进行纳税筹划。

税法依据

纳税人自产的应税消费品用于换取生产资料和消费资料、投资入股或抵偿债务等方面，应当按照纳税人同类应税消费品的最高销售价作为计税依据。

筹划思路

实际上,当纳税人用应税消费品换取生产资料和消费资料、投资入股或抵偿债务时,一般是按照双方的协议价或评估价确定的,而协议价往往是市场的平均价。如果按照同类应税消费品的最高销售价作为计税依据,显然会加重纳税人的负担。可以考虑采取先销售应税消费品给对方,然后再以现金进行易物(入股、抵债)的方式,从而降低消费税税负。

筹划过程

方案一:甲公司以300辆摩托车抵偿所欠乙公司的债务。

$$应纳消费税 = 7\,000 \times 300 \times 10\% = 21(万元)$$

方案二:甲公司先按照当月的加权平均价将这300辆摩托车销售给乙公司后,再以收到的现金偿还乙公司的债务。

$$应纳消费税 = [(6\,000 \times 500 + 6\,500 \times 200 + 7\,000 \times 100)/(500 + 200 + 100)] \times 300 \times 10\% = 18.75(万元)$$

筹划结论

方案二比方案一少缴纳消费税2.25万元(21万-18.75万),因此,应当选择方案二。

筹划点评

通过先销售后偿债的方式,可以规避按照同类应税消费品的最高销售价作为计税依据的规定,多了一道环节,却降低了计税依据,从而降低了消费税税负。

4.3 通过设立销售公司来降低计税依据的纳税筹划

案例导入

【例4-3】甲酒厂生产葡萄酒,销售给批发商的价格为每箱1 800元(不含增值税),销售给零售户及消费者的价格为每箱2 000元(不含增值税)。202×年预计零售户及消费者到甲酒厂直接购买葡萄酒约10 000箱。葡萄酒比例税率为10%。请对其进行纳税筹划。

税法依据

消费税属价内税,单一环节征收,即消费税纳税行为发生在生产领域(包括生产、委托加工和进口环节),而在以后流通领域或终极消费领域(包括批发、零售等环节),由于价款中已包含消费税,不必再缴纳消费税(卷烟、金银首饰、超豪华小汽车除外)。

筹划思路

企业可设立独立核算的销售公司，先以较低但不违反公平交易的价格将应税消费品销售给其独立核算的销售公司，则消费税以此较低的销售额计征，从而减少应纳消费税税额；然后，独立核算的销售公司再以较高的价格对外售出，在此环节只缴纳增值税，不缴纳消费税。这样可使集团整体消费税税负下降，但增值税税负不变。

筹划过程

方案一：甲酒厂将葡萄酒直接销售给零售户及消费者。

$$应纳消费税 = 2\,000 \times 10\,000 \times 10\% = 200（万元）$$

方案二：甲酒厂先将葡萄酒以每箱 1 800 元的价格出售给其独立核算的销售公司；然后，销售公司再以每箱 2 000 元的价格销售给零售户及消费者。

$$应纳消费税 = 1\,800 \times 10\,000 \times 10\% = 180（万元）$$

筹划结论

方案二比方案一少缴纳消费税 20 万元（200 万 − 180 万），因此，应当选择方案二。

筹划点评

设立独立核算的销售公司，必然增加部分支出，企业需要比较降低的税负与增加的支出的大小，最终作出正确的决策。

4.4 成套消费品的纳税筹划

案例导入

【例 4-4】 为了进一步扩大销售，甲公司采取多样化生产策略，生产粮食白酒与药酒组成礼品套装（成套消费品）进行销售。202×年 9 月份，该厂对外销售 700 套套装酒，单价 100 元/套，其中粮食白酒、药酒各 1 瓶，均为 500 克装（若单独销售，粮食白酒 30 元/瓶，药酒 70 元/瓶）。假设此包装属于简易包装，包装费忽略不计。请对其进行纳税筹划。（根据现行的税法规定，粮食白酒的比例税率为 20%，定额税率为 0.5 元/500 克；药酒的比例税率为 10%，无定额税率。）

税法依据

对纳税人兼营不同税率的应税消费品，应当分别核算其销售额或销售数量。未分别核算销售额或销售数量的，或者将不同税率的应税消费品组成成套消费品销售的，从高适用税率征收。

筹划思路

企业在会计核算的过程中应当尽量做到账目清楚，即分别核算不同税率的应税消费品，以避免从高适用税率征收。在涉及成套消费品的问题上，要考虑是否有必要组成成套消费品,避免给企业造成不必要的税收负担。对于有必要组成成套消费品的情况,可以采用变"先包装后销售"为"先销售后包装"方式,这样往往可以大大降低消费税税负,同时保持增值税税负不变。具体的操作方法为:将各种产品先按品种和类别分别销售给零售商,再由零售商包装为成套消费品后对外销售,这样做实际上只是在生产流程上换了一个包装地点,在出厂销售环节将不同品种和类别的产品分别开具发票,在账务处理环节对不同的产品分别核算销售收入。

筹划过程

方案一:采取"先包装后销售"的方式。

根据"将不同税率的应税消费品组成成套消费品销售的应按最高税率征税"的规定,在这种情况下,药酒不仅要按20%的高税率从价计税,而且还要按0.5元/500克的定额税率从量计税。这样,该企业应纳消费税为:

$$(30+70)\times 700\times 20\% + 700\times 1\times 2\times 0.5 = 14\ 700\ (元)$$

方案二:采取"先销售后包装"的方式。

即先将上述粮食白酒和药酒分品种销售给零售商,在此销售环节对销售粮食白酒和药酒分别开具发票,在账务处理环节对粮食白酒和药酒分别核算销售收入,然后再由零售商包装成套装消费品后对外销售。在这种情况下,药酒不仅按10%的较低的比例税率从价计税,而且不必按0.5元/500克的定额税率从量计税。这样,企业应纳消费税为:

$$30\times 700\times 20\% + 700\times 1\times 0.5 + 70\times 700\times 10\% = 9\ 450\ (元)$$

筹划结论

方案二比方案一少缴纳消费税5 250元(14 700-9 450),因此,应当选择方案二。

筹划点评

如果当地税务机关对有关操作环节要求比较严格,可以采取分设机构的操作方法,即另外再设立一个独立核算且专门从事包装业务的子公司,先按品种和类别分别销售给该子公司,经过该子公司组成成套消费品后再销售给零售商,最后由零售商对外销售。

4.5 酒类生产企业合并的纳税筹划

案例导入

【例4-5】甲酒厂是一家以生产药酒为主的企业,其生产药酒的原材料为某白酒,均从乙酒厂购入。预计202×年乙酒厂向甲酒厂提供白酒500万千克,售价为4 000万元。白酒适用消费税比例税率为20%,定额税率为0.5元/500克。预计202×年甲酒厂销售药酒取得收入6 000万元,销售数量为500万千克。以上价格均不含增值税。药酒的消费税税率为10%,请对其进行纳税筹划。

税法依据

纳税人生产的应税消费品，于纳税人销售时纳税。纳税人自产自用的应税消费品，用于连续生产应税消费品的，不纳税；用于其他方面的，于移送使用时纳税。

现在已经停止执行外购或委托加工已税酒生产的酒（包括以外购已税白酒加浆降度，用外购已税的不同品种的白酒勾兑的白酒，用曲香、香精对外购已税白酒进行调香、调味以及外购散装白酒装瓶出售等）外购酒已纳税款或受托方代收代缴税款准予抵扣的政策。

筹划思路

企业自产的酒类应税消费品，被企业内部其他部门作为原材料领用，用于连续生产另一种酒类应税消费品的，这一环节不用缴纳消费税。而对外购或委托加工已税酒生产的酒，其外购酒已纳税款或委托方代收代缴税款不予抵扣。这样，对于外购某种酒类应税消费品用于连续生产另一种酒类应税消费品的情况，企业可以创造条件通过并购上游企业，使原来企业间的购销行为转变为企业内部的原材料领用行为，从而达到规避重复缴纳消费税的目的。

筹划过程

方案一：甲酒厂仍然采购乙酒厂白酒作为原料。

  甲酒厂应纳消费税 = 6 000×10% = 600（万元）

  乙酒厂应纳消费税 = 4 000×20% + 500×2×0.5 = 1 300（万元）

  应纳消费税合计 = 600 + 1 300 = 1 900（万元）

方案二：甲酒厂合并乙酒厂，使乙酒厂作为甲酒厂的乙白酒生产车间（不再具有法人资格）。

  甲酒厂应纳消费税 = 6 000×10% = 600（万元）

甲酒厂自产自用的应税消费品白酒（由乙白酒生产车间生产），用于连续生产应税消费品药酒，白酒在移送环节不缴纳消费税。

  应纳消费税合计 = 600（万元）

筹划结论

方案二比方案一少缴纳消费税1 300万元（1 900万 - 600万），因此，应当选择方案二。

筹划点评

企业的合并（兼并）行为不能只考虑消费税税负的大小，还应考虑到自身有无兼并的能力、对企业未来发展的影响、被兼并的企业是否存在严重的遗留问题等很多因素。

4.6 白酒生产企业委托加工与自行加工选择的纳税筹划

案例导入

【例4-6】 202×年8月10日，甲公司接到一笔生产500吨A品牌白酒的业务合同，议定单价为20 000元/吨，则销售价格共计1 000万元。要求在202×年10月10日前交货。由于交货时间比较紧迫，甲公司有四种生产方案。一是甲公司委托乙公司加工成酒精，甲公司收回酒精后再由甲公司生产成A品牌白酒销售，即甲公司以价值为250万元的原料委托乙公司加工成酒精，双方协议加工费为150万元，加工成300吨酒精运回甲公司以后，再由甲公司加工成500吨A品牌白酒销售，每吨售价2万元，甲公司加工的成本以及应该分摊的相关费用合计为70万元。二是甲公司委托乙公司加工成高纯度白酒，甲公司收回高纯度白酒后再由甲公司生产成A品牌白酒销售，即甲公司以价值为250万元的原料委托乙公司加工成高纯度白酒，双方协议加工费为180万元，加工成400吨高纯度白酒运回甲公司以后，再由甲公司加工成500吨A品牌白酒销售，每吨售价2万元，甲公司加工的成本以及应该分摊的相关费用合计为40万元。三是甲公司委托乙公司加工成A品牌白酒，甲公司收回后直接销售（全部委托加工方式），即甲公司将酿酒原料交给乙公司，由乙公司完成所有的制作程序，甲公司从乙公司收回的产品就是指定的A品牌白酒，协议加工费为220万元。A品牌白酒运回甲公司后以A品牌白酒原价直接销售。四是由甲公司自己完成A品牌白酒的生产制作过程，即由甲公司自己生产A品牌白酒，其发生的生产成本恰好等于全部委托方式下委托乙公司的加工费，即为220万元。假设受托方均无同类消费品的销售价格。甲公司适用的企业所得税税率为25%。假设不考虑城市维护建设税及教育费附加。请对其进行纳税筹划。

税法依据

国家通过征收消费税对一些消费品的生产和消费进行限制，而白酒类产品又是消费税税负比较重的消费品。国家对白酒类消费品税收政策进行了多次调整，目的在于"扶优限劣，扶大限小"，使中国白酒企业逐步走上规模化、集团化发展的道路。

2001年，国家为了加强对白酒产业的管理，对白酒消费税政策进行调整，规定从2001年5月1日起，白酒生产企业生产的白酒实行按从价定率和从量定额复合计税的方式征收消费税，对粮食白酒和薯类白酒除分别按25%和15%的从价比例税率征收消费税外，还要按0.5元/500克的从量定额征收消费税。很明显，这对低价白酒的生产极其不利，由于低价白酒往往由小规模白酒生产企业生产，所以此政策调整不利于小规模白酒生产企业的发展；同时停止执行"对外购或委托加工酒及酒精产品连续生产应税消费品销售时已纳消费税进行抵扣"的政策。也就是说，对于外购或委托加工已税的酒及酒精产品连续生产应税消费品销售时，不能扣除外购或委托加工应税消费品已纳的消费税税款。很明显，这对需要先外购或委托加工已税的酒及酒精产品，然后连续生产应税消费品的白酒生产企业十分不利。

2006年，国家对白酒消费税政策又进行了比较大的调整，主要是取消了粮食白酒和薯类白酒的差别税率，从2006年4月1日起，粮食白酒和薯类白酒从价计征的比例税率由原来的25%和15%，统一为20%，从量定额税率仍为0.5元/500克。整体上来看，与原政策相比，新政策有利于以生产粮食白酒为主的大中型企业，不利于以生产薯类白酒为主的中小型企业。

《中华人民共和国消费税暂行条例》（以下简称《消费税暂行条例》）第四条规定：委托加工的应税消费品，除受托方为个人外，由受托方在向委托方交货时代收代缴税款。《消费税暂行条例》第八条规定，委托加工的应税消费品，按照受托方的同类消费品的销售价格计算纳税；没有同类消费品销售价格的，按照组成计税价格计算纳税。实行从价定率办法计算纳税的,组成计税价格计算公式为:组成计税价格=(材料成本+加工费)/(1-比例税率)(如委托加工成烟丝、高档化妆品);实行复合计税办法计算纳税的,组成计税价格计算公式为:组成计税价格=(材料成本+加工费+委托加工数量×定额税率)/(1-比例税率)(如委托加工成卷烟、白酒)。

《中华人民共和国消费税暂行条例实施细则》第七条规定:委托加工的应税消费品直接出售的,不再缴纳消费税。

《财政部 国家税务总局关于〈中华人民共和国消费税暂行条例实施细则〉有关条款解释的通知》(财法〔2012〕8号)规定:委托方将收回的应税消费品,以不高于受托方的计税价格出售的,为直接出售,不再缴纳消费税;委托方以高于受托方的计税价格出售的,不属于直接出售,需按照规定申报缴纳消费税,在计税时准予扣除受托方已代收代缴的消费税。

《财政部 国家税务总局关于调整消费税政策的通知》(财税〔2014〕93号)规定,自2014年12月1日起,取消酒精消费税。取消酒精消费税后,"酒及酒精"品目相应改为"酒",并继续按现行消费税政策执行。

筹划思路

为了避免重复征税,原来的白酒消费税政策规定外购或者委托加工所缴纳的消费税,用于连续生产应税消费品的,可以按规定抵扣。这个规定,类似于增值税的抵扣原理,所以无论生产环节多少,消费税的税收负担不增加。但为了调整白酒产业,税法规定,从2001年5月1日起,一方面,对外购或委托加工已税酒和酒精生产的酒,其外购酒及酒精已纳税款或委托方代收代缴税款不再予以抵扣;另一方面,还要从量征收消费税(酒精除外)。这样从以上两个方面造成消费税负担增加,而且生产环节越多,税收负担增加的幅度越大。这就启示我们,像白酒这样的应税消费品的生产应当注意尽量避免委托加工成半成品后收回继续加工成白酒的生产方式。但从2014年12月1日起,由于取消了对酒精征收消费税,因此委托加工酒精收回后继续加工白酒的委托加工酒精环节,不需要再缴纳消费税了,这样,企业又可以无须避免委托加工成酒精收回继续加工成白酒的生产方式,但仍需避免委托加工成酒类半成品(如高度白酒)后收回继续加工成白酒(如低度白酒)的生产方式。

筹划过程

方案一:甲公司委托乙公司加工成酒精,甲公司收回酒精后再由甲公司生产成A品牌白酒销售。

甲公司以价值为250万元的原料委托乙公司加工成酒精,双方协议加工费为150万元,加工成300吨酒精运回甲公司以后,再由甲公司加工成500吨A品牌白酒销售,每吨售价2万元,甲公司加工的成本以及应该分摊的相关费用合计为70万元。

(1)当甲公司在从乙公司收回委托加工产品(乙公司在向甲公司交货)时,由于自2014年12月1日起,酒精不再缴纳消费税,因此,在委托加工酒精这一环节不需要再由受托方乙公司针对酒精代收代缴消费税了。

(2)甲公司销售白酒后:

甲公司应纳消费税=1 000×20%+500×1 000×2×0.5/10 000=250(万元)

(3) 甲公司税后利润 =（1 000-250-150-70-250）×（1-25%）= 210（万元）

方案二：甲公司委托乙公司加工成高纯度白酒，甲公司收回高纯度白酒后再由甲公司生产成 A 品牌白酒销售。

甲公司以价值为 250 万元的原料委托乙公司加工成高纯度白酒，双方协议加工费为 180 万元，加工成 400 吨高纯度白酒运回甲公司以后，再由甲公司加工成 500 吨 A 品牌白酒销售，每吨售价 2 万元，甲公司加工的成本以及应该分摊的相关费用合计为 40 万元。

（1）当甲公司在从乙公司收回委托加工产品（乙公司在向甲公司交货）时，向受托方乙公司支付由乙公司代收代缴的消费税：

消费税组成计税价格 =（250+180+400×1 000×2×0.5/10 000）/（1-20%）
= 587.5（万元）

甲公司向乙公司支付由乙公司代收代缴的消费税 = 587.5×20% +400×1 000×2×0.5/10 000 = 157.5（万元）

（2）甲公司销售白酒后：

甲公司应纳消费税 = 1 000×20% +500×1 000×2×0.5/10 000 = 250（万元）

（3）在委托加工成高纯度白酒方式下，甲公司向乙公司支付由乙公司代收代缴的消费税为 157.5 万元，甲公司应纳消费税为 250 万元：

甲公司税后利润 =（1 000-250-180-40-157.5-250）×（1-25%）= 91.88（万元）

方案三：甲公司委托乙公司加工成 A 品牌白酒，甲公司收回后直接销售（全部委托加工方式）。

甲公司将酿酒原料交给乙公司，由乙公司完成所有的制作程序，甲公司从乙公司收回的产品就是指定的 A 品牌白酒，协议加工费为 220 万元，A 品牌白酒运回甲公司后以 A 品牌白酒原价直接销售。

（1）当甲公司在从乙公司收回委托加工产品（乙公司在向甲公司交货）时，向受托方乙公司支付由乙公司代收代缴的消费税。

消费税组成计税价格 =（250+220+500×1 000×2×0.5/10 000）/（1-20%）
= 650（万元）

甲公司向乙公司支付由乙公司代收代缴的消费税 = 650×20% +500×1 000×2×0.5/10 000 = 180（万元）

（2）委托方将收回的应税消费品，以不高于受托方的计税价格出售的，为直接出售，不再缴纳消费税；委托方以高于受托方的计税价格出售的，不属于直接出售，需按照规定申报缴纳消费税，在计税时准予扣除受托方已代收代缴的消费税。

由于 1 000 万元>650 万元，因此属于委托方以高于受托方的计税价格出售的情况，不属于直接出售，需按照规定申报缴纳消费税，在计税时准予扣除受托方已代收代缴的消费税。

甲公司应纳消费税 = 1 000×20% +500×1 000×2×0.5/10 000-180 = 70（万元）

（3）在全部委托加工方式下，甲公司向乙公司支付由乙公司代收代缴的消费税为 180 万元，甲公司应纳消费税为 70 万元：

甲公司税后利润 =（1 000-250-220-180-70）×（1-25%）= 210（万元）

方案四：由甲公司自己完成该品牌的白酒的生产制作过程。

由甲公司自己生产该酒,其发生的生产成本恰好等于委托乙公司的加工费,即为220万元。

(1) 甲公司应纳消费税=1 000×20%+500×1 000×2×0.5/10 000=250(万元)

(2) 在自产自销方式下,甲公司应纳消费税为250万元:

$$甲公司税后利润=(1\ 000-250-220-250)×(1-25\%)=210(万元)$$

以上四种方案的税负及税后利润的比较如表4-1所示。

表4-1 甲公司各种白酒生产方式税负及税后利润比较表　　　　万元

备选方案	甲公司向乙公司支付由乙公司代收代缴的消费税	甲公司应纳消费税	消费税合计	税后利润
方案一	0	250	250	210
方案二	157.5	250	407.5	91.88
方案三	180	70	250	210
方案四	0	250	250	210

筹划结论

通过表4-1可知,此业务的操作方式以方案一、方案三和方案四为佳,方案二为差。

筹划点评

对于酒类生产企业来说,可以得到以下结论:第一,尽量避免采用委托加工成酒类半成品,待收回后继续加工的方式;第二,若必须采取委托加工成酒类半成品,待收回后继续加工的方式,可以考虑通过合并上游企业的方式来降低消费税税负。

4.7 规避消费税的纳税筹划

案例导入

【例4-7】202×年甲公司选择生产经营范围时,有以下两种方案可供选择:一是生产高档手表;二是生产高档摄像机。假设该公司无论生产上述两种产品中的任何一种产品,预计202×年均能取得销售收入500万元,耗用成本300万元。甲公司适用的企业所得税税率为25%。假设不考虑城市维护建设税和教育费附加。高档手表的消费税税率为20%,请对其进行纳税筹划。

税法依据

现行消费税共有15个税目,它们分别是:烟、酒、高档化妆品、贵重首饰及珠宝玉石、鞭炮及焰火、高尔夫球及球具、高档手表、游艇、木制一次性筷子、实木地板、成品油、摩托车、小汽车、电池、涂料。

筹划思路

消费税的征收范围比较窄,应税消费品仅仅限于 15 个税目。企业在选择经营范围时,可以避开上述 15 个税目。而选择其他符合国家产业政策、国家给予税收优惠产品的生产经营。

筹划过程

方案一:销售高档手表。

$$应纳消费税 = 500 \times 20\% = 100（万元）$$
$$税后利润 = (500 - 300 - 100) \times (1 - 25\%) = 75（万元）$$

方案二:销售高档摄像机。

$$应纳消费税 = 0（万元）$$
$$税后利润 = (500 - 300) \times (1 - 25\%) = 150（万元）$$

筹划结论

方案二比方案一少缴纳消费税 100 万元（100 万 - 0）,多获取税后利润 75 万元（150 万 - 75 万）,因此,应当选择方案二。

筹划点评

随着社会经济的发展,人民生活质量的提高,以前认为是奢侈品的应税消费品,现在有的已经成为人们生活中的必需品（如非高档护肤护发品等）,相应地已经不属于消费税征税范围了。同时,又有一些高档和新兴的消费品（如高尔夫球及球具、高档手表等）,已经列入消费税的征税范围。未来像高档娱乐消费品等,都有可能调整成为消费税的征收范围。因此,企业在选择生产经营范围时,要考虑国家未来对消费税征税范围的调整趋势。

4.8 手表起征点纳税筹划

案例导入

【例 4-8】甲公司是一家中高档手表生产企业,202×年生产并销售某一款中高档手表,每只手表的出厂价格为 10 100 元（不含增值税）,与此相关的成本费用为 5 000 元。甲公司适用的企业所得税税率为 25%,城市维护建设税税率为 7%,教育费附加征收率为 3%。假设不考虑增值税,请对其进行纳税筹划。

税法依据

高档手表税率为 20%。消费税新增和调整税目征收范围注释中,高档手表是指销售价格（不含增值税）每只在 10 000 元（含）以上的各类手表。

筹划思路

在涉及起征点的情况下，若销售价格（收入）刚刚达到或超过起征点，则应减低价格（收入）使其在起征点以下，以规避缴纳消费税。

筹划过程

方案一：将每只手表的出厂价格定为 10 100 元，税法认定其为高档手表。

　　每只高档手表应纳消费税 = 10 100×20% = 2 020（元）

　　应纳城市维护建设税及教育费附加 = 2 020×(7% +3%) = 202（元）

　　每只高档手表的利润 = 10 100-5 000-2 020-202 = 2 878（元）

方案二：将每只高档手表的出厂价格降至 9 900 元，税法不认定其为高档手表。

　　每只手表应纳消费税 = 0（元）

　　应纳城市维护建设税及教育费附加 = 0（元）

　　每只手表的利润 = 9 900-5 000-0-0 = 4 900（元）

筹划结论

方案二比方案一每只手表少缴纳消费税 2 020 元（2 020-0），少缴纳城市维护建设税及教育费附加 202 元（202-0），多获取利润 2 022 元（4 900-2 878），因此，应当选择方案二。

筹划点评

下面通过计算来找出手表的定价禁区：若每只手表定价为 9 999.99 元，则不缴纳消费税，而企业若定价大于或等于 10 000 元，则要缴纳消费税，设企业将手表定价为 X 元：

$$X - X \times 20\% \times (1 + 7\% + 3\%) > 9\ 999.99$$

$$X > 12\ 820.5$$

也就是说，要么定价低于 10 000 元，以避免成为税法认定的高档手表，从而避免缴纳消费税；要么定价高于 12 820.5 元，使得增加的收入可以弥补多缴的税费。

4.9　自产自用应税消费品的纳税筹划

案例导入

【例 4-9】202×年春节将至，甲公司将自产的特制高档化妆品（假设此类高档化妆品不对外销售，且无市场同类产品价格）作为福利发放给职工，此批高档化妆品的成本为 100 万元，若通过成本控制，可以将成本降低至 90 万元。高档化妆品的成本利润率为 5%，消费税税率为 15%。请对其进行纳税筹划。

税法依据

纳税人生产的应税消费品，于纳税人销售时纳税。纳税人自产自用的应税消费品，用于连续生产应税消费品的，不纳税；用于其他方面的，于移送使用时纳税。

用于连续生产应税消费品，是指纳税人将自产自用的应税消费品作为直接材料生产最终应税消费品，自产自用应税消费品构成最终应税消费品的实体。

用于其他方面，是指纳税人将自产自用应税消费品用于生产非应税消费品、在建工程、管理部门、非生产机构、提供劳务、馈赠、赞助、集资、广告、样品、职工福利、奖励等方面。

（1）实行从价定率办法计算纳税的自产自用应税消费品计税依据和应纳消费税税额的确定。

按照纳税人生产的同类消费品的销售价格计算纳税；没有同类消费品销售价格的，按照组成计税价格计算纳税。

组成计税价格=（成本+利润）/（1-比例税率）=成本×（1+成本利润率）/（1-比例税率）

应纳消费税税额=同类消费品的销售价格或者组成计税价格×比例税率

（2）实行从量定额办法计算纳税的自产自用应税消费品计税依据和应纳消费税税额的确定。

实行从量定额办法计算纳税的自产自用应税消费品计税依据为移送使用数量。

实行从量定额办法计算纳税的应纳消费税税额计算公式：

应纳消费税税额=移送使用数量×定额税率

（3）实行复合计税办法计算纳税的自产自用应税消费品计税依据和应纳消费税税额的确定。

从价部分，按照纳税人生产的同类消费品的销售价格计算纳税；没有同类消费品销售价格的，按照组成计税价格计算纳税。从量部分，按照纳税人自产自用应税消费品的移送使用数量作为计税依据计算纳税。

组成计税价格=（成本+利润+自产自用数量×定额税率）/（1-比例税率）

=［成本×（1+成本利润率）+自产自用数量×定额税率］/（1-比例税率）

应纳消费税税额=同类消费品的销售价格或者组成计税价格×

比例税率+自产自用数量×定额税率

筹划思路

对于自产自用实行从价定率或者复合计税办法计算纳税的应税消费品用于其他方面需要纳税的情况，若无市场同类商品售价，则成本的高低直接影响组成计税价格的高低，从而影响消费税税额的高低。企业通过降低成本，可以达到降低组成计税价格的目的，从而减轻企业消费税税负。

筹划过程

方案一：维持该批产品成本100万元不变。

组成计税价格=100×（1+5%）/（1-15%）=123.53（万元）

应纳消费税=123.53×15%=18.53（万元）

方案二：甲公司通过成本控制，将成本降为90万元。

组成计税价格 = 90×(1+5%)/(1−15%) = 111.18（万元）

应纳消费税 = 111.18×15% = 16.68（万元）

筹划结论

方案二比方案一少缴纳消费税 1.85 万元（18.53 万−16.68 万），因此，应当选择方案二。

筹划点评

降低产品成本具有一定的难度，并不是每个企业都能较为容易地做到，在涉及多种产品成本费用分配的情况下，企业可以选择合理的成本分配方法，将成本合理地、较多地分摊到不需计缴消费税的产品上，从而相应地压缩需要通过计算组成计税价格来计缴消费税产品的成本，进而降低消费税税负。

4.10 延期纳税的纳税筹划

案例导入

【例 4-10】甲公司为一家化妆品生产厂家，现向 A 客户赊销高档化妆品一批，不含增值税价格为 2 000 万元，合同中约定的收款日期为 202×年 7 月 31 日。高档化妆品的消费税税率为 15%，该厂家消费税纳税期限为 1 个月，同期银行贷款利率为 7%。假设只考虑消费税，请对其进行纳税筹划。

税法依据

纳税人采取赊销和分期收款结算方式的，其纳税义务的发生时间，为销售合同规定的收款日期的当天，书面合同没有约定收款日期或者无书面合同的，其纳税义务的发生时间为发出应税消费品的当天；纳税人采取预收货款结算方式的，其纳税义务的发生时间，为发出应税消费品的当天；纳税人采取托收承付和委托银行收款方式的，其纳税义务的发生时间，为发出应税消费品并办妥托收手续的当天；纳税人采取其他结算方式的，其纳税义务的发生时间，为收讫销售款或者取得索取销售款凭据的当天。《消费税暂行条例》第十四条规定，纳税人以 1 个月或者 1 个季度为 1 个纳税期的，自期满之日起 15 日内申报纳税。

筹划思路

纳税人可以充分利用消费税纳税义务发生时间和纳税期限的有关规定，合理延迟纳税义务发生时间，从而可以充分利用资金的时间价值。

筹划过程

方案一：合同中该笔款项的收款时间仍确定为 202×年 7 月 31 日。

则 7 月发生消费税纳税义务，甲公司须于 8 月 15 日之前缴纳税款。假设 8 月 10 日缴纳税款，则 8 月 10 日的消费税纳税额 = 2 000×15% = 300（万元）。

方案二：经与客户协商，将合同中该笔款项的收款时间确定为202×年8月1日。

则8月发生消费税纳税义务，甲公司须于9月15日之前缴纳税款。假设9月10日缴纳税款，则折现到8月10日的消费税纳税额=300/(1+7%/12)=298.25（万元）。

筹划结论

方案二比方案一纳税支出现值少1.74万元（300万-298.25万），即相当于少缴纳了1.74万元的税款，因此，应当选择方案二。

筹划点评

通过合同中将赊销收款日期延迟一天，从而使纳税义务发生时间延迟一个月，进而充分利用了货币的时间价值，相当于从银行获取一笔一个月的无息贷款。若同时考虑增值税及城市维护建设税和教育费附加，则节税效果更加明显。

降低价格　设立销售公司　成套消费品　委托加工与自行加工　起征点　自产自用

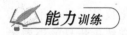

一、单项选择题

1. 下列关于零售环节征收消费税的表述中，不正确的是（　　）。

A. 在零售环节征收消费税的仅限于金基、银基合金首饰以及金、银和金基、银基合金的镶嵌首饰

B. 纳税人在零售环节销售金银首饰、钻石及钻石饰品时，适用的消费税税率是5%

C. 金银首饰与其他产品组成成套消费品销售的，应按销售全额征收消费税

D. 金银首饰连同包装物销售的，无论包装物是否单独计价，也不论会计上如何核算，均应并入金银首饰的销售额，计征消费税

2. 下列各项中，属于消费税征收范围的是（　　）。

A. 电动汽车　　B. 卡丁车　　C. 高尔夫车　　D. 小轿车

3. 甲公司生产一批高档化妆品用于本企业职工福利，没有同类产品价格可供比照，需要按组成计税价格缴纳消费税。其组成计税价格是（　　）。

A.（材料成本+加工费）/（1-消费税税率）

B.（成本+利润）/（1-消费税税率）

C.（材料成本+加工费）/（1-消费税税率）

D.（成本+利润）/（1+消费税税率）

4. 下列外购商品已缴纳的消费税，可以从本企业应纳消费税额中扣除的是（　　）。

A. 从工业企业购进已税溶剂油生产的应税成品油

B. 从工业企业购进已税白酒为原料生产的药酒

C. 从工业企业购进已税高尔夫球杆握把为原料生产的高尔夫球杆

D. 从工业企业购进已税白酒为原料生产的勾兑白酒

5. 根据现行消费税法律制度，下列各项中，不属于应税消费品的是（　　）。
   A. 高尔夫球及球具　　　　　　　　B. 高档化妆品
   C. 护肤护发品　　　　　　　　　　D. 一次性木筷

6. 甲啤酒厂为增值税一般纳税人，202×年8月销售A型啤酒20吨给乙副食品公司，开具增值税专用发票，注明不含增值税价款60 000元，收取包装物押金2 000元；销售B型啤酒10吨给丙宾馆，开具增值税普通发票，注明含增值税价款32 000元，收取包装物押金1 000元。则甲啤酒厂应缴纳的消费税是（　　）。
   A. 5 000元　　　　B. 6 600元　　　　C. 7 200元　　　　D. 7 500元

7. 甲葡萄酒生产企业，生产的葡萄酒适用10%的消费税税率，202×年8月销售葡萄酒取得不含增值税销售额100万元。另外，甲葡萄酒生产企业当月拿200吨葡萄酒换取生产资料，当月同类葡萄酒最高价为每吨220元，最低价为每吨180元，中间平均价为每吨200元，以上价格均为不含增值税价格。甲葡萄酒生产企业202×年8月增值税销项税和应纳消费税分别为（　　）。
   A. 增值税13.52万元，消费税10.44万元
   B. 增值税17.68万元，消费税10.4万元
   C. 增值税16.704万元，消费税10.44万元
   D. 增值税17.748万元，消费税10.4万元

8. 甲酒厂202×年4月销售白酒6 000千克，售价为5元/500克，随同销售的包装物价格5 000元；本月销售礼品盒6 000套，售价为200元/套，每套包括粮食白酒1千克、单价60元，药酒1千克、单价40元。以上价格均为不含增值税价格。甲酒厂202×年4月应纳消费税为（　　）。
   A. 270 000元　　　　B. 265 000元　　　　C. 271 000元　　　　D. 175 000元

9. 甲鞭炮企业202×年8月受托为乙单位加工一批鞭炮，乙单位提供的原材料金额为40万元，甲鞭炮企业收取乙单位不含增值税的加工费8万元，另外甲鞭炮企业提供辅助材料3万元，甲鞭炮企业当地无加工鞭炮的同类产品市场价格。以上价格均为不含增值税价格。鞭炮的消费税税率为15%。甲鞭炮企业应代收代缴的消费税为（　　）。
   A. 9万元　　　　B. 8.47万元　　　　C. 10万元　　　　D. 8.6万元

10. 下列各项中，符合消费税纳税义务发生时间规定的是（　　）。
    A. 进口的为支付货款的当天
    B. 自产自用的是移送当天
    C. 委托加工的是支付加工费的当天
    D. 预收货款的是收到货款的当天

11. 某一般纳税人生产企业从某厂家购进某种应税消费品用于连续生产，支付价税合计220 000元，消费税税率为15%，取得（　　）允许抵扣的消费税多。
    A. 一般纳税人开具的增值税普通发票
    B. 小规模纳税人开具的增值税专用发票
    C. 一般纳税人开具的增值税普通发票或者一般纳税人开具的增值税专用发票
    D. 一般纳税人开具的增值税专用发票

12. 纳税人用委托加工收回的应税消费品连续生产应税消费品,在计算纳税时,其委托加工应税消费品的已纳消费税税款应按( )办法处理。
   A. 该已纳税款当期可全部扣除
   B. 该已纳税款不得扣除
   C. 已纳税款当期可扣除 50%
   D. 可对收回的委托加工应税消费品当期生产领用部分的已纳税款予以扣除
13. 应征收消费税的委托加工消费品的组成计税价格不包括( )。
   A. 材料成本　　　B. 加工费　　　C. 增值税　　　D. 消费税
14. 甲电池厂为增值税一般纳税人,下设一非独立核算的门市部,202×年 5 月该厂将生产的一批电池交门市部,计价 70 万元。门市部将其零售,取得含税销售收入 90.4 万元,则甲电池厂该项业务应缴纳的消费税税额为( )。
   A. 2 万元　　　B. 2.8 万元　　　C. 3.2 万元　　　D. 2.808 万元

二、多项选择题
1. 企业销售自产的白酒取得的下列款项中,应并入销售额计征消费税的有( )。
   A. 优质费　　　B. 包装物租金　　　C. 品牌使用费　　　D. 包装物押金
2. 下列各项中,可按委托加工应税消费品的规定征收消费税的有( )。
   A. 受托方代垫原料,委托方提供辅助材料
   B. 委托方提供主要材料和原材料,受托方代垫部分辅助材料
   C. 受托方负责采购委托方所需原材料
   D. 委托方提供原料和全部辅助材料
3. 甲公司进口一批摩托车海关应征进口关税 30 万元(关税税率为 30%),进口环节还需缴纳( )。
   A. 消费税 0.9 万元　　　B. 消费税 4.02 万元
   C. 增值税 17.42 万元　　　D. 增值税 5.1 万元
4. 下列各项中,属于消费税特点的有( )。
   A. 征收范围具有选择性　　　B. 征税具有普遍性
   C. 征收方法具有灵活性　　　D. 征税环节具有单一性
5. 下列各项中,属于消费税纳税人的有( )。
   A. 生产销售应税消费品(金银首饰除外)的单位
   B. 委托加工应税消费品的单位
   C. 进口应税消费品的单位
   D. 批发烟丝的单位
6. 根据消费税法律制度的规定,下列应税消费品中,实行从价定率与从量定额相结合的复合计税方法的有( )。
   A. 烟丝　　　B. 卷烟　　　C. 电池　　　D. 白酒
7. 根据消费税法律制度的规定,纳税人用于( )的应税消费品,应当以纳税人同类应税消费品的最高销售价格作为计税依据计算征收消费税。
   A. 发放福利　　　B. 换取消费资料　　　C. 投资入股　　　D. 抵偿债务
8. 根据消费税法律制度的规定,下列项目中,可以不缴纳消费税的有( )。

A. 委托加工的应税消费品，受托方已代扣代缴消费税，委托方取回后以不高于受托方的计税价格直接销售的

B. 自产自用的应税消费品，用于连续生产应税消费品的

C. 自产自用的应税消费品，用于连续生产非应税消费品的

D. 自产自用的应税消费品，用于广告的

9. 下列各项中，符合应税消费品销售数量规定的有（　　）。

A. 生产销售应税消费品的，为应税消费品的生产数量

B. 自产自用应税消费品的，为应税消费品的移送数量

C. 委托加工应税消费品的，为纳税人收回的应税消费品数量

D. 进口应税消费品的，为海关核定的应税消费品进口征税数量

10. 根据消费税法律制度的规定，下列各项中，属于消费税征税范围的消费品有（　　）。

A. 高档手表　　　B. 一次性筷子　　　C. 鞭炮　　　D. 高档西服

11. 消费税纳税筹划的基本途径包括（　　）。

A. 合理确定销售额　　　　　　B. 合理选择税率

C. 外购应税品已纳税款的扣除　　D. 委托加工的选择

三、判断题

1. 征收消费税的消费品中有化妆品，包括各类美容、修饰类化妆品、高档类化妆品和成套化妆品，不包括舞台、戏剧影视演员化妆用的上妆油、卸妆油和油彩等。（　　）

2. 纳税人通过独立核算门市部销售自产应税消费品，应按门市部对外销售额或销售数量征收消费税。（　　）

3. 纳税人采取预收货款方式的，其纳税义务的发生时间为收到预售货款的当天。（　　）

4. 若应税消费品实行从价计征方式征收消费税，则其消费税计税依据与其增值税的计税依据相同，都是不含增值税但含消费税的销售价格。（　　）

5. 对于所有的应税消费品，其包装物已作价随同应税消费品销售，又另外收取押金而在规定期限内未予退还的押金，一律并入应税消费品的销售额计征增值税和消费税。（　　）

6. 纳税人将自己生产的应税消费品无偿赠送他人的，按同类产品"当月"（或者最近时期）的"平均销售价格"确定。（　　）

7. 纳税人用于换取生产资料和消费资料、投资入股和抵偿债务等方面的应税消费品，应当以纳税人同类应税消费品的"最高销售价格"作为计税依据计算征收消费税。（　　）

8. 纳税人自产自用的应税消费品，用于连续生产应税消费品的，不缴纳消费税。（　　）

9. 纳税人自产自用的应税消费品，用于非应税消费品、在建工程、管理部门、馈赠、赞助、集资、广告、样品、职工福利、奖励等，"视同销售"，应缴纳消费税。（　　）

10. 受托方是增值税的纳税义务人，在计算增值税时，代收代缴的消费税属于价外费用。（　　）

11. 企业如果想在包装物上节约消费税，关键是将包装物能作价随同产品出售，而不应

采用收取"押金"的方式,因"押金"需并入销售额计算消费税税额,尤其当包装物价值较大时,更加必要。（　　）

四、案例题

1. 甲电池生产企业202×年7月销售1 500箱电池,每箱电池不含增值税价格为1 000元（含包装物的价格150元）。根据税法的有关规定,销售该批电池应纳消费税＝1 500×1 000×4%＝60 000元。请对其进行纳税筹划。

2. 甲汽车生产企业202×年10月以小汽车50辆对外投资,当期该小汽车的不含增值税销售价格分别为9.5万元、10万元、10.5万元,适用的消费税税率为10%。根据税法的规定,该投资行为应纳消费税＝10.5×50×10%＝52.5万元。请对其进行纳税筹划。

3. 甲卷烟厂202×年12月欲生产销售一批卷烟,有三种方案可以选择。方案一：甲卷烟厂将价值1 000万元的烟叶自行加工成甲类卷烟对外销售,其自行加工的费用为1 500万元,该批卷烟全部出售,售价为7 000万元（不含增值税）,出售数量为0.3万件标准箱。方案二：甲卷烟厂委托乙卷烟厂将一批价值1 000万元的烟叶加工成烟丝,协议规定加工费800万元,加工的烟丝运回甲卷烟厂后继续加工成甲类卷烟,加工成本、分摊费用共计700万元。该批卷烟全部出售,售价仍为7 000万元（不含增值税）。方案三：甲卷烟厂委托乙卷烟厂将价值1 000万元的烟叶直接加工成甲类卷烟,加工费为1 500万元,甲卷烟厂收回后直接对外销售,售价仍为7 000万元（不含增值税）。已知烟丝消费税税率为30%,卷烟的消费税税率为56%,每标准箱定额税率150元。假设受托方均无同类消费品的销售价格。问：甲卷烟厂应选择哪种方案？（假设不考虑其他成本费用以及城市建设维护税和教育费附加）

4. 甲手表企业为增值税一般纳税人,生产销售某款手表每只10 000元（不含增值税）,按《财政部　国家税务总局关于调整和完善消费税政策的通知》及其附件《消费税新增和调整税目征收范围注释》的规定,该手表正好为高档手表。该厂财务主管提出建议：将手表销售价格降低100元,为每只9 900元（不含增值税）。假设不考虑增值税、城市维护建设税和教育费附加。请说明该方案是否可行。若可行,还有多大的降价空间？

5. 甲化妆品厂将生产的高档化妆品、非高档护肤护发品、小工艺品等组成成套化妆品销售。其每套化妆品的产品组成如下：高档化妆品包括一瓶价格为8 000元的香水、一瓶价格为5 000元的指甲油、一支价格为6 000元的口红；非高档护肤护发品包括两瓶价格为1 200元的浴液、一瓶价格为800元的摩丝、一块价格为20元的香皂；另外还有价格为500元的化妆工具及小工艺品、价格为200元的塑料包装盒。高档化妆品消费税税率为15%,上述价格均不含增值税。请对其进行纳税筹划。

五、思考题

1. 如何利用价格临界点对消费税进行纳税筹划？
2. 如何利用成套消费品进行纳税筹划？
3. 简述酒类生产企业合并的纳税筹划思路。
4. 如何对规避消费税进行纳税筹划？
5. 如何对自产自用应税消费品进行纳税筹划？

第 5 章

企业所得税的纳税筹划

> **能力目标**
> (1) 能对企业所得税纳税人身份的选择进行纳税筹划。
> (2) 能通过将大企业分立为小企业来进行纳税筹划。
> (3) 能通过加大税前扣除金额来进行纳税筹划。
> (4) 能对固定资产折旧年限的选择进行纳税筹划。
> (5) 能利用小型微利企业低税率政策进行纳税筹划。
> (6) 能对无形资产摊销进行纳税筹划。
> (7) 能对业务招待费进行纳税筹划。
> (8) 能通过创造条件成为国家重点扶持的高新技术企业来进行纳税筹划。
> (9) 能对技术转让所得进行纳税筹划。
> (10) 能通过招聘残疾人员来进行纳税筹划。
> (11) 能对企业捐赠进行纳税筹划。
> (12) 能对企业所得税的核定征收进行纳税筹划。

5.1 企业所得税纳税人身份选择的纳税筹划

案例导入

【例 5-1】甲公司现有两种运营方式:一是依照外国(地区)法律成立但实际管理机构在中国境内;二是依照外国(地区)法律成立且实际管理机构不在中国境内,在中国境内未设立机构、场所。假设两种方式下每年来源于中国境内的应纳税所得额均为 1 000 万元,且没有来源于中国境外的所得。请对其进行纳税筹划。

税法依据

缴纳企业所得税的企业分为居民企业和非居民企业。其中,居民企业是指依法在中国境内成立,或者依照外国(地区)法律成立但实际管理机构在中国境内的企业。非居民企业是指依照外国(地区)法律成立且实际管理机构不在中国境内,但在中国境内设立机构、场所的,或者在中国境内未设立机构、场所,但有来源于中国境内所得的企业。

居民企业应当就其来源于中国境内、境外的所得缴纳企业所得税。非居民企业在中国境内设立机构、场所的,应当就其所设机构、场所取得的来源于中国境内的所得,以及发生在中国境外但与其所设机构、场所有实际联系的所得,缴纳企业所得税。非居民企业在中国境内未设立机构、场所的,或者虽设立机构、场所但取得的所得与其所设机构、场所没有实际联系的,应当就其来源于中国境内的所得缴纳企业所得税,即预提所得税。

企业所得税基本税率为25%,适用于居民企业和在中国境内设有机构、场所且所得与机构、场所有关联的非居民企业;低税率为20%(实际征税时减按10%的税率),适用于在中国境内未设立机构、场所的,或者虽设立机构、场所但取得的所得与其所设机构、场所没有实际联系的非居民企业。

筹划思路

居民企业或非居民企业在不同的情况下适用企业所得税税率是不同的,企业可以通过选择不同的企业运营方式来适用低税率,从而降低企业所得税税负。

筹划过程

方案一:依照外国(地区)法律成立但实际管理机构在中国境内,即成为居民纳税义务人的一种。

$$应纳企业所得税 = 1\,000 \times 25\% = 250(万元)$$

方案二:依照外国(地区)法律成立且实际管理机构不在中国境内,在中国境内未设立机构、场所,即成为非居民纳税义务人的一种。

$$应纳企业所得税 = 1\,000 \times 10\% = 100(万元)$$

筹划结论

方案二比方案一少缴纳企业所得税150万元(250万-100万),因此,应当选择方案二。

筹划点评

依照外国(地区)法律成立且实际管理机构不在中国境内,在中国境内未设立机构、场所,虽然会降低企业所得税税率,但可能会降低来源于中国境内的所得,企业应当权衡利弊,综合考虑,最终选择合适的运营方式。

5.2 将大企业分立为小企业的纳税筹划

案例导入

【例5-2】甲商业企业共有两个相对独立的门市部,预计202×年年度应纳税所得额为196万元,且没有纳税调整项目,即税前利润正好等于应纳税所得额。而这两个门市部税前利润以及相应的应纳税所得额均为98万元,从业人数均为160人,资产总额均为900万元。

请对其进行纳税筹划。

税法依据

自 2019 年 1 月 1 日至 2021 年 12 月 31 日，对小型微利企业年应纳税所得额不超过 100 万元的部分，减按 25% 计入应纳税所得额，按 20% 的税率缴纳企业所得税；对年应纳税所得额超过 100 万元但不超过 300 万元的部分，减按 50% 计入应纳税所得额，按 20% 的税率缴纳企业所得税。自 2021 年 1 月 1 日至 2022 年 12 月 31 日，对小型微利企业年应纳税所得额不超过 100 万元的部分，在上述优惠政策基础上，再减半征收企业所得税，即减按 12.5% 计入应纳税所得额，按 20% 的税率缴纳企业所得税。上述小型微利企业是指从事国家非限制和禁止行业，且同时符合年度应纳税所得额不超过 300 万元、从业人数不超过 300 人、资产总额不超过 5 000 万元等三个条件的企业。

从业人数，包括与企业建立劳动关系的职工人数和企业接受的劳务派遣用工人数。所称从业人数和资产总额指标，应按企业全年的季度平均值确定。具体计算公式如下：

季度平均值＝（季初值+季末值）/2

全年季度平均值＝全年各季度平均值之和/4

年度中间开业或者终止经营活动的，以其实际经营期作为一个纳税年度确定上述相关指标。

筹划思路

若企业年应纳税所得额超过 100 万元，可将企业分立为两个或者两个以上的小企业，以享受年应纳税所得额不超过 100 万元的小型微利企业的企业所得税税收优惠政策。

筹划过程

方案一：维持原状。

应纳企业所得税＝100×12.5%×20%+(196−100)×50%×20%＝12.1（万元）

方案二：将甲商业企业按照门市部分立为两个独立的企业 A 和 B。

A 企业应纳企业所得税＝98×12.5%×20%＝2.45（万元）

B 企业应纳企业所得税＝98×12.5%×20%＝2.45（万元）

企业集团应纳企业所得税总额＝2.45+2.45＝4.9（万元）

筹划结论

方案二比方案一少缴纳企业所得税 7.2 万元（12.1 万−4.9 万），因此，应当选择方案二。

筹划点评

甲商业企业按照门市部分立为两个独立的企业，必然要耗费一定的费用，同时有可能会影响正常的经营，也不利于今后规模的扩大，因此还需权衡利弊。

5.3 加大税前扣除金额的纳税筹划

案例导入

【例5-3】甲公司预计202×年实现销售收入为12 000万元,发生广告费为600万元,业务宣传费为400万元,业务招待费为200万元,其他可在企业所得税税前扣除的支出为8 000万元。甲公司适用的企业所得税税率为25%。请对其进行纳税筹划。

税法依据

企业发生的符合条件的广告费和业务宣传费支出,除国务院财政、税务主管部门另有规定外,不超过当年销售(营业)收入15%的部分,准予扣除;超过部分,准予结转以后纳税年度扣除。企业发生的与生产经营活动有关的业务招待费,按照发生额的60%扣除,且扣除总额全年最高不得超过当年销售(营业)收入的5‰。

筹划思路

甲公司应尽量将业务招待费的60%控制在当年销售收入的5‰之内,以充分使用业务招待费的限额,同时又可以减少纳税调增事项。在不影响经营的前提下,一般可以通过在调低业务招待费的同时,调高广告费和业务宣传费来进行。

筹划过程

方案一:保持原状。

广告费和业务宣传费支出的扣除限额 = 12 000×15% = 1 800(万元),广告费和业务宣传费支出的实际发生额 = 600+400 = 1 000(万元),由于1 000万元<1 800万元,因此可据实扣除。

业务招待费的扣除限额 = 12 000×5‰ = 60(万元)

业务招待费的60% = 200×60% = 120(万元),业务招待费发生额为200万元,由于60万元<120万元<200万元,因此需调增应纳税所得额140万元(200万-60万)。

应纳企业所得税 = (12 000-600-400-200+140-8 000)×25% = 735(万元)

税后净利润 = 12 000-600-400-200-8 000-735 = 2 065(万元)

方案二:在不影响经营的前提下,调减业务招待费至100万元,同时调增广告费至700万元,业务宣传费仍为400万元。

广告费和业务宣传费支出的扣除限额 = 12 000×15% = 1 800(万元),广告费和业务宣传费支出的实际发生额 = 700+400 = 1 100(万元),由于1 100万元<1 800万元,因此可据实扣除。

业务招待费的扣除限额 = 12 000×5‰ = 60(万元)

业务招待费的60% = 100×60% = 60(万元),业务招待费发生额为100万元,由于60万元<100万元,因此需调增应纳税所得额40万元(100万-60万)。

应纳企业所得税 = (12 000-700-400-100+40-8 000)×25% = 710(万元)

税后净利润 = 12 000-700-400-100-8 000-710 = 2 090(万元)

筹划结论

方案二比方案一少缴纳企业所得税 25 万元（735 万-710 万），多获取净利润 25 万元（2 090 万-2 065万），因此，应当选择方案二。

筹划点评

有些情况下，调减业务招待费的同时调增广告费，会影响经营业绩，这便限制了这种方法的运用。

5.4 固定资产折旧年限选择的纳税筹划

案例导入

【例5-4】甲公司 20×8 年 12 月购入价值为 3 000 万元（不含增值税）的电子设备，残值率为 5%，估计可以使用 3～5 年，按税法规定，最低可以采用 3 年折旧，按照直线折旧法计提折旧。假设甲公司处于非减免税期间，从 20×9 年起，5 年内每年未扣除折旧前的利润为 10 000 万元，且没有企业所得税纳税调整项目。甲公司适用的企业所得税税率为 25%。假设折现率为 10%。请对其进行纳税筹划。

税法依据

除国务院财政、税务主管部门另有规定外，固定资产计算折旧的最低年限如下：① 房屋、建筑物，为 20 年；② 飞机、火车、轮船、机器、机械和其他生产设备，为 10 年；③ 与生产经营活动有关的器具、工具、家具等，为 5 年；④ 飞机、火车、轮船以外的运输工具，为 4 年；⑤ 电子设备，为 3 年。

筹划思路

折旧作为非付现成本，具有抵减企业所得税的作用。也就是说，折旧年数越短，则年折旧额就越大，从而使得利润越低，应纳所得税额也就越小。因此在非减免税且盈利的期间，企业应尽量按照上述规定的最低年限对固定资产进行折旧；反之，在减免税期间，企业应尽量采用较长的折旧年限对固定资产进行折旧。

筹划过程

方案一：按 5 年计提折旧。

这 5 年每年折旧额 = 3 000×(1-5%)/5 = 570（万元）

这 5 年每年应纳企业所得税 = (10 000-570)×25% = 2 357.5（万元）

这 5 年企业所得税支出折合到 20×9 年年初的现值 = 2 357.5×(P/A,10%,5)

= 2 357.5×3.790 8 = 8 936.81（万元）

方案二：按 3 年计提折旧。

前 3 年每年折旧额 = 3 000×(1−5%)/3 = 950（万元）
前 3 年每年应纳企业所得税 = (10 000−950)×25% = 2 262.5（万元）
后 2 年每年应纳企业所得税 = 10 000×25% = 2 500（万元）
这 5 年企业所得税支出折合
到 20×9 年年初的现值 = 2 262.5×(P/A,10%,3)+2 500×[(P/A,10%,5)−(P/A,10%,3)]
= 2 262.5×2.486 9+2 500×(3.790 8−2.486 9) = 8 886.36（万元）

筹划结论

方案二比方案一企业所得税支出现值共少 50.45 万元（8 936.81 万−8 886.36 万），因此，应当选择方案二。

筹划点评

由于未来盈利或亏损具有一定的不确定性，因此，限制了此类纳税筹划方法的运用。

5.5 利用小型微利企业低税率政策的纳税筹划

案例导入

【例 5-5】甲公司资产总额为 2 800 万元，职工 90 人。甲公司预计 2×09 年、2×10 年实现的应纳税所得额分别为 160 万元、40 万元，其中 2×09 年 12 月可以实现 60 万元的应纳税所得额。

税法依据

自 2019 年 1 月 1 日至 2021 年 12 月 31 日，对小型微利企业年应纳税所得额不超过 100 万元的部分，减按 25% 计入应纳税所得额，按 20% 的税率缴纳企业所得税；对年应纳税所得额超过 100 万元但不超过 300 万元的部分，减按 50% 计入应纳税所得额，按 20% 的税率缴纳企业所得税。自 2021 年 1 月 1 日至 2022 年 12 月 31 日，对小型微利企业年应纳税所得额不超过 100 万元的部分，在上述优惠政策基础上，再减半征收企业所得税，即减按 12.5% 计入应纳税所得额，按 20% 的税率缴纳企业所得税。上述小型微利企业是指从事国家非限制和禁止行业，且同时符合年度应纳税所得额不超过 300 万元、从业人数不超过 300 人、资产总额不超过 5 000 万元等三个条件的企业。

从业人数，包括与企业建立劳动关系的职工人数和企业接受的劳务派遣用工人数。所称从业人数和资产总额指标，应按企业全年的季度平均值确定。具体计算公式如下：

季度平均值 = (季初值+季末值)/2

全年季度平均值 = 全年各季度平均值之和/4

年度中间开业或者终止经营活动的，以其实际经营期作为一个纳税年度确定上述相关指标。

筹划思路

当小型微利企业连续几年的应纳税所得额在 100 万元上下波动较大时，可以通过调整各年度的应纳税所得额，使其尽量均衡实现，以充分利用小型微利企业税收优惠政策，降低纳税人的企业所得税税负。

筹划过程

方案一：2×09 年、2×10 年实现的应纳税所得额分别为 160 万元、40 万元。

2×09 年应纳企业所得税=100×12.5%×20%+（160−100）×50%×20%=8.5（万元）

2×10 年应纳企业所得税=40×12.5%×20%=1（万元）

2×09 年和 2×10 年应纳企业所得税合计=8.5+1=9.5（万元）

方案二：通过努力将 2×09 年 12 月的 60 万元应纳税所得额延迟至 2×10 年实现，这样 2×09 年、2×10 年实现的应纳税所得额分别为 100 万元、100 万元。

2×09 年应纳企业所得税=100×12.5%×20%=2.5（万元）

2×10 年应纳企业所得税=100×12.5%×20%=2.5（万元）

2×09 年和 2×10 年应纳企业所得税合计=2.5+2.5=5（万元）

筹划结论

方案二比方案一少缴纳企业所得税 4.5 万元（9.5 万−5 万），因此，应当选择方案二。

筹划点评

绝对平均各年度的应纳税所得额较难实现，企业可以相对均衡实现各年度的应纳税所得额，以降低企业所得税税负。

5.6 无形资产摊销的纳税筹划

案例导入

【例 5-6】甲公司于 202×年年初接受乙公司投资一项价值为 1 200 万元的无形资产，投资合同上未约定有效期限。预计甲公司获取该项投资后，每年的利润将达到 1 000 万元（未扣除摊销额）。甲公司适用的企业所得税税率为 25%。假设甲公司的投资报酬率为 10%。请对其进行纳税筹划。

税法依据

无形资产的摊销年限不得低于 10 年。作为投资或者受让的无形资产，有关法律规定或者合同约定了使用年限的，可以按照规定或者约定的使用年限分期摊销。

筹划思路

在合同中若约定了使用年限，则可按约定的年限摊销，因此，企业可以通过合同控制摊销年限，从而来调整利润，进而调整企业所得税税负。

筹划过程

方案一：甲公司与乙公司在合同中未约定无形资产的使用期限，则按税法规定的 10 年来摊销无形资产。

10 年内甲公司应缴纳的企业所得税现值合计 $= (1\,000 - 1\,200/10) \times 25\% \times (P/A, 10\%, 10)$
$= 880 \times 25\% \times 6.144\,6 = 1\,351.81$（万元）

方案二：甲公司与乙公司在合同中约定无形资产的使用期限为 5 年，则甲公司按 5 年来摊销无形资产。

10 年内甲公司应缴纳的企业所得税现值合计 $= (1\,000 - 1\,200/5) \times 25\% \times (P/A, 10\%, 5) + 1\,000 \times 25\% \times [(P/A, 10\%, 10) - (P/A, 10\%, 5)] = 190 \times 3.790\,8 + 250 \times (6.144\,6 - 3.790\,8) = 1\,308.70$（万元）

筹划结论

方案二比方案一 10 年内共少缴纳企业所得税的现值为 43.11 万元（1 351.81 万 - 1 308.70 万），因此，应当选择方案二。

筹划点评

若企业处于减免税期间，则应当尽量延长摊销期限，以更多地获取减免税而带来的好处。

5.7　业务招待费的纳税筹划

案例导入

【例 5-7】甲公司 202× 年预计取得销售收入为 10 000 万元，202× 年业务招待费预计在 50 万元至 300 万元之间。甲公司适用的企业所得税税率为 25%。请对业务招待费进行纳税筹划。

税法依据

企业发生的与生产经营活动有关的业务招待费支出，按照发生额的 60% 扣除，但最高不得超过当年销售（营业）收入的 5‰。

筹划思路

假设企业年销售（营业）收入为 X，年业务招待费为 Y，当 $Y \times 60\% = X \times 5‰$ 时，$Y = X \times 0.833‰$。具体来说有三种情况：一是若业务招待费正好是销售（营业）收入的 $0.833‰$ 时，企业才能充分利用上述政策；二是若业务招待费大于销售（营业）收入的 $0.833‰$ 时，企业要承受更高的税负；三是若业务招待费小于销售（营业）收入的 $0.833‰$ 时，与第二种情况相比企业不会增加更多的税负，与第一种情况相比企业未能充分利用上述政策，但企业若业务招待费支出本来很低，则这种情况为最佳。

根据上述公式，$Y = X \times 0.833‰ = 10\,000 \times 0.833‰ = 83.3$（万元），也就是说，业务招待费支出最佳状态是正好 83.3 万元，其次是低于 83.3 万元，若高于 83.3 万元则超过 83.3 万元的部分要承受更高的税负。具体验证如表 5-1 所示。

表 5-1 五种方案下各种项目的比较　　　　　　　　　　　　　　　万元

项　目	方案一	方案二	方案三	方案四	方案五
业务招待费	50	83.3	100	200	300
业务招待费的 60%	50×60%=30	83.3×60%=50	100×60%=60	200×60%=120	300×60%=180
销售收入的 5‰	50	50	50	50	50
孰低	30	50	50	50	50
纳税调整增加额	50−30=20	83.3−50=33.3	100−50=50	200−50=150	300−50=250
企业所得税增加额	20×25%=5	33.3×25%=8.33	50×25%=12.5	150×25%=37.5	250×25%=62.5
企业所得税增加额/业务招待费	10%	10%	12.5%	18.75%	20.83%

筹划过程

方案一：如果甲公司实际发生业务招待费 50 万元<83.3 万元，即小于销售（营业）收入的 $0.833‰$。

则一方面，业务招待费的 60%（50×60%=30 万元）可以扣除；另一方面，扣除限额为销售（营业）收入的 5‰=10 000×5‰=50 万元，根据孰低原则，只能按照 30 万元税前扣除，纳税调整增加额=50−30=20 万元，计算缴纳企业所得税=20×25%=5 万元，即实际消费 50 万元则要付出的代价=50+5=55 万元，实际消费换算成 100 元则要付出 110 元的代价。

方案二：如果甲公司实际发生业务招待费 83.3 万元，即等于销售（营业）收入的 $0.833‰$。

则一方面，业务招待费的 60%（83.3×60%=50 万元）可以扣除；另一方面，扣除限额为销售（营业）收入的 5‰=10 000×5‰=50 万元，正好等于业务招待费的 60%，则纳税调整增加额=83.3−50=33.3 万元，计算缴纳企业所得税=33.3×25%=8.33 万元，即实际消费 83.3 万元则要付出的代价=83.3+8.33=91.63 万元，实际消费换算成 100 元则要付出 110 元的代价。

方案三：如果甲公司实际发生业务招待费 100 万元>83.3 万元，即大于销售（营业）收入的 0.833%。

则一方面，业务招待费的 60%（100×60% = 60 万元）可以扣除；另一方面，扣除限额为销售（营业）收入的 5‰ = 10 000×5‰ = 50 万元，根据孰低原则，只能按照 50 万元税前扣除，纳税调整增加额 = 100−50 = 50 万元，计算缴纳企业所得税 = 50×25% = 12.5 万元，即实际消费 100 万元则要付出的代价 = 100+12.5 = 112.5 万元，实际消费换算成 100 元则要付出 112.5 元的代价。

方案四：如果甲公司实际发生业务招待费 200 万元>83.3 万元，即大于销售（营业）收入的 0.833%。

则一方面，业务招待费的 60%（200×60% = 120 万元）可以扣除；另一方面，扣除限额为销售（营业）收入的 5‰ = 10 000×5‰ = 50 万元，根据孰低原则，只能按照 50 万元税前扣除，纳税调整增加额 = 200−50 = 150 万元，计算缴纳企业所得税 = 150×25% = 37.5 万元，即实际消费 200 万元则要付出的代价 = 200+37.5 = 237.5 万元，实际消费换算成 100 元则要付出 118.75 元的代价。

方案五：如果甲公司实际发生业务招待费 300 万元>83.3 万元，即大于销售（营业）收入的 0.833%。

则一方面，业务招待费的 60%（300×60% = 180 万元）可以扣除；另一方面，扣除限额为销售（营业）收入的 5‰ = 10 000×5‰ = 50 万元，根据孰低原则，只能按照 50 万元税前扣除，纳税调整增加额 = 300−50 = 250 万元，计算缴纳企业所得税 = 250×25% = 62.5 万元，即实际消费 300 万元则要付出的代价 = 300+62.5 = 362.5 万元，实际消费换算成 100 元则要付出 120.83 元的代价。

筹划结论

当销售（营业）收入为 10 000 万元时，业务招待费支出最佳状态是正好 83.3 万元，其次是低于 83.3 万元，若高于 83.3 万元则超过 83.3 万元的部分要承受更高的税负，因此，应当选择方案二。

筹划点评

然而，有些时候，为了提高经营业绩，不得不使业务招待费支出高于销售（营业）收入的 0.833%。企业应当在增加的业绩和降低的税负之间进行权衡，以作出合理的决策。

5.8　创造条件成为国家重点扶持的高新技术企业的纳税筹划

案例导入

【例 5-8】甲公司职工总数为 100 人，202×年具备国家需要重点扶持的高新技术企业认定的八个条件中的七个条件，只有第四个条件未满足，即从事研发和相关技术创新活动的科技人员 9 人，占企业当年职工总数不足 10%。甲公司 202×年预计应纳税所得额为 600 万元。

请对其进行纳税筹划。

税法依据

国家需要重点扶持的高新技术企业减按15%的税率征收企业所得税。

高新技术企业，是指在《国家重点支持的高新技术领域》规定内，持续进行研究开发与技术成果转化，形成企业核心自主知识产权，并以此为基础开展经营活动，在中国境内（不包括港、澳、台地区）注册的居民企业。

认定为高新技术企业须同时满足以下条件：

（1）企业申请认定时须注册成立1年以上；

（2）企业通过自主研发、受让、受赠、并购等方式，获得对其主要产品（服务）在技术上发挥核心支持作用的知识产权的所有权；

（3）对企业主要产品（服务）发挥核心支持作用的技术属于《国家重点支持的高新技术领域》规定的范围；

（4）企业从事研发和相关技术创新活动的科技人员占企业当年职工总数的比例不低于10%；

（5）企业近三个会计年度（实际经营期不满三年的按实际经营时间计算）的研究开发费用总额占同期销售收入总额的比例符合如下要求：

① 最近一年销售收入小于5 000万元（含）的企业，比例不低于5%；

② 最近一年销售收入在5 000万元至2亿元（含）的企业，比例不低于4%；

③ 最近一年销售收入在2亿元以上的企业，比例不低于3%。

其中，企业在中国境内发生的研究开发费用总额占全部研究开发费用总额的比例不低于60%；

（6）近一年高新技术产品（服务）收入占企业同期总收入的比例不低于60%；

（7）企业创新能力评价应达到相应要求；

（8）企业申请认定前一年内未发生重大安全、重大质量事故或严重环境违法行为。

筹划思路

国家需要重点扶持的高新技术企业需同时满足八个条件。当企业满足其中部分条件时，可以通过努力使自身满足全部条件，以便成为国家需要重点扶持的高新技术企业，从而获取税收上的优惠。

筹划过程

方案一：从事研发和相关技术创新活动的科技人员为9人。

9/100＝9%＜10%，从事研发和相关技术创新活动的科技人员占企业当年职工总数的比例不足10%，则不能申请认定成为高新技术企业，适用的企业所得税税率为25%。

应纳企业所得税＝600×25%＝150（万元）

方案二：通过招聘增加1名从事研发和相关技术创新活动的科技人员，从而使得从事研发和相关技术创新活动的科技人员增加至10人。

10/100＝10%，从事研发和相关技术创新活动的科技人员占企业当年职工总数的比例不低于10%，则可申请认定成为高新技术企业，适用的企业所得税税率为15%。

$$应纳企业所得税 = 600 \times 15\% = 90（万元）$$

筹划结论

方案二比方案一少缴纳企业所得税60万元（150万-90万），因此，应当选择方案二。

筹划点评

创造条件满足税收优惠政策的要求，是纳税筹划的一个重要方法，不仅没有纳税风险，而且通过享受税收优惠政策，会给纳税人带来节税收益。

5.9 技术转让所得的纳税筹划

案例导入

【例5-9】甲公司20×7年12月15日准备以1 600万元的价款转让某技术，其技术转让成本和相关税费为600万元，则技术转让所得为1 000万元（1 600万-600万）。甲公司适用的企业所得税税率为25%。请对其进行纳税筹划。

税法依据

一个纳税年度内，居民企业技术转让所得不超过500万元的部分，免征企业所得税；超过500万元的部分，减半征收企业所得税。其中，技术转让所得=技术转让收入-技术转让成本-相关税费。

以分期收款方式销售货物按照合同约定的收款日期确认收入的实现。

筹划思路

对于预计当年度技术转让所得超过500万元的情况，我们可以采取递延技术转让所得的方式。具体操作方法如下：通过采用分期收款方式，将超过500万元的这部分所得分摊到以后年度，从而可以完全享受免征企业所得税的优惠。

筹划过程

方案一：20×7年12月15日签订直接收款的技术转让合同。

20×7年纳税所得额 = 1 600-600-500 = 500（万元）

20×7年应纳企业所得税 = 500×25%×0.5 = 62.5（万元）

方案二：签订分期收款的技术转让合同，合同约定20×7年12月15日收取800万元，20×8年1月15日再收取800万元，则600万元的技术转让成本与相关税费也相应地在两个年度均分。

则　　　　　　20×7年应纳税所得额 = 800-300-500 = 0（万元）

20×7年应纳企业所得税 = 0（万元）

20×8 年应纳税所得额＝800－300－500＝0（万元）

20×8 年应纳企业所得税＝0（万元）

筹划结论

方案二比方案一少缴纳企业所得税 62.5 万元，因此，应当选择方案二。

筹划点评

分期确认转让技术收入的好处在于将技术转让所得分摊在不同的年度，在各年度分别充分享受税收优惠政策，避免一个年度享受不完的情况产生。

5.10 招聘残疾人员的纳税筹划

案例导入

【例 5-10】甲公司因生产规模的扩大，202×年计划招聘 20 名新员工，新增加的 20 名员工每年需要支付 80 万元工资，202×年甲公司预计实现未扣除工资前的应纳税所得额为 200 万元。甲公司适用的企业所得税税率为 25%。请对其进行纳税筹划。

税法依据

企业在安置残疾人员及国家鼓励安置的其他就业人员时所支付的工资，可以在计算应纳税所得额时加计 100% 扣除。

筹划思路

企业应当充分利用支付残疾人员工资税前加计扣除的优惠政策，降低企业所得税税负。

筹划过程

方案一：招聘 20 名身体健全人员作为新员工。

应纳企业所得税＝(200－80)×25%＝30（万元）

方案二：在不影响甲公司正常生产经营的情况下，招聘 20 名残疾人员作为新员工。

应纳企业所得税＝(200－80×2)×25%＝10（万元）

筹划结论

方案二比方案一少缴纳企业所得税 20 万元（30 万－10 万），因此，应当选择方案二。

筹划点评

企业可在不影响其正常生产经营的前提下，招聘部分残疾人员，一方面，可以关爱社会弱势群体；另一方面，可以加大企业所得税税前扣除金额，进而降低企业所得税税负。

5.11 企业捐赠的纳税筹划

案例导入

【例5-11】甲公司202×年度计划向灾区捐赠400万元,202×年预计全年实现会计利润总额为2 000万元(已扣除上述捐赠400万元),假设除此以外无其他纳税调整项目。甲公司适用的企业所得税税率为25%。请对其进行纳税筹划。

税法依据

纳税人直接向受赠人的捐赠不允许在计算应纳税所得额时扣除。

企业发生的公益性捐赠支出,在年度利润总额12%以内的部分,准予在计算应纳税所得额时扣除;超过年度利润总额12%的部分,准予结转以后三年内在计算应纳税所得额时扣除。其中,公益性捐赠,是指企业通过公益性社会团体或者县级以上人民政府及其部门,用于《中华人民共和国公益事业捐赠法》规定的公益事业的捐赠。

筹划思路

因此企业在选择捐赠方式时,应当首先选择公益性捐赠;其次选择直接向受赠人进行捐赠。

筹划过程

方案一:直接向受赠人进行捐赠。

则捐赠不允许在计算应纳税所得额时扣除:

应纳企业所得税=(2 000+400)×25%=600(万元)

方案二:通过公益性社会团体进行捐赠。

则捐赠支出在年度利润总额12%以内的部分,准予在计算应纳税所得额时扣除:

捐赠支出的扣除限额=2 000×12%=240(万元)

应纳企业所得税=(2 000+400-240)×25%=540(万元)

筹划结论

方案二比方案一少缴纳企业所得税60万元(600万-540万),因此,应当选择方案二。

筹划点评

有些时候,通过公益性社会团体进行捐赠,容易出现捐赠对象错位、捐赠不及时,甚至捐赠资金被挪用的情况,因此影响了捐赠效果。

5.12 企业所得税核定征收的纳税筹划

案例导入

【例 5-12】甲公司 202×年的主要业务是为其关联方乙公司生产零部件,其原材料由甲公司从乙公司以 400 万元的价格购入,然后再加工成零部件,以 1 000 万元的价格销售给乙公司。甲公司适用的企业所得税税率为 25%。因甲公司 202×年的成本费用支出无法准确核算,税务机关对甲公司实行核定应税所得率的方式征收企业所得税。税务机关对甲公司核定的应税所得率为 10%。请对其进行纳税筹划。

税法依据

采用应税所得率方式核定征收企业所得税的,应纳所得税额的计算公式如下:

应纳所得税额 = 应纳税所得额 × 适用税率
应纳税所得额 = 应税收入额 × 应税所得率
或　　　　　= [成本(费用)支出额/(1-应税所得率)] × 应税所得率

筹划思路

实行核定应税所得率征税的企业,其应纳企业所得税由企业的收入总额或者成本费用支出总额决定,如果降低收入总额或者成本费用支出总额,就可以达到降低企业所得税税负的目的。

筹划过程

方案一:甲公司先从其关联方乙公司购入原材料,然后再加工成零部件销售给乙公司。

甲公司 202×年应纳企业所得税 = 1 000×10%×25% = 25(万元)

方案二:采取委托加工的方式,由乙公司将 400 万元的原材料委托甲公司加工成零部件,甲公司收取加工费 600 万元。此时收入金额便为 600 万元。

甲公司 202×年应纳企业所得税 = 600×10%×25% = 15(万元)

筹划结论

方案二比方案一少缴纳企业所得税 10 万元(25 万-15 万),因此,应当选择方案二。

筹划点评

企业通过变换加工方式,降低了收入总额,达到了降低企业所得税税负的目的。但在这种情况下,又有可能被税务机关重新核定应税所得率,因此,企业应积极应对,以在降低税费的同时,防范税收风险。

 **关键词**

纳税人身份　税率　小型微利企业　税前扣除项目　固定资产折旧年限　业务招待费　广告费　技术转让所得　企业捐赠

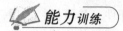 **能力训练**

一、单项选择题

1. 下列各项收入中,应当计入应纳税所得额计算缴纳企业所得税的是(　　)。
   A. 国债利息收入
   B. 存款利息收入
   C. 财政拨款
   D. 符合条件的居民企业之间的股息、红利等权益性收益

2. 202×年A集团公司总部实现商品销售收入6 000万元,股权转让收入800万元,债务重组收益200万元,发生的收入相配比的成本费用总额6 500万元,其中业务招待费支出80万元。假定不存在其他纳税调整事项,202×年度A集团公司应纳企业所得税为(　　)万元。
   A. 543   B. 201.4   C. 506.5   D. 136.5

3. A商场位于市区(增值税一般纳税人),202×年10月1—7日期间进行优惠活动,将一部分进货价为200元/件(取得了增值税专用发票)、原售货价为450元/件的服装,以9折的价格折扣销售(将销售额和折扣额在同一张发票上的金额栏分别注明),以上价格均为不含增值税价格,企业所得税税率为25%,增值税税率为13%。假设不考虑其他业务,该商场销售一件商品应纳企业所得税为(　　)元。
   A. 34.85   B. 2.79   C. 3.42   D. 44.58

4. 企业取得的(　　)利息收入免征企业所得税。
   A. 国债   B. 国家重点建设债券
   C. 金融债券   D. 外国政府债券

5. 自2021年1月1日至2030年12月31日,对设在西部地区的鼓励类产业企业减按(　　)的税率征收企业所得税。
   A. 10%   B. 12.5%   C. 15%   D. 20%

6. 下列各项中,不属于企业所得税纳税人的是(　　)。
   A. 国有企业   B. 外商投资企业   C. 私营企业   D. 个人独资企业

7. 根据企业所得税法律制度的规定,非居民企业向我国境内企业单独转让邮电、通信等软件,或者随同销售邮电、通信等软件,转让这些设备使用的软件所取得的软件使用费,实际征收时可按(　　)。
   A. 25%的税率征收所得税   B. 20%的税率征收所得税
   C. 15%的税率征收所得税   D. 10%的税率征收所得税

8. 下列项目收入中,不需要计入应纳税所得额的是(　　)。

A. 企业债券利息收入 　　　　　　B. 居民企业之间股息收益
C. 非货币性交易收入 　　　　　　D. 接受捐赠的实物资产价值

9. 下列税金在计算企业应纳税所得额时，不得从收入总额中扣除的是（　　）。
A. 土地增值税　　B. 消费税　　C. 增值税　　D. 资源税

10. 甲制药厂202×年销售收入3 000万元，转让技术使用权收入200万元，广告费支出600万元，业务宣传费支出40万元。甲制药厂在计算应纳税所得额时应（　　）。
A. 调增应纳税所得额160万元　　　B. 调增应纳税所得额190万元
C. 调减应纳税所得额160万元　　　D. 调减应纳税所得额190万元

11. 甲公司202×年度利润总额为40万元，未调整捐赠前的应纳税所得额为50万元。当年"营业外支出"账户中列支了通过当地教育部门向农村义务教育的捐赠6万元。甲公司不符合小型微利企业的条件，甲公司202×年应缴纳的企业所得税为（　　）万元。
A. 12.5　　B. 12.8　　C. 13.45　　D. 16.25

二、多项选择题

1. 下列各项中，不得计算折旧或摊销在企业所得税税前扣除的有（　　）。
A. 外购商标权　　　　　　　　　B. 自创商誉
C. 单独估价作为固定资产入账的土地　　D. 盘盈的固定资产

2. 根据企业所得税法律制度的规定，固定资产大修理支出需同时符合的条件有（　　）。
A. 修理后固定资产被用于新的或不同的用途
B. 修理后固定资产的使用年限延长1年以上
C. 修理后固定资产的使用年限延长2年以上
D. 修理支出达到取得固定资产时计税基础的50%以上

3. 下列各项中，在计算企业所得税时，允许在应纳税所得额中据实扣除的有（　　）。
A. 企业依照国务院有关主管部门规定为职工缴纳的基本保险
B. 合理的工资、薪金支出
C. 公益性捐赠支出
D. 企业的广告费和业务宣传费

4. 下列各项中，不属于企业所得税纳税人的有（　　）。
A. 股份有限公司　　B. 合伙企业　　C. 联营企业　　D. 个人独资企业

5. 根据企业所得税法的规定，下列项目中，属于不征税收入的有（　　）。
A. 财政拨款
B. 国债利息收入
C. 金融债券利息收入
D. 依法收取并纳入财政管理的行政事业性收费、政府性基金

6. 在计算企业所得税应纳税所得额时，可以计入存货成本后在企业所得税税前扣除的税金包括（　　）。
A. 消费税　　　　　　　　　　　B. 关税
C. 资源税　　　　　　　　　　　D. 不能从销项税额中抵扣的增值税进项税额

7. 企业下列（　　）项目的所得免征企业所得税。

A. 坚果的种植　　B. 农产品初加工　　C. 林木的培育　　D. 花卉的种植

8. 下列固定资产中，不得计算折旧扣除的有（　　）。
A. 企业购置的尚未投入使用的设备
B. 以融资租赁方式租入的固定资产
C. 已足额提取折旧仍继续使用的固定资产
D. 以经营租赁方式租入的固定资产

9. 根据企业所得税法律制度的规定，关联企业，是指与企业有特殊经济关系的公司、企业和其他经济组织。特殊经济关系包括（　　）。
A. 在资金方面存在直接或间接的拥有或者控制
B. 在经营方面存在直接或间接的拥有或者控制
C. 在购销方面存在直接或间接的拥有或者控制
D. 直接或间接地同为第三者所拥有或者控制

三、判断题

1. 特许权使用费收入以实际取得收入的日期确认收入的实现。　　（　　）
2. 居民企业和中国境内设有机构、场所且所得与机构、场所有关联的非居民企业适用税率为25%。　　（　　）
3. 自行开发的支出已在计算应纳税所得额时扣除的无形资产，不得计算摊销费用扣除。　　（　　）
4. 国家重点扶持的高新技术企业减按15%税率征收企业所得税。　　（　　）
5. 企业所得税按年计征，分月或者分季预缴，年终汇算清缴，多退少补。自年度终了之日起4个月内，向税务机关报送年度企业所得税纳税申报表，并汇算清缴，结清应缴应退税款。　　（　　）
6. 企业发生的与生产经营活动有关的业务招待费支出，按照发生额的60%扣除，但最高不得超过当年销售收入的5‰。　　（　　）
7. 企业发生的公益性捐赠支出，在年度应纳税所得额12%以内的部分，准予在计算应纳税所得额时扣除；超过应纳税所得额12%的部分，准予结转以后三年内在计算应纳税所得额时扣除。　　（　　）
8. 企业与其关联方之间的业务往来，不符合独立交易原则而减少企业或者其关联方应纳税收入或者所得额的，税务机关有权按照合理方法调整。　　（　　）
9. 企业实际发生的工资支出均可在企业所得税税前扣除。　　（　　）
10. 在计算企业所得税时，企业以买一赠一等方式组合销售本企业商品的，不属于捐赠，应将总的销售金额按各项商品的公允价值的比例来分摊确认各项的销售收入。　　（　　）
11. 根据企业所得税法律制度的规定，超支的广告费、业务宣传费、职工教育经费可结转下年继续抵扣，在以后年度扣除。　　（　　）

四、案例题

1. 甲公司202×年的会计利润预计为100万元（扣除捐赠后的利润额），计划通过公益性组织捐赠8万元，直接向受赠单位捐赠4万元。甲公司本年度之前未发生过公益性捐赠。甲公司不符合小型微利企业条件，适用的企业所得税税率为25%。假设不考虑其他纳税调整因素，请计算该公司当年应缴纳的企业所得税，并对其进行纳税筹划。

2. 甲公司202×年度的计划销售额为2 000万元。请根据企业所得税中对业务招待费的规定，计算当年允许在企业所得税税前扣除的业务招待费的最高限额所对应的业务招待费发生额。

3. 甲公司计划202×年度的业务招待费支出为150万元，业务宣传费支出为120万元，广告费支出为480万元。该公司202×年度的预计销售额为8 000万元。请对其进行纳税筹划。

4. 甲公司202×年年初欲在外地设立乙公司，预计202×年乙公司亏损100万元，甲公司自身盈利200万元。企业所得税税率为25%。假设没有纳税调整项目。请问乙公司应当选择作为甲公司的子公司还是分公司？

5. 甲商业企业资产总额900万元，有职工70人。该企业预计202×年全年实现应纳税所得额为301万元。请对其进行纳税筹划。

五、思考题

1. 如何利用降低适用税率法对企业所得税进行纳税筹划？
2. 广告费、业务宣传费、业务招待费过多地超支，应如何进行纳税筹划？
3. 如何利用小型微利企业低税率进行纳税筹划？
4. 怎样创造条件成为国家重点扶持的高新技术企业？
5. 简述选择固定资产折旧年限的纳税筹划思路。
6. 如何通过加大税前扣除金额进行纳税筹划？

第6章

个人所得税的纳税筹划

能力目标

(1) 能对个人所得税纳税人身份的选择进行纳税筹划。
(2) 能通过居民个人按年均衡的综合所得进行纳税筹划。
(3) 能对居民个人子女教育专项附加扣除方式的选择进行纳税筹划。
(4) 能通过合理选择组织形式进行纳税筹划。
(5) 能通过非居民个人增加取得劳务报酬所得次数进行纳税筹划。
(6) 能通过非居民个人的费用转移进行纳税筹划。
(7) 能通过非居民个人工资、薪金所得与劳务报酬所得的相互转换进行纳税筹划。
(8) 能通过居民个人股东取得红利与工资、薪金的选择进行纳税筹划。
(9) 能对偶然所得临界点进行纳税筹划。
(10) 能对个人捐赠进行纳税筹划。

6.1 个人所得税纳税人身份选择的纳税筹划

案例导入

【例6-1】 汤姆任职于美国A公司,于202×年1月1日首次被美国A公司派往中国B公司(美国A公司的子公司)工作,202×年7月5日回美国A公司继续工作,汤姆未向主管税务机关备案。汤姆在中国B公司工作期间,取得中国B公司支付的工资、薪金收入为人民币20万元;汤姆回美国A公司继续工作期间,美国A公司支付的工资、薪金收入折合人民币10万元。请对其进行纳税筹划。

税法依据

在中国境内有住所,或者无住所而一个纳税年度内在中国境内居住累计满183天的个人,为居民个人。居民个人从中国境内和境外取得的所得,依照《中华人民共和国个人所得税法》(以下简称《个人所得税法》)规定缴纳个人所得税。

在中国境内无住所又不居住,或者无住所而一个纳税年度内在中国境内居住累计不满183天的个人,为非居民个人。非居民个人从中国境内取得的所得,依照《个人所得税法》

规定缴纳个人所得税。

在中国境内无住所的个人，在中国境内居住累计满183天的年度连续不满6年的，经向主管税务机关备案，其来源于中国境外且由境外单位或者个人支付的所得，免予缴纳个人所得税；在中国境内居住累计满183天的任一年度中有一次离境超过30天的，其在中国境内居住累计满183天的年度的连续年限重新起算。

在中国境内无住所的个人，在一个纳税年度内在中国境内居住累计不超过90天的，其来源于中国境内的所得，由境外雇主支付并且不由该雇主在中国境内的机构、场所负担的部分，免予缴纳个人所得税。

筹划思路

外籍个人到中国工作时，应充分利用中国税法对居民个人和非居民个人的规定，避免就从中国境内和境外取得的全部所得在中国缴纳个人所得税，而是仅就从中国境内取得的所得在中国缴纳个人所得税，从而减轻个人所得税税负。

筹划过程

方案一：汤姆于202×年1月1日被美国A公司派往中国B公司（美国A公司的子公司）工作，202×年7月5日回美国A公司继续工作，且汤姆未向主管税务机关备案。

汤姆202×年度在中国境内居住累计超过183天，为居民个人。汤姆从中国境内和境外取得的所得30万元（20万+10万），需要依照中国《个人所得税法》规定在中国缴纳个人所得税。

方案二：汤姆于202×年1月1日被美国A公司派往中国B公司（美国A公司的子公司）工作，202×年7月1日回美国A公司继续工作。

汤姆202×年度在中国境内居住累计不超过183天，为非居民个人。汤姆从中国境内取得的所得20万元，需要依照中国《个人所得税法》规定在中国缴纳个人所得税；从中国境外取得的所得10万元，不在中国缴纳个人所得税。

方案三：汤姆于202×年1月1日被美国A公司派往中国B公司（美国A公司的子公司）工作，202×年7月5日回美国A公司继续工作，且汤姆向主管税务机关备案。

汤姆在中国境内无住所，在中国境内居住累计满183天的年度连续不满6年，经向主管税务机关备案，其来源于中国境外且由境外单位或者个人支付的所得10万元，免予在中国缴纳个人所得税；只就从中国境内取得的所得20万元，依照中国《个人所得税法》的规定在中国缴纳个人所得税。

筹划结论

方案三、方案二与方案一相比，汤姆在中国不缴纳来源于美国A公司支付的工资、薪金所得的个人所得税；方案三与方案二相比，汤姆不需调整在中国的工作时间。因此方案三最优，其次是方案二，最后是方案一。

筹划点评

通过减少在中国工作的天数，或者使得单次离境超过30天，或者主动向主管税务机关备案,均有可能避免就从中国境内和境外取得的全部所得在中国缴纳个人所得税。

6.2 居民个人按年均衡综合所得的纳税筹划

案例导入

【例6-2】居民个人孙某对于取得的综合所得,预计20×1年、20×2年、20×3年三年的应纳税所得额(每一纳税年度的收入额减除费用6万元以及专项扣除、专项附加扣除和依法确定的其他扣除后的余额)共计480 000元。根据孙某各种工作的先后次序,现有三种取得所得的方案可供选择。方案一:20×1年的应纳税所得额为60 000元,20×2年的应纳税所得额为160 000元,20×3年的应纳税所得额为260 000元;方案二:20×1年的应纳税所得额为110 000元,20×2年的应纳税所得额为160 000元,20×3年的应纳税所得额为210 000元;方案三:20×1年的应纳税所得额为160 000元,20×2年的应纳税所得额为160 000元,20×3年的应纳税所得额为160 000元。请对其进行纳税筹划。

税法依据

综合所得包括:(1)工资、薪金所得;(2)劳务报酬所得;(3)稿酬所得;(4)特许权使用费所得。居民个人的综合所得,以每一纳税年度的收入额减除费用6万元以及专项扣除、专项附加扣除和依法确定的其他扣除后的余额,为应纳税所得额。劳务报酬所得、稿酬所得、特许权使用费所得以收入减除20%的费用后的余额为收入额。稿酬所得的收入额减按70%计算。

综合所得个人所得税税率表(按年)如表6-1所示。

表6-1 综合所得个人所得税税率表(按年)

级数	全年应纳税所得额	税率/%	速算扣除数
1	不超过36 000元的	3	0
2	超过36 000元至144 000元的部分	10	2 520
3	超过144 000元至300 000元的部分	20	16 920
4	超过300 000元至420 000元的部分	25	31 920
5	超过420 000元至660 000元的部分	30	52 920
6	超过660 000元至960 000元的部分	35	85 920
7	超过960 000元的部分	45	181 920

筹划思路

居民个人如果各年的综合所得不均衡,则综合所得高的年份多缴的个人所得税有可能会大于综合所得低的年份少缴的个人所得税,因此个人可以考虑均衡各年的综合所得,以便从整体上降低个人所得税税负。

筹划过程

方案一：20×1 年的应纳税所得额为 60 000 元，20×2 年的应纳税所得额为 160 000 元，20×3 年的应纳税所得额为 260 000 元。

20×1 年综合所得的应纳个人所得税 = 60 000×10% - 2 520 = 3 480（元）

20×2 年综合所得的应纳个人所得税 = 160 000×20% - 16 920 = 15 080（元）

20×3 年综合所得的应纳个人所得税 = 260 000×20% - 16 920 = 35 080（元）

20×1 年、20×2 年、20×3 年三年应纳个人所得税合计 = 3 480+15 080+35 080 = 53 640（元）

方案二：20×1 年的应纳税所得额为 110 000 元，20×2 年的应纳税所得额为 160 000 元，20×3 年的应纳税所得额为 210 000 元。

20×1 年综合所得的应纳个人所得税 = 110 000×10% - 2 520 = 8 480（元）

20×2 年综合所得的应纳个人所得税 = 160 000×20% - 16 920 = 15 080（元）

20×3 年综合所得的应纳个人所得税 = 210 000×20% - 16 920 = 25 080（元）

20×1 年、20×2 年、20×3 年三年综合所得的应纳个人所得税合计 = 8 480+15 080+25 080 = 48 640（元）

方案三：20×1 年的应纳税所得额为 160 000 元，20×2 年的应纳税所得额为 160 000 元，20×3 年的应纳税所得额为 160 000 元。

20×1 年综合所得的应纳个人所得税 = 160 000×20% - 16 920 = 15 080（元）

20×2 年综合所得的应纳个人所得税 = 160 000×20% - 16 920 = 15 080（元）

20×3 年综合所得的应纳个人所得税 = 160 000×20% - 16 920 = 15 080（元）

20×1 年、20×2 年、20×3 年三年综合所得的应纳个人所得税合计 = 15 080+15 080+15 080 = 45 240（元）

筹划结论

方案三比方案一少缴纳个人所得税 8 400 元（53 640-45 240），方案三比方案二少缴纳个人所得税 3 400 元（48 640-45 240），因此应当选择方案三。

筹划点评

绝对均衡各年度的综合所得有一定困难，但相对均衡各年度的综合所得却是可行的。居民个人工作一年（当年取得综合所得）、休假一年（当年未取得综合所得）属于最不均衡取得综合所得的情况，居民个人应当尽量避免上述情况的出现。

6.3 居民个人子女教育专项附加扣除方式选择的纳税筹划

案例导入

【例 6-3】居民个人张某和王某是一对夫妻，其独生子在小学上学。张某任职于甲公司，202×年从甲公司获取税前工资、薪金收入共计100 000元，202×年专项扣除和依法确定的其他扣除合计为18 500元，专项附加扣除只有子女教育这一项符合税法扣除规定。王某任职于乙公司，202×年从乙公司获取税前工资、薪金收入共计300 000元，202×年专项扣除和依法确定的其他扣除合计为55 500元，专项附加扣除只有子女教育这一项符合税法扣除规定。张某和王某202×年无其他收入。请对其进行纳税筹划。

税法依据

综合所得包括：（1）工资、薪金所得；（2）劳务报酬所得；（3）稿酬所得；（4）特许权使用费所得。居民个人的综合所得，以每一纳税年度的收入额减除费用6万元以及专项扣除、专项附加扣除和依法确定的其他扣除后的余额，为应纳税所得额。

纳税人的子女接受全日制学历教育的相关支出，按照每个子女每月1 000元的标准定额扣除。学历教育包括义务教育（小学、初中教育）、高中阶段教育（普通高中、中等职业、技工教育）、高等教育（大学专科、大学本科、硕士研究生、博士研究生教育）。

年满三岁至小学入学前处于学前教育阶段的子女，按上述规定执行。

父母可以选择由其中一方按扣除标准的100%扣除，也可以选择由双方分别按扣除标准的50%扣除，具体扣除方式在一个纳税年度内不能变更。

纳税人子女在中国境外接受教育的，纳税人应当留存境外学校录取通知书、留学签证等相关教育的证明资料备查。

综合所得个人所得税税率表（按年）如表6-1所示。

筹划思路

对于子女教育专项附加扣除，由于父母可以选择由其中一方按扣除标准的100%扣除，也可以选择由双方分别按扣除标准的50%扣除，因此为纳税人家庭整体提供了纳税筹划的空间。夫妻双方可以选择从综合所得高的一方按扣除标准的100%扣除，这样有可能会降低夫妻双方整体的个人所得税税负。

筹划过程

方案一：对于子女教育专项附加扣除，选择由张某一方按扣除标准的100%扣除。

张某202×年综合所得的应纳税所得额＝100 000－60 000－18 500－1 000×12＝9 500（元）

张某202×年综合所得的应纳个人所得税＝9 500×3%＝285（元）

王某202×年综合所得的应纳税所得额＝300 000－60 000－55 500＝184 500（元）

王某202×年综合所得的应纳个人所得税＝184 500×20%－16 920＝19 980（元）

张某和王某202×年综合所得的应纳个人所得税合计＝285＋19 980＝20 265（元）

方案二：对于子女教育专项附加扣除，选择由张某和王某双方分别按扣除标准的50%扣除。

张某202×年综合所得的应纳税所得额＝100 000－60 000－18 500－1 000×12×50%＝15 500（元）

张某202×年综合所得的应纳个人所得税＝15 500×3%＝465（元）

王某202×年综合所得的应纳税所得额 = 300 000 - 60 000 - 55 500 - 1 000×12×50% = 178 500（元）

王某202×年综合所得的应纳个人所得税 = 178 500×20% - 16 920 = 18 780（元）

张某和王某202×年综合所得的应纳个人所得税合计 = 465 + 18 780 = 19 245（元）

方案三：对于子女教育专项附加扣除，选择由王某一方按扣除标准的100%扣除。

张某202×年综合所得的应纳税所得额 = 100 000 - 60 000 - 18 500 = 21 500（元）

张某202×年综合所得的应纳个人所得税 = 21 500×3% = 645（元）

王某202×年综合所得的应纳税所得额 = 300 000 - 60 000 - 55 500 - 1 000×12 = 172 500（元）

王某202×年综合所得的应纳个人所得税 = 172 500×20% - 16 920 = 17 580（元）

张某和王某202×年综合所得的应纳个人所得税合计 = 645 + 17 580 = 18 225（元）

筹划结论

方案三比方案一张某和王某合计少缴纳个人所得税2 040元（20 265 - 18 225），方案三比方案二张某和王某合计少缴纳个人所得税1 020元（19 245 - 18 225），因此应当选择方案三。

筹划点评

夫妻双方选择从综合所得高且适用个人所得税边际税率高的一方按扣除标准的100%扣除，实际上降低了夫妻双方整体的个人所得税税率，从而降低了夫妻双方整体的个人所得税税负。

6.4 合理选择组织形式的纳税筹划

案例导入

【例6-4】孙某、徐某、刘某和王某四人202×年欲成立一家皮鞋商场，四人的出资额相等，均享有25%的股份。现有两种方案可供选择。方案一：成立有限责任公司，每年利润总额为1 600 000元，无纳税调整项目（则应纳税所得额=利润总额），且税后净利润提取法定盈余公积后全部平均分配给股东，该有限责任公司不符合小型微利企业条件，适用的企业所得税税率为25%。方案二：成立合伙企业，每年利润总额（应纳税所得额）为1 600 000元，且四位合伙人约定将利润全部平均分配。请对其进行纳税筹划。

税法依据

具有法人资格的企业（股份有限公司、有限责任公司）需要缴纳25%的企业所得税，个人股东从股份有限公司和有限责任公司分配的税后利润需要按照"利息、股息、红利所得"缴纳20%的个人所得税。不具有法人资格的企业（个体工商户、个人独资企业、合伙企业）不需要缴纳企业所得税，个人通过在中国境内注册登记的个体工商户、个人独资企业、合伙企业，从事生产、经营活动取得的所得按照"经营所得"缴纳个人所得税。

经营所得个人所得税税率表如表 6-2 所示。

表 6-2 经营所得个人所得税税率表

级数	全年应纳税所得额	税率/%	速算扣除数
1	不超过 30 000 元的	5	0
2	超过 30 000 元至 90 000 元的部分	10	1 500
3	超过 90 000 元至 300 000 元的部分	20	10 500
4	超过 300 000 元至 500 000 元的部分	30	40 500
5	超过 500 000 元的部分	35	65 500

筹划思路

投资者个人在不影响正常经营的情况下，尽量不要注册成立股份有限公司、有限责任公司，而是注册成立个体工商户、个人独资企业、合伙企业，以规避企业所得税，虽然有可能多缴个人所得税，但整体税负却会降低。

筹划过程

方案一：成立有限责任公司，每年利润总额为 1 600 000 元，无纳税调整项目（则应纳税所得额=利润总额），且税后净利润提取法定盈余公积后全部平均分配给股东。

有限责任公司应纳企业所得税=1 600 000×25%＝400 000（元）

有限责任公司税后利润=1 600 000−400 000＝1 200 000（元）

提取法定盈余公积=1 200 000×10%＝120 000（元）

向投资者分配的利润合计=1 200 000−120 000＝1 080 000（元）

四位股东"利息、股息、红利所得"应纳个人所得税总额=(1 080 000/4)×20%×4＝216 000（元）

应纳税额合计=400 000+216 000＝616 000（元）

方案二：成立合伙企业，每年利润总额（应纳税所得额）为 1 600 000 元，且四位合伙人约定将利润全部平均分配。

每位合伙人的应纳税所得额=1 600 000/4＝400 000（元）

四位合伙人"经营所得"应纳个人所得税总额=(400 000×30%−40 500)×4＝318 000（元）

应纳税额合计=318 000（元）

筹划结论

方案二比方案一共少缴纳税额 298 000 元（616 000−318 000），因此应当选择方案二。

筹划点评

成立合伙企业而非有限责任公司，不利于扩大单位的经营规模和长期发展，因此纳税人应综合考虑，权衡利弊，以作出合理的决策。

6.5 非居民个人增加取得劳务报酬所得次数的纳税筹划

案例导入

【例 6-5】 非居民个人乔治为知名经济学家，202×年1月应邀到我国提供为期两周的宏观经济培训。现有两种培训方案可供选择。方案一：向我国甲公司提供两周的培训，可取得税前劳务报酬收入 50 000 元。方案二：先向我国乙公司提供一周的培训，可取得税前劳务报酬收入 25 000 元；然后向我国丙公司提供一周的培训，可取得税前劳务报酬收入 25 000 元。假设不考虑增值税因素。请对其进行纳税筹划。

税法依据

非居民个人的工资、薪金所得，以每月收入额减除费用 5 000 元后的余额为应纳税所得额；劳务报酬所得、稿酬所得、特许权使用费所得，以每次收入额为应纳税所得额。劳务报酬所得、稿酬所得、特许权使用费所得以收入减除 20% 的费用后的余额为收入额。稿酬所得的收入额减按 70% 计算。非居民个人取得的劳务报酬所得、稿酬所得、特许权使用费所得，属于一次性收入的，以取得该项收入为一次；属于同一项目连续性收入的，以一个月内取得的收入为一次。

非居民个人取得工资、薪金所得，劳务报酬所得，稿酬所得和特许权使用费所得，有扣缴义务人的，由扣缴义务人按月或者按次代扣代缴税款，不办理汇算清缴。

非居民个人工资、薪金所得，劳务报酬所得，稿酬所得，特许权使用费所得个人所得税税率表，如表 6-3 所示。

表 6-3 非居民个人工资、薪金所得，劳务报酬所得，稿酬所得，
特许权使用费所得个人所得税税率表

级数	应纳税所得额	税率/%	速算扣除数
1	不超过 3 000 元的	3	0
2	超过 3 000 元至 12 000 元的部分	10	210
3	超过 12 000 元至 25 000 元的部分	20	1 410
4	超过 25 000 元至 35 000 元的部分	25	2 660
5	超过 35 000 元至 55 000 元的部分	30	4 410
6	超过 55 000 元至 80 000 元的部分	35	7 160
7	超过 80 000 元的部分	45	15 160

筹划思路

非居民个人的劳务报酬所得适用七级超额累进税率，因此在总收入一定的情况下，通过增加提供劳务报酬的次数来合理地降低每次收入额，便有可能降低其个人所得税税率，进而

降低个人所得税税负。

筹划过程

方案一：向我国甲公司提供两周的培训，可取得税前劳务报酬收入 50 000 元。

从甲公司取得的劳务报酬所得的应纳税所得额 = 50 000×（1−20%）= 40 000（元）

从甲公司取得的劳务报酬所得的应纳个人所得税 = 40 000×30%−4 410 = 7 590（元）

方案二：先向我国乙公司提供一周的培训，可取得税前劳务报酬收入 25 000 元；然后向我国丙公司提供一周的培训，可取得税前劳务报酬收入 25 000 元。

从乙公司取得的劳务报酬所得的应纳税所得额 = 25 000×（1−20%）= 20 000（元）

从乙公司取得的劳务报酬所得的应纳个人所得税 = 20 000×20%−1 410 = 2 590（元）

从丙公司取得的劳务报酬所得的应纳税所得额 = 25 000×（1−20%）= 20 000（元）

从丙公司取得的劳务报酬所得的应纳个人所得税 = 20 000×20%−1 410 = 2 590（元）

从乙公司和丙公司取得的劳务报酬所得的应纳个人所得税合计 = 2 590+2 590 = 5 180（元）

筹划结论

方案二比方案一少缴纳个人所得税 2 410 元（7 590−5 180），因此应当选择方案二。

筹划点评

非居民个人取得的劳务报酬所得分次计算缴纳个人所得税，不按年合并计算纳税，因此在总收入一定的情况下，增加取得劳务报酬所得的次数有可能会降低个人所得税的适用税率，从而降低个人所得税税负。但由于居民个人取得综合所得（包括劳务报酬所得），需要按年合并计算个人所得税，因此同样的方法不适用于居民个人。

6.6 非居民个人费用转移的纳税筹划

案例导入

【例 6−6】非居民个人乔治住在北京，202×年 8 月受邀为广州甲公司的高管王某讲课，为期七天。有两种方案可供选择。方案一：去广州的甲公司为高管王某讲课，乔治可从甲公司获取税前劳务报酬收入 120 000 元，但有关交通费、食宿费等由乔治自理，乔治共支出 30 000 元；方案二：广州甲公司的高管王某去北京听乔治讲课，乔治可从甲公司获取税前劳务报酬收入 90 000 元，高管王某去北京的交通费、食宿费 30 000 元由甲公司承担。假设不考虑增值税因素。请对其进行纳税筹划。

税法依据

非居民个人的工资、薪金所得，以每月收入额减除费用 5 000 元后的余额为应纳税所得额；劳务报酬所得、稿酬所得、特许权使用费所得，以每次收入额为应纳税所得额。劳务报酬所得、稿酬所得、特许权使用费所得以收入减除 20% 的费用后的余额为收入额。稿酬所得的收入额减按 70% 计算。

非居民个人取得工资、薪金所得,劳务报酬所得,稿酬所得,特许权使用费所得税税率表,如表6-3所示。

筹划思路

非居民个人在提供劳务时,一般情况下,接受劳务的单位只是定额地支付劳务报酬,非居民个人的相关费用由自己承担。但是,非居民个人也可以和接受劳务单位进行协商,在合法合理的前提下,通过变换提供劳务的地点等方式,将相关费用转移到接受劳务单位的身上,然后通过适当降低劳务报酬的方法对接受劳务单位进行补偿。这样做,接受劳务单位没有损失,非居民个人的实际收入也没有减少,但由于劳务报酬(名义收入)降低了,于是可以降低个人所得税税负。

筹划过程

方案一:乔治去广州的甲公司为高管王某讲课,乔治可从甲公司获取税前劳务报酬收入120 000元,但有关交通费、食宿费等由乔治自理,乔治共支出30 000元。

乔治劳务报酬的应纳税所得额 = 120 000×(1-20%) = 96 000(元)

乔治应纳个人所得税 = 96 000×45%-15 160 = 28 040(元)

乔治税后净收入 = 120 000-30 000-28 040 = 61 960(元)

方案二:广州甲公司的高管王某去北京听乔治讲课,乔治可从甲公司获取税前劳务报酬收入90 000元,高管王某去北京的交通费、食宿费30 000元由甲公司承担。

乔治劳务报酬的应纳税所得额 = 90 000×(1-20%) = 72 000(元)

乔治应纳个人所得税 = 72 000×35%-7 160 = 18 040(元)

乔治税后净收入 = 90 000-18 040 = 71 960(元)

筹划结论

方案二比方案一少缴纳个人所得税10 000元(28 040-18 040),多获取税后净收入10 000元(71 960-61 960),因此应当选择方案二。

筹划点评

通过将费用合理合法地转移到接受劳务的单位身上的同时降低个人的名义报酬,从而降低了个人所得税的计税依据,进而降低了个人所得税税负。需要注意的是,本案例的思路同样适用于居民个人。

6.7 非居民个人工资、薪金所得与劳务报酬所得相互转换的纳税筹划

案例导入

【例6-7】非居民个人麦克(美国人)是一名设计师,202×年1—4月在中国境内,其他时间回美国。202×年1—4月有两种工作方案可供选择。方案一:与中国甲公司签订劳务

合同，202×年1—4月每月可取得税前劳务报酬收入6 000元。方案二：与中国甲公司签订劳动合同，202×年1—4月每月可取得税前工资、薪金收入6 000元。假设无论确定何种用工关系，对企业和个人的其他方面不产生影响。假设不考虑增值税因素。请对其进行纳税筹划。

税法依据

非居民个人的工资、薪金所得，以每月收入额减除费用5 000元后的余额为应纳税所得额；劳务报酬所得、稿酬所得、特许权使用费所得，以每次收入额为应纳税所得额。

劳务报酬所得、稿酬所得、特许权使用费所得以收入减除20%的费用后的余额为收入额。稿酬所得的收入额减按70%计算。

非居民个人取得工资、薪金所得，劳务报酬所得，稿酬所得，特许权使用费所得税税率表，如表6-3所示。

筹划思路

由于非居民个人工资、薪金所得与劳务报酬所得的费用扣除金额或方式不同（非居民个人工资、薪金所得以每月收入额减除费用5 000元后的余额为应纳税所得额；非居民个人劳务报酬所得以每次收入减除20%的费用后的余额为每次收入额，即应纳税所得额），因此相同数额的收入，是按工资、薪金所得纳税，还是按劳务报酬所得纳税，其应纳税所得额是不同的，由此计算的个人所得税额也是不同的。通过测算不同所得的个人所得税税负，便可以选择最佳方案。

筹划过程

方案一：与中国甲公司签订劳务合同，202×年1—4月每月可取得税前劳务报酬收入6 000元。

麦克每月劳务报酬所得的应纳税所得额 = 6 000×(1-20%) = 4 800（元）
麦克每月劳务报酬所得的应纳个人所得税 = 4 800×10% -210 = 270（元）
麦克202×年1—4月工资、薪金所得的应纳个人所得税合计 = 270×4 = 1 080（元）

方案二：与中国甲公司签订劳动合同，202×年1—4月每月可取得税前工资、薪金收入6 000元。

麦克每月工资、薪金所得的应纳税所得额 = 6 000-5 000 = 1 000（元）
麦克每月工资、薪金所得的应纳个人所得税 = 1 000×3% = 30（元）
麦克202×年1—4月工资、薪金所得的应纳个人所得税合计 = 30×4 = 120（元）

筹划结论

方案二比方案一少缴纳个人所得税960元（1 080-120），因此应当选择方案二。

筹划点评

设非居民个人工资、薪金所得和劳务报酬所得的应纳税所得额相等时的收入额为A。令$A(1-20\%) = A-5 000$，得出$A = 25 000$（元）。也就是说，当非居民个人的税前收入为

25 000 元时，非居民个人取得工资、薪金所得或者劳务报酬所得，其应纳税所得额是一样的，个人所得税税负也是一样的，此时既可以选择取得工资、薪金所得，又可以选择取得劳务报酬所得；当非居民个人的税前收入大于 25 000 元时，非居民个人取得劳务报酬所得的应纳税所得额小于工资、薪金所得的应纳税所得额，此时应当选择取得劳务报酬所得；当非居民个人的税前收入小于 25 000 元时，非居民个人取得工资、薪金所得的应纳税所得额小于劳务报酬所得的应纳税所得额，此时应当选择取得工资、薪金所得。另外，需要注意的是，工资、薪金收入与劳务报酬收入都是劳动所得，两者最大的区别在于提供劳动的个人与接受其劳动的单位或个人签订了存在雇佣关系的劳动合同还是存在非雇佣关系的劳务合同。此外，对于属于增值税征收范围的劳务报酬所得和特许权使用费所得，若达到起征点，还需要缴纳增值税；并且还可能缴纳城市维护建设税、教育费附加。因此，纳税人应当综合测算，以作出最终的决策。

6.8 居民个人股东取得红利与工资、薪金选择的纳税筹划

案例导入

【例 6-8】甲公司是由四个股东每人出资 120 万元成立的有限责任公司，四个股东的持股比例各占 25%。202×年度，甲公司职工人数为 50 人，全年工资、薪金总额为 250 万元，实现税前利润 160 万元（已经扣除了 50 名职工 250 万元的工资、薪金），没有纳税调整项目。202×年度四个股东有两种收入分配方案可供选择。方案一：四个股东不取得工资、薪金，只取得红利。即年终甲公司按照 202×年度净利润的 10% 提取法定盈余公积金，然后将剩余的利润作为红利全部平均分配给股东。方案二：四个股东取得工资、薪金与取得红利相结合。即四个股东每人全年取得工资、薪金 12 万元，且被税务机关认定为合理的工资、薪金支出；年终四个股东每人取得红利 15 万元（27 万-12 万）。方案三：四个股东只取得工资、薪金，不取得红利。即四个股东每人全年取得工资、薪金 27 万元，且被税务机关认定为合理的工资、薪金支出。202×年四个股东每人的专项扣除、专项附加扣除和依法确定的其他扣除合计数均为 6 万元①。四个股东除了上述所得以外没有其他所得。上述工资、薪金均为未扣除个人所得税之前的工资、薪金。请对其进行纳税筹划。

税法依据

下列各项个人所得，应当缴纳个人所得税：（1）工资、薪金所得；（2）劳务报酬所得；（3）稿酬所得；（4）特许权使用费所得；（5）经营所得；（6）利息、股息、红利所得；（7）财产租赁所得；（8）财产转让所得；（9）偶然所得②。

---

① 为教学方便，假设不考虑不同方案的专项扣除、专项附加扣除和依法确定的其他扣除合计数之间的差异，且假设四个股东每人的专项扣除、专项附加扣除和依法确定的其他扣除的实际发生额（假设由四个股东每人自己承担）均为 6 万元。

② 为教学方便，第（6）项至第（9）项所得称为其他所得。

居民个人取得上述第（1）项至第（4）项所得（称为综合所得），按纳税年度合并计算个人所得税；非居民个人取得上述第（1）项至第（4）项所得，按月或者按次分项计算个人所得税。纳税人取得上述第（5）项至第（9）项所得，依照规定分别计算个人所得税。

个人所得税的税率规定如下：（1）综合所得，适用3%至45%的超额累进税率；（2）经营所得，适用5%至35%的超额累进税率；（3）利息、股息、红利所得，财产租赁所得，财产转让所得和偶然所得，适用比例税率，税率为20%。

应纳税所得额的计算，规定如下：（1）居民个人的综合所得，以每一纳税年度的收入额减除费用60 000元以及专项扣除、专项附加扣除和依法确定的其他扣除后的余额，为应纳税所得额。（2）非居民个人的工资、薪金所得，以每月收入额减除费用5 000元后的余额为应纳税所得额；劳务报酬所得、稿酬所得、特许权使用费所得，以每次收入额为应纳税所得额。（3）经营所得，以每一纳税年度的收入总额减除成本、费用以及损失后的余额，为应纳税所得额。（4）财产租赁所得，每次收入不超过4 000元的，减除费用800元；4 000元以上的，减除20%的费用，其余额为应纳税所得额。（5）财产转让所得，以转让财产的收入额减除财产原值和合理费用后的余额，为应纳税所得额。（6）利息、股息、红利所得和偶然所得，以每次收入额为应纳税所得额。

劳务报酬所得、稿酬所得、特许权使用费所得以收入减除20%的费用后的余额为收入额。稿酬所得的收入额减按70%计算。

"合理工资薪金"，是指企业按照股东大会、董事会、薪酬委员会或相关管理机构制定的工资薪金制度规定实际发放给员工的工资薪金。税务机关在对工资薪金进行合理性确认时，可按以下原则掌握：（1）企业制定了较为规范的员工工资薪金制度；（2）企业所制定的工资薪金制度符合行业及地区水平；（3）企业在一定时期所发放的工资薪金是相对固定的，工资薪金的调整是有序进行的；（4）企业对实际发放的工资薪金，已依法履行了代扣代缴个人所得税义务；（5）有关工资薪金的安排，不以减少或逃避税款为目的。

综合所得个人所得税税率表（按年）如表6-1所示。

筹划思路

由于工资、薪金与红利个人所得税税率的不同以及企业所得税税前、税后列支的不同，因此，工资、薪金与红利所导致的个人所得税和企业所得税税负都是不同的，纳税人可以通过测算比较工资、薪金所得与红利所得的税负大小来选择合理的方案。

筹划过程

方案一：四个股东不取得工资、薪金，只取得红利。即年终甲公司按照202×年度净利润的10%提取法定盈余公积金，然后将剩余的利润作为红利全部平均分配给股东。

应纳企业所得税=160×25%=40（万元）

净利润=160-40=120（万元）

提取法定盈余公积金=120×10%=12（万元）

可供分配给股东的利润=120-12=108（万元）

每个股东取得股利=108/4=27（万元）

四个股东利息、股息、红利所得应纳个人所得税合计=27×20%×4=21.6（万元）

由于四个股东不领取工资、薪金,因此四个股东综合所得的应纳个人所得税=0

四个股东的应纳个人所得税合计=21.6+0=21.6(万元)

四个股东税后净收益合计=108-6×4-21.6=62.4(万元)

税负总额=40+21.6=61.6(万元)

方案二:四个股东取得工资、薪金与取得红利相结合。即四个股东每人全年取得工资、薪金12万元,且被税务机关认定为合理的工资、薪金支出;年终四个股东每人取得红利15万元(27万-12万)。

应纳企业所得税=(160-12×4)×25%=28(万元)

净利润=160-12×4-28=84(万元)

提取法定盈余公积金=84×10%=8.4(万元)

可供分配给股东的利润=84-8.4=75.6(万元)

从75.6万元中拿出60万元发放红利,即四个股东每人领取15万元的股利。

四个股东利息、股息、红利所得应纳个人所得税合计=15×20%×4=12(万元)

每个股东的工资、薪金所得的应纳税所得额=12-6-6=0(万元)

每个股东的综合所得的应纳个人所得税=0

四个股东的综合所得的应纳个人所得税=0

四个股东的应纳个人所得税合计=12+0=12(万元)

四个股东税后净收益合计=60+12×4-6×4-12=72(万元)

税负总额=28+12=40(万元)

方案三:四个股东只取得工资、薪金,不取得红利。即四个股东每人全年取得工资、薪金27万元,且被税务机关认定为合理的工资、薪金支出。

应纳企业所得税=(160-27×4)×25%=13(万元)

净利润=160-27×4-13=39(万元)

提取法定盈余公积金=39×10%=3.9(万元)

可供分配给股东的利润=39-3.9=35.1(万元)

由于甲公司不分配红利,因此四个股东的利息、股息、红利所得的应纳个人所得税=0

每个股东的工资、薪金所得的应纳税所得额=27-6-6=15(万元)

每个股东的综合所得的应纳个人所得税=15×20%-1.692=1.308(万元)

四个股东的综合所得的应纳个人所得税=1.308×4=5.232(万元)

四个股东的应纳个人所得税合计=0+5.232=5.232(万元)

四个股东税后净收益合计=27×4-6×4-5.232=78.768(万元)

税负总额=13+5.232=18.232(万元)

筹划结论

方案三比方案二少缴纳企业所得税15万元(28万-13万),方案三比方案一少缴纳企业所得税27万元(40万-13万);方案三比方案二少缴纳个人所得税6.768万元(12万-5.232万),方案三比方案一少缴纳个人所得税16.368万元(21.6万-5.232万);方案三比方案二少缴税共计21.768万元(40万-18.232万),方案三比方案一少缴税共计43.368万元(61.6万-18.232万);方案三比方案二多获取税后净收益6.768万元(78.768万-72

万),方案三比方案一多获取税后净收益16.368万元(78.768万-62.4万)。因此,应当选择方案三。

筹划点评

通过变换个人应税所得的形式有可能会达到降低个人所得税税负的目的,但要注意发放的工资、薪金应当为合理的工资、薪金,以避免被税务机关纳税调整。

6.9 偶然所得临界点的纳税筹划

案例导入

【例6-9】发行体育彩票和社会福利有奖募捐的单位在设立奖项时,有两种方案:一是只设置一等奖每个11 000元,共五个;二是设置一等奖每个10 000元,共五个,二等奖每个1 000元,共五个。请对其进行纳税筹划。

税法依据

偶然所得是个人得奖、中奖、中彩以及其他偶然性质的所得,对偶然所得统一按照20%的比例税率缴纳个人所得税。对个人购买福利彩票、赈灾彩票、体育彩票,一次中奖收入在1万元以下的(含1万元)暂免征收个人所得税;超过1万元的,全额征收个人所得税。

筹划思路

发行体育彩票和社会福利有奖募捐的单位在设立奖项时,应当考虑税收政策的规定,尽量避免刚刚超过1万元的情况出现。

筹划过程

方案一:只设置一等奖每个11 000元,共五个。
　　　　应纳个人所得税共计=11 000×20%×5=11 000(元)
　　　　税后收入=11 000×5-11 000=44 000(元)
方案二:设置一等奖每个10 000元,共五个,二等奖每个1 000元,共五个。
不缴纳个人所得税。
　　　　税后收入=10 000×5+1 000×5=55 000(元)

筹划结论

方案二比方案一少缴纳个人所得税11 000元(11 000-0),因此,应当选择方案二。

筹划点评

只有当奖金超出10 000元达到一定数额时,获奖者才不会感到"吃亏"。下面通过设立方程式求解均衡点。

设奖金为 X，则有：$X(1-20\%) \geq 10\,000$，解得，$X \geq 12\,500$（元）。

也就是说，区间（10 000, 12 500）是非有效区，如果奖金设在这个区间，税后收入反而会低于 10 000 元。因此，发行体育彩票和社会福利有奖募捐的单位在设立奖项时，应当考虑税收政策的规定，要么小于或等于 10 000 万元，要么超过 12 500 元。

6.10 个人捐赠的纳税筹划

案例导入

【例 6-10】居民个人刘某于 20×9 年 1 月转让私有住房一套，取得转让收入 240 000 元，同时将其中的 30 000 元进行捐赠。该套住房购进时的原价为 180 000 元，转让时支付有关税费为 16 000 元。刘某本年只有转让私有住房这一笔收入。请对其进行纳税筹划。

税法依据

财产转让所得，以转让财产的收入额减除财产原值和合理费用后的余额，为应纳税所得额。财产转让所得适用比例税率，税率为 20%。

个人不通过公益性社会团体和国家有关部门，而是直接向受灾对象的捐赠，捐赠额不能在个人所得税税前扣除。

根据《财政部　国家税务总局关于企业等社会力量向红十字事业捐赠有关所得税政策问题的通知》（财税〔2000〕30 号）的规定，自 2000 年 1 月 1 日起，企业、事业单位、社会团体和个人等社会力量，通过非营利性的社会团体和国家机关（包括中国红十字会）向红十字事业的捐赠，在计算缴纳企业所得税和个人所得税时准予全额扣除。

根据《财政部　税务总局关于公益慈善事业捐赠个人所得税政策的公告》（财政部　税务总局公告 2019 年第 99 号），自 2019 年 1 月 1 日起，公益慈善事业捐赠有关个人所得税政策规定如下：

（1）个人通过中华人民共和国境内公益性社会组织、县级以上人民政府及其部门等国家机关，向教育、扶贫、济困等公益慈善事业的捐赠（以下简称公益捐赠），发生的公益捐赠支出，可以按照个人所得税法有关规定在计算应纳税所得额时扣除。

境内公益性社会组织，包括依法设立或登记并按规定条件和程序取得公益性捐赠税前扣除资格的慈善组织、其他社会组织和群众团体。

（2）个人发生的公益捐赠支出金额，按照以下规定确定：

① 捐赠货币性资产的，按照实际捐赠金额确定；

② 捐赠股权、房产的，按照个人持有股权、房产的财产原值确定；

③ 捐赠除股权、房产以外的其他非货币性资产的，按照非货币性资产的市场价格确定。

（3）居民个人按照以下规定扣除公益捐赠支出：

① 居民个人发生的公益捐赠支出可以在财产租赁所得、财产转让所得、利息股息红利所得、偶然所得（以下统称分类所得）、综合所得或者经营所得中扣除。在当期一个所得项

目扣除不完的公益捐赠支出，可以按规定在其他所得项目中继续扣除。

② 居民个人发生的公益捐赠支出，在综合所得、经营所得中扣除的，扣除限额分别为当年综合所得、当年经营所得应纳税所得额的30%；在分类所得中扣除的，扣除限额为当月分类所得应纳税所得额的30%。

③ 居民个人根据各项所得的收入、公益捐赠支出、适用税率等情况，自行决定在综合所得、分类所得、经营所得中扣除的公益捐赠支出的顺序。

（4）居民个人在综合所得中扣除公益捐赠支出的，应按照以下规定处理：

① 居民个人取得工资、薪金所得的，可以选择在预扣预缴时扣除，也可以选择在年度汇算清缴时扣除。

居民个人选择在预扣预缴时扣除的，应按照累计预扣法计算扣除限额，其捐赠当月的扣除限额为截至当月累计应纳税所得额的30%（全额扣除的从其规定，下同）。个人从两处以上取得工资、薪金所得，选择其中一处扣除，选择后当年不得变更。

② 居民个人取得劳务报酬所得、稿酬所得、特许权使用费所得的，预扣预缴时不扣除公益捐赠支出，统一在汇算清缴时扣除。

③ 居民个人取得全年一次性奖金、股权激励等所得，且按规定采取不并入综合所得而单独计税方式处理的，公益捐赠支出扣除比照上述分类所得的扣除规定处理。

（5）居民个人发生的公益捐赠支出，可在捐赠当月取得的分类所得中扣除。当月分类所得应扣除未扣除的公益捐赠支出，可以按照以下规定追补扣除：

① 扣缴义务人已经代扣但尚未解缴税款的，居民个人可以向扣缴义务人提出追补扣除申请，退还已扣税款。

② 扣缴义务人已经代扣且解缴税款的，居民个人可以在公益捐赠之日起90日内提请扣缴义务人向征收税款的税务机关办理更正申报追补扣除，税务机关和扣缴义务人应当予以办理。

③ 居民个人自行申报纳税的，可以在公益捐赠之日起90日内向主管税务机关办理更正申报追补扣除。

居民个人捐赠当月有多项多次分类所得的，应先在其中一项一次分类所得中扣除。已经在分类所得中扣除的公益捐赠支出，不再调整到其他所得中扣除。

（6）在经营所得中扣除公益捐赠支出，应按以下规定处理：

① 个体工商户发生的公益捐赠支出，在其经营所得中扣除。

② 个人独资企业、合伙企业发生的公益捐赠支出，其个人投资者应当按照捐赠年度合伙企业的分配比例（个人独资企业分配比例为100%），计算归属于每一个人投资者的公益捐赠支出，个人投资者应将其归属的个人独资企业、合伙企业公益捐赠支出和本人需要在经营所得中扣除的其他公益捐赠支出合并，在其经营所得中扣除。

③ 在经营所得中扣除公益捐赠支出的，可以选择在预缴税款时扣除，也可以选择在汇算清缴时扣除。

④ 经营所得采取核定征收方式的，不扣除公益捐赠支出。

（7）非居民个人发生的公益捐赠支出，未超过其在公益捐赠支出发生的当月应纳税所得额30%的部分，可以从其应纳税所得额中扣除。扣除不完的公益捐赠支出，可以在经营所得中继续扣除。

非居民个人按规定可以在应纳税所得额中扣除公益捐赠支出而未实际扣除的,可按照上述第(5)条规定追补扣除。

(8) 国务院规定对公益捐赠全额税前扣除的,按照规定执行。个人同时发生按30%扣除和全额扣除的公益捐赠支出,自行选择扣除次序。

(9) 公益性社会组织、国家机关在接受个人捐赠时,应当按照规定开具捐赠票据;个人索取捐赠票据的,应予以开具。

个人发生公益捐赠时不能及时取得捐赠票据的,可以暂时凭公益捐赠银行支付凭证扣除,并向扣缴义务人提供公益捐赠银行支付凭证复印件。个人应在捐赠之日起90日内向扣缴义务人补充提供捐赠票据,如果个人未按规定提供捐赠票据的,扣缴义务人应在30日内向主管税务机关报告。

机关、企事业单位统一组织员工开展公益捐赠的,纳税人可以凭汇总开具的捐赠票据和员工明细单扣除。

(10) 个人通过扣缴义务人享受公益捐赠扣除政策,应当告知扣缴义务人符合条件可扣除的公益捐赠支出金额,并提供捐赠票据的复印件,其中捐赠股权、房产的还应出示财产原值证明。扣缴义务人应当按照规定在预扣预缴、代扣代缴税款时予以扣除,并将公益捐赠扣除金额告知纳税人。

个人自行办理或扣缴义务人为个人办理公益捐赠扣除的,应当在申报时一并报送"个人所得税公益慈善事业捐赠扣除明细表"。个人应留存捐赠票据,留存期限为5年。

筹划思路

个人在选择捐赠对象时,首先选择通过非营利性的社会团体和国家机关向红十字公益事业等进行捐赠,其次选择通过非营利性的社会团体和政府部门进行公益性捐赠;最后选择直接向受灾对象的捐赠。

筹划过程

方案一:直接捐赠30 000元。

此时,捐赠额不能在个人所得税税前扣除。

应纳个人所得税=(240 000-180 000-16 000)×20%=8 800(元)

方案二:通过中国境内的社会团体、国家机关捐赠30 000元。

此时,捐赠额在缴纳个人所得税前限额扣除。

允许在个人所得税税前扣除的捐赠限额=(240 000-180 000-16 000)×30%
=13 200(元)

实际捐赠额(30 000元)大于捐赠限额(13 200元),只能按捐赠限额作为允许扣除的捐赠额,来计算应纳个人所得税税额。

应纳个人所得税=(240 000-180 000-16 000-13 200)×20%=6 160(元)

方案三:个人将其所得通过非营利性的社会团体和国家机关向红十字公益事业等捐赠30 000元。

此时,捐赠额在缴纳个人所得税前准予全额扣除。

应纳个人所得税＝(240 000－180 000－16 000－30 000)×20%＝2 800(元)

筹划结论

方案三比方案二少缴纳个人所得税3 360元(6 160－2 800)，方案三比方案一少缴纳个人所得税6 000元(8 800－2 800)，因此应当选择方案三。

筹划点评

公益性捐赠有时会出现捐赠对象错位、捐赠不及时，甚至捐赠资金被挪用的情况，可能会影响捐赠效果。在这种情况下，不如直接捐赠。

关键词

纳税人身份　居民个人按年均衡综合所得　居民个人子女教育专项附加扣除方式　非居民个人增加取得劳务报酬所得次数　稿酬所得　偶然所得临界点　个人捐赠

能力训练

一、单项选择题

1. 在中国境内有住所，或者无住所而一个纳税年度内在中国境内居住累计满（　　）天的个人，为居民个人。

A. 30　　　　B. 90　　　　C. 183　　　　D. 365

2. 扣缴义务人所扣个人所得税税款缴入国库的期限是（　　）。

A. 次月1—5日内　　　　B. 次月1—10日内
C. 次月1—15日内　　　　D. 次月1—7日内

3. 自2019年1月1日起，居民个人的综合所得，以每一纳税年度的收入额减除费用（　　）元以及专项扣除、专项附加扣除和依法确定的其他扣除后的余额，为应纳税所得额。

A. 40 000　　　B. 50 000　　　C. 60 000　　　D. 70 000

4. 我国居民个人李某202×年每月取得税前工资、薪金收入10 000元，另外202×年5月取得税前劳务报酬收入40 000元。李某202×年专项扣除、专项附加扣除和依法确定的其他扣除共计40 000元。李某202×年无其他收入，则李某202×年应缴纳的个人所得税为（　　）元。

A. 2 100　　　B. 2 680　　　C. 3 100　　　D. 3 680

5. 非居民个人在中国境内从两处以上取得工资、薪金所得的，应当在取得所得的（　　）申报纳税。

A. 次月10日内　B. 次月15日内　C. 次年3月31前　D. 次年6月30日前

6. 在中国境内无住所的个人，在中国境内居住累计满183天的年度连续不满（　　）年的，经向主管税务机关备案，其来源于中国境外且由境外单位或者个人支付的所得，免予缴纳个人所得税。

A. 5　　　　　　　B. 6　　　　　　　C. 8　　　　　　　D. 10

7. 下列关于继续教育个人所得税专项附加扣除的说法中,错误的是(　　)。

A. 纳税人在中国境内接受学历(学位)继续教育的支出,在学历(学位)教育期间按照每月 400 元定额扣除

B. 同一学历(学位)继续教育的扣除期限不能超过 48 个月

C. 纳税人接受技能人员职业资格继续教育、专业技术人员职业资格继续教育的支出,在取得相关证书的当年,按照 3 600 元定额扣除

D. 个人接受本科及以上学历(学位)继续教育,符合规定扣除条件的,可以选择由其父母扣除,也可以选择由本人扣除

8. 下列项目中,不属于工资薪金所得的是(　　)。

A. 加班费　　　　B. 特殊工种补助　　　　C. 独生子女补贴　　　　D. 奖金

9. 下列关于大病医疗个人所得税专项附加扣除的说法中,正确的是(　　)。

A. 在一个纳税年度内,纳税人发生的与基本医保相关的医药费用支出,扣除医保报销后个人负担(指医保目录范围内的自付部分)累计超过 15 000 元的部分,由纳税人在办理年度汇算清缴时,在 80 000 元限额内据实扣除

B. 纳税人发生的医药费用支出可以选择由本人或者其配偶扣除;子女发生的医药费用支出可以选择由其父母一方扣除

C. 在一个纳税年度内,纳税人发生的与基本医保相关的医药费用支出,扣除医保报销后个人负担(指医保目录范围内的自付部分)累计超过 10 000 元的部分,由纳税人在办理年度汇算清缴时,在 60 000 元限额内据实扣除

D. 纳税人发生的医药费用支出只能由本人扣除

二、多项选择题

1. 下列各项中,属于综合所得的有(　　)。

A. 经营所得　　　B. 劳务报酬所得　　　C. 稿酬所得　　　D. 特许权使用费所得

2. 下列各项中,按照"特许权使用费所得"项目缴纳个人所得税的有(　　)。

A. 作家的小说出版而取得的收入

B. 作家公开拍卖自己的文字作品手稿复印件的收入

C. 个人转让商标权使用权取得的收入

D. 个人因从事彩票代销业务取得的所得

3. 下列各项中,免予缴纳个人所得税的有(　　)。

A. 原某购买发票中奖 1 000 元　　　　B. 著名作家莫言获得的诺贝尔文学奖奖金

C. 于某取得的军人转业费　　　　　　D. 杨某退休后按月领取的基本养老金

4. 下列各项中,属于劳务报酬所得的有(　　)。

A. 个人艺术品展卖取得的报酬

B. 提供著作的版权而取得的报酬

C. 将国外的作品翻译出版取得的报酬

D. 专家学者受出版社委托进行审稿取得的报酬

5. 下列各项中，以取得的收入为应纳税所得额直接计征个人所得税的有（　　）。

A. 红利所得　　　　B. 偶然所得　　　　C. 股息所得　　　　D. 特许权使用费所得

6. 根据个人所得税法律制度的规定，下列各项中，不属于工资、薪金所得项目的有（　　）。

A. 劳动分红

B. 托儿补助费

C. 独生子女补贴

D. 执行公务员工资制度未纳入基本工资总额的补贴、津贴差额和家属成员的副食补贴

7. 自2019年1月1日起，居民个人的综合所得，以每一纳税年度的收入额减除费用60 000元以及专项扣除、专项附加扣除和依法确定的其他扣除后的余额，为应纳税所得额。专项扣除，包括（　　）。

A. 居民个人按照国家规定的范围和标准缴纳的基本养老保险

B. 居民个人按照国家规定的范围和标准缴纳的基本医疗保险

C. 居民个人按照国家规定的范围和标准缴纳的失业保险

D. 居民个人所在单位为其按照国家规定的范围和标准缴纳的住房公积金

8. 下列关于住房贷款利息个人所得税专项附加扣除的说法中，正确的有（　　）。

A. 纳税人本人或者配偶单独或者共同使用商业银行或者住房公积金个人住房贷款为本人或者其配偶购买中国境内住房，发生的首套住房贷款利息支出，在实际发生贷款利息的年度，按照每月1 000元的标准定额扣除，扣除期限最长不超过240个月

B. 纳税人可以多次享受首套住房贷款的利息扣除

C. 首套住房贷款是指购买住房享受首套住房贷款利率的住房贷款

D. 经夫妻双方约定，可以选择由其中一方扣除，也可以由夫妻双方分别按扣除标准的50%扣除，具体扣除方式在一个纳税年度内不能变更

9. 某退休职工202×年10月取得的下列所得中，需要缴纳个人所得税的有（　　）。

A. 退休工资20 000元　　　　　　　B. 股票红利800元

C. 中奖收入80 000元　　　　　　　D. 房屋租赁收入100 000元

10. 下列各项中，在计算个人所得税时，不得减除费用的有（　　）。

A. 劳务报酬所得　　　　　　　　　B. 偶然所得

C. 特许权使用费所得　　　　　　　D. 利息、股息、红利所得

三、判断题

1. 对个人按市场价格出租居民住房，适用个人所得税税率为10%。（　　）

2. 个人审稿取得的收入按稿酬所得计税。（　　）

3. 扣缴义务人对纳税人的应扣未扣税款应由扣缴义务人予以补缴。（　　）

4. 专项扣除、专项附加扣除和依法确定的其他扣除，以居民个人一个纳税年度的应纳税所得额为限额；一个纳税年度扣除不完的，可以结转以后年度扣除，但最长不超过5年。

（　　）

5. 对个人购买福利彩票、赈灾彩票和体育彩票,一次中奖收入在1万元以下(含1万元)的暂免征收个人所得税;超过1万元的,按差额征收个人所得税。( )

6. 个人独资企业和个人合伙企业投资者也为个人所得税的纳税义务人。( )

7. 自2008年10月9日起,对储蓄存款利息所得暂免征收个人所得税。( )

8. 个人将其所得通过中国境内非营利的社会团体、国家机关向教育、公益事业和遭受严重自然灾害地区、贫困地区的捐赠,捐赠额不超过应纳税所得额的30%的部分,可以从其应纳税所得额中扣除。( )

9. 个人购买国债和国家发行的金融债券所取得的利息,免征个人所得税;企业购买国债和国家发行的金融债券所取得的利息,也免征企业所得税。( )

10. 个人转让自用达五年以上并且是唯一的家庭生活用房取得的所得,暂免征收个人所得税。( )

11. 扣缴义务人未将扣缴的税款解缴入库的,纳税人不可以申请退税。( )

四、案例题

1. 王某和李某于202×年2月分别因购买体育彩票而中奖,王某获得奖金11 000元,李某获得奖金10 000元,试问两者谁获益多?

2. 居民个人张某202×年为我国甲公司提供设计服务,若与甲公司签订的是劳务合同,则张某预计全年可取得税前佣金收入150 000元;若与甲公司签订的是雇佣合同,则张某预计全年可取得税前工资、薪金收入也为150 000元。当年王某的专项扣除、专项附加扣除和依法确定的其他扣除合计40 000元。张某202×年没有其他收入。无论确定何种用工关系,对企业和个人的其他方面不产生影响。假设不考虑增值税因素。请对其进行纳税筹划。

3. 非居民个人汤姆202×年1—3月为我国甲公司提供设计服务,若与甲公司签订的是劳务合同,则汤姆预计每月可取得佣金收入40 000元;若与甲公司签订的是雇佣合同,则汤姆预计每月可取得工资、薪金收入也为40 000元。无论确定何种用工关系,对企业和个人的其他方面不产生影响。上述收入为税前收入,均来源于中国境内,且不享受免税优惠政策。假设不考虑增值税因素。请对其进行纳税筹划。

五、思考题

1. 如何通过选择个人所得税纳税人身份进行纳税筹划?
2. 居民个人在什么情况下应当通过按年均衡综合所得来进行纳税筹划?
3. 居民个人如何对子女教育专项附加扣除的方式进行选择?
4. 如何利用非居民个人工资、薪金所得与劳务报酬所得之间的转换进行纳税筹划?
5. 个人捐赠时如何进行纳税筹划?
6. 发行彩票和社会福利有奖募捐的单位在设立奖项金额时,应当考虑什么问题?

第 7 章

其他税种的纳税筹划

能力目标
(1) 能对关税进行纳税筹划。
(2) 能对城市维护建设税进行纳税筹划。
(3) 能对资源税进行纳税筹划。
(4) 能对土地增值税进行纳税筹划。
(5) 能对城镇土地使用税进行纳税筹划。
(6) 能对房产税进行纳税筹划。
(7) 能对车船税进行纳税筹划。
(8) 能对车辆购置税进行纳税筹划。
(9) 能对印花税进行纳税筹划。
(10) 能对契税进行纳税筹划。

7.1 关税的纳税筹划

7.1.1 进口货物完税价格的纳税筹划

案例导入

【例 7-1】甲公司欲从境外引进钢结构产品自动生产线,可选择从英国或美国进口。若从美国进口,境外成交价格(FOB)1 700 万元。该生产线运抵我国输入地点起卸前的运费和保险费 100 万元,另支付由买方负担的经纪费 10 万元,买方负担的包装材料和包装劳务费 50 万元,与生产线有关的境外开发设计费用 50 万元。若从英国进口,境外成交价格(FOB)1 600 万元。该生产线运抵我国输入地点起卸前的运费和保险费 120 万元,另支付由买方负担的经纪费 10 万元,买方负担的包装材料和包装劳务费 30 万元,与生产线有关的境外开发设计费用 100 万元。关税税率均为 30%,请对其进行纳税筹划。

税法依据

进口货物的完税价格由海关以货物的成交价格为基础审查确定,并应当包括该货物运抵中华人民共和国境内输入地点起卸前的运输及其相关费用、保险费。成交价格是指买方为购买该货物,并按有关规定调整后的实付或应付价格。下列费用,如能与该货物实付或者应付价格区分,不得计入完税价格:① 厂房、机械、设备等货物进口后的基建、安装、装配、维修和技术服务的费用;② 货物运抵境内输入地点之后的运输费用;③ 进口关税及其他国内税;④ 为在境内复制进口货物而支付的费用;⑤ 境内外技术培训与境外考察费用。

筹划思路

关税纳税人进口货物时,应当选择同类货物中成交价格比较低或运输、保险费等相对低的货物,以降低完税价格,从而降低进口关税。

筹划过程

方案一:若从美国进口。

$$关税完税价格 = 1\,700 + 100 + 10 + 50 + 50 = 1\,910（万元）$$
$$应纳关税 = 1\,910 \times 30\% = 573（万元）$$
$$应纳增值税 = (1\,910 + 573) \times 13\% = 322.79（万元）$$

方案二:若从英国进口。

$$关税完税价格 = 1\,600 + 120 + 10 + 30 + 100 = 1\,860（万元）$$
$$应纳关税 = 1\,860 \times 30\% = 558（万元）$$
$$应纳增值税 = (1\,860 + 558) \times 13\% = 314.34（万元）$$

筹划结论

方案二比方案一少缴纳关税 15 万元（573 万 − 558 万）,少缴纳增值税 8.45 万元（322.79 万 − 314.34 万）,因此,应当选择方案二。

筹划点评

进口货物时,不能仅仅考虑关税税负,还应考虑货物质量、售后服务等多种因素,以便作出合理的进口方案。

7.1.2 稀缺商品估定完税价格的纳税筹划

案例导入

【例7-2】日本 A 公司刚刚开发了一种最新高新技术产品,尚未形成确定的市场价格,但我国甲公司预计其未来的市场价格将远远高于目前市场上的类似产品价格,预计未来的市场价格将达到 100 万元。最终,甲公司以 80 万元的价格与日本 A 公司成交,而其类似产品的市场价格仅为 50 万元。假设关税税率为 30%,请对其进行纳税筹划。

税法依据

进口货物的价格不符合成交价格条件或者成交价格不能确定的,由海关估定。海关一般按以下次序对完税价格进行估定:相同货物成交价格估价方法、类似货物成交价格估价方法、倒扣价格估价方法、计算价格估价方法及其他合理估价方法。

筹划思路

对于一般进口货物,国内、国外市场均有参考价格,其纳税筹划的空间不大,但对于稀缺商品,如高新技术产品、特种资源、新产品等,由于这些产品没有确定的市场价格,而其预期的市场价格一般要远远高于市场类似产品的价格,也就为进口完税价格的申报留下了较大的纳税筹划空间,企业可以用市场类似产品的价格来进行申报,从而通过降低完税价格来降低关税。

筹划过程

方案一:甲公司以 80 万元作为关税完税价格申报。

$$应纳关税 = 80 \times 30\% = 24（万元）$$

方案二:甲公司以 50 万元作为关税完税价格申报。

由于类似产品的市场价格仅为 50 万元,海关工作人员一般会认为 50 万元为合理的完税价格,于是便征税放行。

$$应纳关税 = 50 \times 30\% = 15（万元）$$

筹划结论

方案二比方案一少缴纳关税 9 万元（24 万 - 15 万）,因此,应当选择方案二。

筹划点评

上述方案二属于典型的避税筹划方案,企业最好不要用,以规避未来被海关进行纳税调整或处罚的危险。

7.1.3 选择进口零部件或产成品的纳税筹划

案例导入

【例 7-3】甲公司是一家德国汽车生产企业,在中国设立乙公司作为自己的汽车销售公司。现由乙公司从甲公司进口 100 辆小汽车,每辆小汽车的关税完税价格为 20 万元,适用进口环节的关税税率为 15%,消费税税率为 5%,增值税税率为 13%。如果甲公司将乙公司变更为自己的汽车组装兼销售公司,并将乙公司原来进口整装小汽车的方式改为先进口散装汽车零部件后组装成小汽车的方式,则乙公司以每辆小汽车的全套散装零部件 15 万元的关税完税价格从甲公司进口散装零部件,这样,散装零部件进口环节关税税率降为 6%。请对其进行纳税筹划。

税法依据

自 2018 年 7 月 1 日起,将税率分别为 25%、20% 的汽车整车关税降至 15%;将税率分别为 8%、10%、15%、20%、25% 的汽车零部件关税降至 6%。

筹划思路

原材料、零部件与成品的关税税率相比,原材料和零部件的关税税率最低,半成品次之,产成品的税率最高。企业在条件允许的情况下,可以考虑先进口原材料和零部件,然后再进行加工、生产或组装成最终的产成品,这样可以在进口环节降低相关税负。

筹划过程

方案一:乙公司以每辆小汽车 20 万元的关税完税价格从甲公司进口 100 辆小汽车。

乙公司进口环节应纳关税 = 20×100×15% = 300(万元)

乙公司进口环节应纳消费税 = [(20×100+300)/(1-5%)]×5% = 121.05(万元)

乙公司进口环节应纳增值税 = [(20×100+300)/(1-5%)]×13% = 314.74(万元)

乙公司应纳税额合计 = 300+121.05+314.74 = 735.79(万元)

方案二:乙公司以每辆小汽车的全套散装零部件 15 万元的关税完税价格从甲公司进口 100 辆小汽车的散装零部件。

乙公司进口环节应纳关税 = 15×100×6% = 90(万元)

这种情况下,乙公司进口环节不需缴纳消费税,则

乙公司进口环节应纳增值税 = (15×100+90)×13% = 206.7(万元)

乙公司应纳税额合计 = 90+206.7 = 296.7(万元)

筹划结论

方案二比方案一进口环节少缴纳关税 210 万元(300 万-90 万),少缴税合计 439.09 万元(735.79 万-296.7 万),因此应当选择方案二。

筹划点评

虽然增值税的一部分和消费税在以后生产环节还需要缴纳,但这却延缓了纳税时间,充分利用了资金的时间价值。仅从关税的减少额而言,本例中方案二至少使得乙公司少缴纳关税 210 万元。

7.1.4 选购国外礼品的纳税筹划

案例导入

【例 7-4】王先生在国外欲购买礼物送给他儿子,根据自己儿子的需要,王先生可以选择购买通过镜头取景的照相机,其价格为 9 000 元,进口关税税率为 25%;也可以选择购买机械指示式的贵金属电子手表,其价格也为 9 000 元,进口关税税率为 11%。请对其进行纳税筹划。

税法依据

关税的征税对象是准允进出境的货物和物品。其中,货物是指贸易性商品;物品是非贸易性商品,包括入境旅客随身携带的行李和物品、个人邮递物品、各种运输工具上的服务人员携带进口的日用物品、馈赠物品以及其他方式进入境内的个人物品。对物品征收的进口税包括

关税、代征的国内增值税和消费税。纳税人是入境行李物品的携带人和进口邮件的收件人。

筹划思路

我国税法对烟、酒、化妆品、金银及其制品、包金饰品、纺织品和制成品、电器用具、手表、照相机、录像机、汽车等关税税率的规定差异很大。若某人想在国外购买礼物然后回国馈赠亲朋，可以选择购买税率较低的外国商品，以达到降低进口关税的目的。

筹划过程

方案一：购买通过镜头取景的照相机作为礼物。

$$应纳关税 = 9\,000 \times 25\% = 2\,250（元）$$

方案二：购买机械指示式的贵金属电子手表作为礼物。

$$应纳关税 = 9\,000 \times 11\% = 990（元）$$

筹划结论

方案二比方案一少缴纳关税 1 260 元（2 250−990），因此，应当选择方案二。

筹划点评

购买礼品不能单纯地从关税税负大小上去考虑，还应考虑到个人的爱好、需要等很多方面。

7.2 城市维护建设税的纳税筹划

7.2.1 企业选址的纳税筹划

案例导入

【例 7-5】甲公司在设立选址时有两个地方可以选择：一是设在市区，二是设在县城，假设无论选择哪种方案，都不会影响其经济效益，且当期增值税和消费税合计为 100 万元。请对其进行纳税筹划。

税法依据

纳税人所在地在市区的，城市维护建设税税率为 7%；在县城、镇的，税率为 5%；不在市区、县城或镇的税率为 1%。

筹划思路

由于不同的地区，规定了不同的城市维护建设税税率，因此企业可以根据自身的情况，在不影响经济效益的前提下，选择城市维护建设税适用税率低的区域设立企业，这样不仅可以少缴城市维护建设税，而且还能降低房产税与城镇土地使用税的税负。

筹划过程

方案一：设在市区。

应纳城市维护建设税 = 100×7% = 7（万元）

方案二：设在县城。

应纳城市维护建设税 = 100×5% = 5（万元）

筹划结论

方案二比方案一少缴纳城市维护建设税 2 万元（7 万 - 5 万），因此，应当选择方案二。

筹划点评

将企业设在县城，在有些情况下，有可能影响企业的生产经营业绩。企业不能只是单纯地考虑城市维护建设税税负因素来对企业进行选址。

7.2.2 根据地址选择受托方的纳税筹划

案例导入

【例 7-6】甲公司 202×年拟委托加工一批高档化妆品，由受托加工单位代收代缴消费税 500 万元。现有两个受托单位可以选择：一是设在市区的乙公司，二是设在县城的丙公司。请对其进行纳税筹划。

税法依据

由受托方代扣代缴、代收代缴增值税和消费税的单位与个人，其代扣代缴、代收代缴的城市维护建设税按受托方所在地适用税率执行。

筹划思路

纳税人在进行委托时，可以选择城市维护建设税税率低的地区的受托单位来进行委托。

筹划过程

方案一：选择设在市区的乙公司作为受托方。

甲公司支付给乙公司的城市维护建设税（由乙公司从甲公司代收代缴）

= 500×7% = 35（万元）

方案二：选择设在县城的丙公司作为受托方。

甲公司支付给丙公司的城市维护建设税（由丙公司从甲公司代收代缴）

= 500×5% = 25（万元）

筹划结论

方案二比方案一甲公司少支付城市维护建设税 10 万元（35 万 - 25 万），因此，应当选择方案二。

筹划点评

企业不能只考虑受托方的地址,还应考虑受托方的信誉、加工质量等各种因素。

7.2.3 降低城市维护建设税计税依据的纳税筹划

案例导入

【例7-7】甲公司为增值税一般纳税人,202×年该企业实际缴纳增值税100万元,当地适用的城市维护建设税税率为7%。请对其进行纳税筹划。

税法依据

城市维护建设税的计税依据是纳税人实际缴纳的增值税、消费税税额之和。

筹划思路

企业可以通过合理合法的手段降低应纳增值税、消费税等税额,从而可以减少城市维护建设税的计税依据,进而可以降低企业税负。

筹划过程

方案一:实际缴纳增值税100万元。

应纳城市维护建设税 = 100×7% = 7(万元)

方案二:通过合理的手段将实际缴纳增值税减少至90万元。

应纳城市维护建设税 = 90×7% = 6.3(万元)

筹划结论

方案二比方案一少缴纳城市维护建设税0.7万元(7万-6.3万),因此,应当选择方案二。

筹划点评

做好增值税、消费税的纳税筹划,自然会节省城市维护建设税税负,因此,做好增值税、消费税的纳税筹划十分重要。

7.3 资源税的纳税筹划

7.3.1 分别核算的纳税筹划

案例导入

【例7-8】甲公司为一家矿业开采企业,202×年1月共开采销售原油取得收入100万元(不含增值税),开采销售天然气取得收入50万元(不含增值税)。原油适用税率为其销售额的 8%，天然气适用税率为其销售额的 6%。请对其进行纳税筹划。

税法依据

原油、天然气税率均为销售额的 6%～10%。

纳税人开采或者生产不同税目应税产品的，应当分别核算不同税目应税产品的销售额或销售数量；未分别核算或者不能准确提供不同税目应税产品的销售额或者销售数量的，从高适用税率。

筹划思路

纳税人一方面应当分清应税项目与减免税项目，单独核算销售额或销售数量；另一方面，应当分别核算不同税目、不同税率应税产品的销售额或销售数量，以分别适用各自的税率，从而避免从高适用税率计税，达到降低税负的目的。

筹划过程

方案一：未将原油、天然气分别核算。

$$应纳资源税 = (100+50) \times 8\% = 12（万元）$$

方案二：将原油、天然气分别核算。

$$应纳资源税 = 100 \times 8\% + 50 \times 6\% = 11（万元）$$

筹划结论

方案二比方案一少缴纳资源税 1 万元（12 万 − 11 万），因此，应当选择分别核算。

筹划点评

分别核算会增加一部分核算支出，但相对于省下的税来说，一般情况下是值得的。

7.3.2 运杂费用的纳税筹划

案例导入

【例 7-9】 甲煤矿 202×年 1 月开采原煤 100 万吨，当月对外销售 90 万吨。该煤矿每吨原煤售价（含增值税）为 550 元（含从坑口或者洗选（加工）地到车站、码头或者购买方指定地点的运输费用、建设基金以及随运销产生的装卸、仓储、港杂费用等运杂费用 50 元，且未取得相关运杂费用的增值税发票或者其他合法有效凭据），适用的资源税税率为 5%。

税法依据

资源税从价定率征收的计税依据为应税产品的销售额。

资源税应税产品（简称应税产品）的销售额，按照纳税人销售应税产品向购买方收取的全部价款确定，不包括增值税税款。

计入销售额中的相关运杂费用，凡取得增值税发票或者其他合法有效凭据的，准予从销售额中扣除。相关运杂费用是指应税产品从坑口或者洗选（加工）地到车站、码头或者购买方指定地点的运输费用、建设基金以及随运销产生的装卸、仓储、港杂费用。

纳税人扣减的运杂费用明显偏高导致应税产品价格偏低且无正当理由的，主管税务机关可以合理调整计税价格。

纳税人将其开采的应税产品直接出口的，按其离岸价格（不含增值税）计算销售额征收资源税。

筹划思路

企业在销售应税产品时应当将运杂费用与销售额分别核算，并取得相关运杂费用的增值税发票或者其他合法有效凭据，以避免运杂费用并入销售额一并计征资源税。

筹划过程

方案一：未取得相关运杂费用的增值税发票或者其他合法有效凭据。

应纳资源税＝[90×550/(1+13%)]×5%＝2 190.27（万元）

方案二：取得相关运杂费用的增值税发票或者其他合法有效凭据，且与计税销售额分别进行核算。

应纳资源税＝[90×(550-50)/(1+13%)]×5%＝1 991.15（万元）

筹划结论

方案二比方案一少缴纳资源税199.12万元（2 190.27万-1 991.15万），因此，应当选择方案二。

筹划点评

分别核算在一定程度上会加大核算成本，但与节税额相比较，是非常合算的。

7.4 土地增值税的纳税筹划

7.4.1 利用税收优惠政策的纳税筹划

案例导入

【例7-10】甲公司为一家房地产开发企业，其开发的一批商品房，计划销售价格总额为5 000万元（不含增值税），按税法规定计算的可扣除项目金额为4 000万元。请对其进行纳税筹划。

税法依据

纳税人建造普通标准住宅出售，增值额未超过扣除项目金额的20%时（即增值率未超过20%时），免缴土地增值税；增值额超过扣除项目金额的20%时，应就其全部增值额按规定缴纳土地增值税。

筹划思路

纳税人建造住宅出售的，应考虑增值额增加带来的效益和放弃起征点的优惠而增加的税收负担间的关系，避免增值率稍高于起征点而多纳税款的出现。也就是说，在普通住宅增值率略高于20%时，可通过适当减少销售收入或加大扣除项目金额的方式使增值率控制在20%以内。

筹划过程

方案一：销售价格总额5 000万元（不含增值税），可扣除项目金额为4 000万元。

增值额=5 000-4 000=1 000（万元）

增值率=1 000/4 000=25%

由于增值率为25%，超过20%，因此不能享受免征土地增值税的优惠政策。

经查表，适用30%的税率，则：

应纳土地增值税=1 000×30%=300（万元）

方案二：销售价格总额降为4 800万元（不含增值税），且使得可扣除项目金额仍保持为4 000万元。

增值额=4 800-4 000=800（万元）

增值率=800/4 000=20%

此时，免缴土地增值税。

筹划结论

方案二比方案一少缴纳土地增值税300万元，因此，应当选择方案二。

筹划点评

一方面，虽然减少了销售收入200万元（5 000万-4 800万），但由于少缴了土地增值税300万元，因此总体上仍然减少支出100万元（300万-200万）；另一方面，通过降低销售价格，会扩大销售，实在是一举两得。

7.4.2 房地产开发费用扣除方法选择的纳税筹划

案例导入

【例7-11】甲房地产开发企业202×年5月开发一处房地产，为取得土地使用权支付的金额为1 200万元，房地产开发成本为1 500万元，财务费用中按转让房地产项目计算分摊利息的利息支出为250万元，不超过商业银行同类同期贷款利率。假设该项目所在省政府规定计征土地增值税时，房地产开发费用扣除比例按国家规定允许的最高比例执行。请对其进行纳税筹划。

税法依据

房地产开发费用是指与房地产开发项目有关的销售费用、管理费用和财务费用。当纳税人能够按转让房地产项目计算分摊利息支出，并能提供金融机构贷款证明的，其最多允许扣除的房地产开发费用=利息+（取得土地使用权所支付的金额+房地产开发成本）×

5%以内；纳税人不能按转让房地产项目计算分摊利息支出或不能提供金融机构贷款证明的，其最多允许扣除的房地产开发费用=（取得土地使用权所支付的金额+房地产开发成本）×10%以内。

筹划思路

通过比较两种计算方法下房地产开发费用的多少，选择房地产开发费用较多的方法，从而降低增值额，进而降低土地增值税税负。

筹划过程

方案一：不按转让房地产项目计算分摊利息支出或不提供金融机构贷款证明。

允许扣除的房地产开发费用=（取得土地使用权所支付的金额+房地产开发成本）×10%
$$=(1\,200+1\,500)\times 10\%=270（万元）$$

方案二：按转让房地产项目计算分摊利息支出，并提供金融机构贷款证明。

允许扣除的房地产开发费用=利息+（取得土地使用权所支付的金额+房地产开发成本）×5%
$$=250+(1\,200+1\,500)\times 5\%=385（万元）$$

筹划结论

方案二比方案一多扣除房地产开发费用115万元（385万-270万），因此，应当选择方案二。

筹划点评

如果房地产开发企业进行房地产开发主要依靠负债筹资，利息支出较高，可考虑分摊利息并提供金融机构证明，据实扣除并加扣其他开发费用。如果房地产开发企业进行房地产开发主要依靠权益资本筹资，利息支出较少，则可考虑不计算应分摊的利息，这样可以多扣除房地产开发费用。

7.5 城镇土地使用税的纳税筹划

7.5.1 企业选址的纳税筹划

案例导入

【例7-12】甲公司欲投资建厂，需占用土地10万 m^2。现有两种方案可供选择：一是在某中等城市的城区，当地土地使用税为20元/ m^2；二是在某小城市的城区，当地土地使用税为8元/ m^2。假设该厂不论建在哪里都不会影响企业生产经营。请对其进行纳税筹划。

税法依据

凡在城市、县城、建制镇、工矿区范围内使用土地的单位和个人，为城镇土地使用税的纳税义务人。城镇土地使用税采取的是有幅度的差别定额税率，税额最低（0.6元）与最高（30元）相差50倍。

筹划思路

企业可以结合自身生产经营的需要，从以下四个方面进行考虑：一是将企业设置在城市、县城、建制镇、工矿区以外的农村；二是由于税法允许经济落后地区土地使用税的适用税额标准可以适当降低，经济发达地区土地使用税的适用税额标准可以适当提高，因此可将企业设立在经济落后地区；三是在同一省份内的大、中、小城市以及县城和工矿区之中选择税率低的地区设立企业；四是在同一城市、县城和工矿区之内的不同等级的土地之中选择税率低的土地设立企业。

筹划过程

方案一：在某中等城市的城区建厂。
应纳城镇土地使用税＝10×20＝200（万元）
方案二：在某小城市的城区建厂。
应纳城镇土地使用税＝10×8＝80（万元）

筹划结论

方案二比方案一少缴纳城镇土地使用税120万元（200万－80万），因此，应当选择方案二。

筹划点评

将企业设在城镇土地使用税税率低的地区，有可能影响企业的生产经营业绩。企业不能只是单纯地考虑城镇土地使用税税负因素来对企业进行选址。

7.5.2 分别核算的纳税筹划

案例导入

【例7-13】某市甲公司202×年全年实际占地共计10万 m²。其中，厂房占地8万 m²，办公楼占地8 000 m²，医务室占地2 000 m²，幼儿园占地3 000 m²，厂区内道路及绿化占地7 000 m²。当地城镇土地使用税税额4元/m²，请对其进行纳税筹划。

税法依据

企业办的学校、医院、托儿所、幼儿园，其用地能与企业其他用地明确区分的，可以比照由国家财政部门拨付事业经费的单位自用的土地，免征土地使用税。对企业厂区（包括生产、办公及生活区）以内的绿化用地，应照章征收土地使用税；厂区以外的公共绿化用地和向社会开放的公园用地，暂免征收土地使用税。

筹划思路

企业办的学校、医院、托儿所、幼儿园，其用地应尽量与企业其他用地明确区分，以享受免征城镇土地使用税的优惠。

筹划过程

方案一：各种用地未作明确区分，未分别核算各自面积。

$$应纳城镇土地使用税 = 10 \times 4 = 40（万元）$$

方案二：各种用地进行了明确区分，分别核算各自面积。这样，医务室、幼儿园占地免缴城镇土地使用税。

$$应纳城镇土地使用税 = (10-0.2-0.3) \times 4 = 38（万元）$$

筹划结论

方案二比方案一少缴纳城镇土地使用税2万元（40万-38万），因此，应当选择方案二。

筹划点评

分别核算会增加一部分核算支出，但相对于省下的城镇土地使用税来说，一般情况下是值得的。

7.6 房产税的纳税筹划

7.6.1 降低房产原值的纳税筹划

案例导入

【例7-14】甲公司位于某市市区，该公司除厂房、办公用房外，还包括厂区围墙、烟囱、水塔、变电塔、游泳池、停车场等建筑物，总计工程造价100 000万元，除厂房、办公用房外的建筑设施工程造价20 000万元。假设当地政府规定的扣除比例为30%，请对其进行纳税筹划。

税法依据

房产税在城市、县城、建制镇和工矿区征收，不包括农村。房产是以房屋形态表现的财产。房屋则是指有屋面和围护结构（有墙或两边有柱），能够遮风避雨，可供人们在其中生产、工作、学习、娱乐、居住或储藏物资的场所。独立于房屋之外的建筑物，如围墙、烟囱、水塔、变电塔、油池油柜、酒窖菜窖、酒精池、糖蜜池、室外游泳池、玻璃暖房、砖瓦石灰窑及各种油气罐等，则不属于房产。与房屋不可分离的附属设施，属于房产。

筹划思路

如果将除厂房、办公用房以外的建筑物，如停车场、游泳池等都建成露天的，并且把这些独立建筑物的造价同厂房、办公用房的造价分开，在会计账簿中单独核算，则这部分建筑物的造价不计入房产原值，不缴纳房产税。

筹划过程

方案一：将所有建筑物都作为房产计入房产原值。

应纳房产税 = 100 000×(1-30%)×1.2% = 840（万元）

方案二：将游泳池、停车场等都建成露天的，并且把这些独立建筑物的造价同厂房、办公用房的造价分开，在会计账簿中单独核算。

则这部分建筑物的造价不计入房产原值，不缴纳房产税。

应纳房产税 = (100 000-20 000)×(1-30%)×1.2% = 672（万元）

筹划结论

方案二比方案一少缴纳房产税 168 万元（840 万-672 万），因此，应当选择方案二。

筹划点评

将停车场、游泳池等都建成露天的，并且把这些独立建筑物的造价同厂房、办公用房的造价分开，可以降低房产税的计税依据，从而降低房产税税负，但将停车场、游泳池等建成露天的，有时未必适合企业的需要。

7.6.2 降低租金收入的纳税筹划

案例导入

【例7-15】甲公司为增值税一般纳税人，拥有一写字楼，配套设施齐全，对外出租。当年的全年租金共为 3 000 万元（含增值税），其中含代收的物业管理费 300 万元（含增值税），水电费为 500 万元（含增值税）。请对其进行纳税筹划。

税法依据

房产出租的，房产税采用从租计征方式，以租金收入作为计税依据，按 12% 税率计征。

筹划思路

房屋出租方应当尽量避免通过增加租金的方式向承租方代收物业管理费和水电费，从而避免增加从租计征房产税的计税依据，进而避免增加房产税税负。

筹划过程

方案一：甲公司与承租方签订租赁合同，合同中的租金共为 3 000 万元（含增值税）。

应纳房产税 = [3 000/(1+9%)]×12% = 330.28（万元）

方案二：甲公司与承租方签订租赁合同，合同中的租金降为 2 200 万元（含增值税）。物业管理费 300 万元（含增值税）、水电费 500 万元（含增值税）由承租方直接缴纳给物业公司或者其他相关单位。

应纳房产税 = [(3 000 - 300 - 500)/(1+9%)] × 12% = 242.20（万元）

筹划结论

方案二比方案一少缴纳房产税 88.08 万元（330.28 万 - 242.20 万），因此，应当选择方案二。

筹划点评

目前国家统一的房产税法律文件中均未对租金收入的构成进行明确规定，也并未引入价外费用的概念。这实际上给予了各地税务机关一个较大的自由裁量权限。各地税务机关对于从租计征的房产税计税依据即租金收入是否应包含物业管理费、代收水电费等也是存在不同的意见或观点。例如《辽宁省地方税务局关于明确房产税有关问题的通知》（辽地税函〔2006〕125 号）规定："对出租房屋取得的租金收入应按租金全额计算缴纳房产税。纳税人取得的出租房屋收入中含有水费、电费和物业管理费等费用的，在计算缴纳房产税时，对按照物价部门规定的标准收取，并提供合法、有效凭据，证明其确已交费的部分可给予扣除。"《石家庄市地方税务局关于明确房产税城镇土地使用税若干问题的通知》（石地税发〔2006〕33 号）规定："开发公司或物业管理等单位在向承租人收取出租房屋租金时，又同时收取物业管理费的，在计征房产税时，应按租金收入和物业管理费收入一并计征房产税，但纳税人能够提供代有关部门、企业、单位向业户收取的水费、电费、取暖（冷）费、卫生（清洁）费、保安费等有效合法收费凭证的，经主管地方税务机关核实后，计税时可以从物业管理费收入中扣除。"

7.6.3 修理房屋的纳税筹划

案例导入

【例 7-16】202×年甲公司决定对已有办公楼进行大修理，该办公楼的账面价值是 300 万元，使用年限为 20 年，已使用 15 年，修理后可使该房屋延长使用年限 10 年，现有两个方案可供选择：方案一，对房屋进行修理，自 202×年 1 月 1 日开始，所耗用的时间为五个月，领用生产用原材料 110 万元（购入该原材料取得了增值税普通发票），人工费 17 万元；方案二，耗用相同的成本，自 202×年 1 月 1 日开始，所耗用的时间为 7 个月。假设当地房产原值减除比例为 30%。请对其进行纳税筹划。

税法依据

纳税人因房屋大修导致连续停用半年以上的，在房屋大修理期间免征房产税，免征额由纳税人在申报缴纳房产税时自行计算扣除，并在申报表附表或备注栏中作相应说明。纳税人对原有房屋进行改建、扩建的，要相应增加房屋的原值。

筹划思路

纳税人对房屋的修理，应尽量使房屋停用半年以上，这样可以获取大修理期间免征房产税的税收优惠。

筹划过程

方案一：对房屋进行修理，自 202×年 1 月 1 日开始，所耗用的时间为 5 个月。
1—5 月应纳房产税合计 = 300×（1-30%）×（5/12）×1.2% = 1.05（万元）
6—12 月应纳房产税合计 =（300+110+17）×（1-30%）×（7/12）×1.2% = 2.09（万元）
全年应纳房产税 = 1.05+2.09 = 3.14（万元）
方案二：对房屋进行修理，自 202×年 1 月 1 日开始，所耗用的时间为 7 个月。
1—7 月免征房产税。
8—12 月应纳房产税合计 =（300+110+17）×（1-30%）×（5/12）×1.2%
　　　　　　　　　　 = 1.49（万元）

筹划结论

方案二比方案一少缴纳房产税 1.65 万元（3.14 万-1.49 万），因此，应当选择方案二。

筹划点评

企业在修理房屋时，应当创造条件充分运用相关税收优惠政策，以获取最大的节税利益。

7.7 车船税的纳税筹划

7.7.1 利用临界点进行纳税筹划

案例导入

【例 7-17】甲公司欲购买一艘机动船舶，现有两艘机动船舶可供选择：一艘机动船舶的净吨位为 2 010 吨，另一艘机动船舶的净吨位为 2 000 吨。请对其进行纳税筹划。

税法依据

机动船舶具体适用税额为：（1）净吨位小于或者等于 200 吨的，每吨 3 元；（2）净吨位 201 吨至 2 000 吨的，每吨 4 元；（3）净吨位 2 001 吨至 10 000 吨的，每吨 5 元；（4）净吨位 10 001 吨及其以上的，每吨 6 元。

筹划思路

我国机动船舶车船税的税率实质上是一种全额累进性质的定额税率，即机动船舶的单位税额达到哪一个等级，即全部按相应的单位税额征税，而净吨位等级越大，适用的单位税额也越大。对于这种形式的税率，纳税人应当充分利用临界点，避免在稍高于各级的临界点处购买机动船舶，否则会出现税额的大幅增长的现象。

筹划过程

方案一：购买净吨位为 2 010 吨的机动船舶。
则适用税额为 5 元/吨，应纳车船税 = 2 010×5 = 10 050（元）
方案二：购买净吨位为 2 000 吨的机动船舶。
则适用税额为 4 元/吨，应纳车船税 = 2 000×4 = 8 000（元）

筹划结论

方案二比方案一少缴纳车船税 2 050 元（10 050−8 000），因此，应当选择方案二。

筹划点评

本案例下，虽然净吨位只相差 10 吨，但每年产生了 2 050 元的纳税差异。在机动船舶的净吨位少 10 吨的情况下，若不影响企业的经营，选择购买净吨位为 2 000 吨的机动船舶是大有益处的。企业应当考虑变化后某种吨位的机动船舶所带来的收益变化和因吨位发生变化所引起的税负变化之间的关系，然后选择最佳吨位的机动船舶。

7.7.2　计税依据的纳税筹划

案例导入

【例 7-18】山东的甲公司 202×年需要购置 20 辆乘用汽车，汽车市场上有这样两种乘用汽车可供选择：排气量为 2.5 升的乘用汽车和排气量为 2.6 升的乘用汽车。该地区乘用汽车的车船税税率为：排气量 2.0 升以上至 2.5 升（含）的，每辆 900 元；排气量 2.5 升以上至 3.0 升（含）的，每辆 1 800 元。请对其进行纳税筹划。

税法依据

山东省政府公布《山东省实施〈中华人民共和国车船税法〉办法》，自 2012 年 1 月 1 日起施行。其中规定乘用车（按发动机汽缸容量（排气量）分档）具体适用税额为：(1) 1.0 升（含）以下的，每辆 240 元；(2) 1.0 升以上至 1.6 升（含）的，每辆 360 元；(3) 1.6 升以上至 2.0 升（含）的，每辆 420 元；(4) 2.0 升以上至 2.5 升（含）的，每辆 900 元；(5) 2.5 升以上至 3.0 升（含）的，每辆 1 800 元；(6) 3.0 升以上至 4.0 升（含）的，每辆 3 000 元；(7) 4.0 升以上的，每辆 4 500 元。

筹划思路

企业购买车辆时，应尽量购买排气量小的乘用汽车，以降低适用税额，从而降低税负。

筹划过程

方案一：购买 20 辆排气量为 2.5 升的乘用汽车。

$$应纳车船税 = 20 \times 900 = 18\ 000（元）$$

方案二：购买 20 辆排气量为 2.6 升的乘用汽车。

$$应纳车船税 = 20 \times 1\ 800 = 36\ 000（元）$$

筹划结论

方案一比方案二少缴纳车船税 18 000 元（36 000−18 000），因此，应当选择方案一。

筹划点评

企业在不影响正常生产经营的情况下，购置排气量比较小的乘用汽车，一方面可以有利于环境保护，另一方面可以节省税负，实在是一举两得。

7.8 车辆购置税的纳税筹划

7.8.1 降低计税依据的纳税筹划

案例导入

【例 7-19】甲公司为增值税一般纳税人，202×年 1 月从乙汽车公司购买一辆轿车自用，支付车款 226 000 元（含增值税，增值税税率为 13%）。另外，支付临时牌照费 200 元，随车购买工具用具 3 000 元，代收保险金 350 元，车辆装饰费 14 530 元。各项款项由乙汽车销售公司开具机动车销售统一发票。请对其进行纳税筹划。

税法依据

纳税人购买自用的应税车辆的计税价格为纳税人购买应税车辆而支付给销售者的全部价款和价外费用（不包括增值税税款）。价外费用是指销售方价外向购买方收取的基金、集资费、返还利润、补贴、违约金（延期付款利息）和手续费、包装费、储存费、优质费、运输装卸费、保管费、代收款项、代垫款项以及其他各种性质的价外收费。应当注意的是：

（1）代收款项应区别对待。凡使用代收单位的票据收取的款项，应视为代收单位的价外费用，应并入计算征收车辆购置税；凡使用委托方的票据收取、受托方只履行代收义务或收取手续费的款项，不应并入计征车辆购置税，按其他税收政策规定征税。

（2）购买者随车购买的工具或零件应作为购车款的一部分，并入计税价格征收车辆购置税，但如果不同时间或销售方式不同，则不应并入计征车辆购置税。

（3）支付的车辆装饰费应作为价外费用，并入计征车辆购置税，但如果不同时间或收款方式不同，则不并入计税价格。

筹划思路

对于收取各代收款项，应当尽量由委托方开具相关票据，从而不将代收款项并入车辆购置税的计税价格，进而降低车辆购置税税负。

筹划过程

方案一：将各项代收款项由乙汽车销售公司（代收单位）开具机动车销售统一发票。
车辆购置税计税价格＝(226 000+200+3 000+350+14 530)/(1+13%)＝216 000（元）
应纳车辆购置税＝216 000×10%＝21 600（元）
方案二：将各项代收款项由委托方另行开具票据。
车辆购置税计税价格＝226 000/(1+13%)＝200 000（元）
应纳车辆购置税＝200 000×10%＝20 000（元）

筹划结论

方案二比方案一少缴纳车辆购置税1 600元（21 600-20 000），因此，应当选择方案二。

筹划点评

将各项代收款项由委托方另行开具票据，可降低车辆购置税的计税依据，从而降低车辆购置税税负。

7.8.2 选择汽车经销商的增值税纳税人身份进行纳税筹划

案例导入

【例7-20】甲公司为增值税一般纳税人，202×年7月欲购买一辆轿车自用，现有两个汽车经销商可供选择：一是从作为小规模纳税人的车辆经销商乙公司处购买，车款为55 000元（含增值税，乙公司开具的机动车销售统一发票适用增值税征收率为3%）；二是从作为一般纳税人的车辆经销商丙公司处购买，车款为56 500元（含增值税，丙公司开具的机动车销售统一发票适用增值税税率为13%）。假设不考虑城市维护建设税和教育费附加。请对其进行纳税筹划。

税法依据

纳税人购买自用应税车辆的计税价格，为纳税人实际支付给销售者的全部价款，不包括增值税税款。
纳税人销售货物不含增值税的销售额的计算公式为：
　　　　销售额＝含税销售额/(1+增值税税率或征收率)

筹划思路

若车辆经销商为增值税小规模纳税人，则车辆经销商为车辆购买方开具的机动车销售统一发票适用的征收率为3%，对车辆购置税的纳税人（车辆购买自用方）以车辆的含增值税价格按 3%的征收率换算为车辆购置税的计税依据;若车辆经销商为增值税一般纳税人,则车辆经销商为车辆购买方开具的机动车销售统一发票适用的税率为 13%,对车辆购置税的纳税人(车辆购买自用方)以车辆的含增值税价格按 13%增值税税率换算为车辆购置税的计税依据。因此在车辆购置价格(含增值税)相同的情况下,车辆购买自用方应从作为一般纳税人的车辆经销商处购买,以降低车辆购置税税负。

筹划过程

方案一:从作为小规模纳税人的车辆经销商乙公司处购买。

应纳车辆购置税=[55 000/(1+3%)]×10%=5 339.81(元)

可抵扣增值税进项税额=[55 000/(1+3%)]×3%=1 601.94(元)

现金流出量=55 000+5 339.81-1 601.94=58 737.87(元)

方案二:从作为一般纳税人的车辆经销商丙公司处购买。

应纳车辆购置税=[56 500/(1+13%)]×10%=5 000(元)

可抵扣增值税进项税额=[56 500/(1+13%)]×13%=6 500(元)

现金流出量=56 500+5 000-6 500=55 000(元)

筹划结论

方案二比方案一少缴纳车辆购置税 339.81 元(5 339.81-5 000),方案二比方案一多抵扣增值税 4 898.06 元(6 500-1 601.94),方案二比方案一现金流出量少 3 737.87 元(58 737.87-55 000),因此应当选择方案二。

筹划点评

选择车辆经销商的增值税纳税人身份,不能单纯地以车辆购置税的税负大小为标准,还应考虑到车辆价格、售后服务、企业形象等各方面因素。

7.9 印花税的纳税筹划[①]

7.9.1 对不同的税目事项分别列明金额的纳税筹划

案例导入

【例 7-21】甲公司 202×年 7 月有一批货物需要乙公司保管,乙公司负责将该批货物从甲公司运到乙公司的仓库后进行保管。乙公司从甲公司收取运费价款 500 万元(不含增值税)、保管费价款 1 500 万元(不含增值税)。乙公司与甲公司签订的合同中记载运费和保管费的不含增值税价款共计 2 000 万元(不含增值税),并未分别列明运费价款和保管费价款。

---

① 本书中印花税的内容,主要根据 2022 年 7 月 1 日起施行的《中华人民共和国印花税法》(简称《印花税法》)编写。2022 年 6 月 30 日之前,纳税人仍然应当按照《中华人民共和国印花税暂行条例》计算缴纳印花税。

请对其进行纳税筹划。

税法依据

同一应税凭证载有两个以上税目事项并分别列明金额的,按照各自适用的税目税率分别计算应纳税额;未分别列明金额的,从高适用税率。

纳税人书立运输合同按照运输费用的万分之三计算缴纳印花税。纳税人书立仓储合同按照仓储费的千分之一计算缴纳印花税。

筹划思路

同一应税凭证载有两个以上税目事项时,应当分别列明金额,以便按照各自适用的税目税率分别计算缴纳印花税,避免从高适用税率。

筹划过程

方案一:合同中记载运费价款和保管费价款共计 2 000 万元(不含增值税),并未分别列明运费价款和保管费价款。

甲公司和乙公司各自应纳印花税 = 2 000×1‰ = 2(万元)= 20 000(元)

方案二:合同中分别列明运费价款 500 万元(不含增值税)、保管费价款 1 500 万元(不含增值税)。

甲公司和乙公司各自应纳印花税 = 500×0.3‰ + 1 500×1‰ = 1.65(万元)= 16 500(元)

筹划结论

方案二比方案一甲公司和乙公司各自少缴纳印花税 3 500 元(20 000 - 16 500),因此,应当选择方案二。

筹划点评

在合同中分别列明不同税目的不含增值税价款,不仅会达到降低税负的目的,而且符合合同签订规范,可以防范合同法律风险。

7.9.2 电子商务经营者选择电子订单订立对象的纳税筹划

案例导入

【例 7-22】甲公司为一家工艺品电子商务经营者,预计 202×年 7 月有一笔电子订单业务准备成交,订单金额为 2 500 万元(不含增值税),现对成交方有两种选择:一是甲公司与乙公司订立电子订单;二是甲公司与张某订立电子订单。请对其进行纳税筹划。

税法依据

个人与电子商务经营者订立的电子订单,免征印花税。纳税人书立买卖合同按照价款的万分之三计算缴纳印花税。

筹划思路

电子商务经营者在寻找电子订单业务成交对象时，应当尽量选择个人，即与个人订立电子订单，以便享受印花税的免税优惠。

筹划过程

方案一：甲公司与乙公司订立电子订单。
　　甲公司和乙公司各自应纳印花税＝2 500×0.3‰＝0.75（万元）＝7 500（元）
方案二：甲公司与张某订立电子订单。
甲公司和张某均免予缴纳印花税。

筹划结论

方案二比方案一甲公司少缴纳印花税7 500元，因此，应当选择方案二。

筹划点评

电子商务经营者选择电子订单订立对象时不能仅考虑税收因素，还应当考虑回款时间、商业信用等多方面因素，最终选择合理的方案。

7.9.3 选择借款方的纳税筹划

案例导入

【例7-23】甲公司预计202×年7月借款15 000万元，现有两个借款方可供选择：一是从乙商业银行借款；二是从关系较好的丙公司借款。假设借款年利率均为7%，其他借款条件都一样。请对其进行纳税筹划。

税法依据

纳税人书立借款合同按照借款金额的万分之零点五计算缴纳印花税。这里的借款合同指银行业金融机构、经国务院银行业监督管理机构批准设立的其他金融机构与借款人（不包括同业拆借）的借款合同。不符上述规定的借款合同不属于印花税的征税范围。

筹划思路

在从不同的借款方借款的借款利率相同或差异较小时，企业可以考虑避免从银行业金融机构、经国务院银行业监督管理机构批准设立的其他金融机构借款，而选择从其他企业借款，以便规避印花税的纳税义务。

筹划过程

方案一：从乙商业银行借款。
　　甲公司应纳印花税＝15 000×0.05‰＝0.75（万元）
方案二：从丙公司借款。

甲公司不需要缴纳印花税。

筹划结论

方案二比方案一少缴纳印花税 0.75 万元，因此，应当选择方案二。

筹划点评

企业从其他企业借款的利率一般高于从金融机构借款的利率，因此不能单纯考虑印花税税负因素。

7.9.4 分期租赁的纳税筹划

案例导入

【例7-24】甲公司预计202×年7月从乙租赁公司租入生产用设备一台，双方预计202×年7月1日签订租赁合同。合同规定，该设备的租期为10年，每年租金为300万元（不含增值税），10年租金共计3 000万元（不含增值税）。请对其进行纳税筹划。

税法依据

印花税的纳税义务发生时间为纳税人书立应税凭证或者完成证券交易的当日。纳税人书立租赁合同按照租金的千分之一计算缴纳印花税。

筹划思路

企业之间可以尽量避免签订长期合同，而转为签订短期合同，以便分期缴纳印花税，充分利用资金的时间价值。

筹划过程

方案一：甲公司和乙租赁公司202×年7月1日签订租期为10年的租赁合同，每年租金为300万元（不含增值税），10年租金共计3 000万元（不含增值税）。

甲公司和乙租赁公司202×年7月1日各自应纳印花税=3 000×1‰=3（万元）

方案二：甲公司和乙租赁公司202×年7月1日签订租期为1年的租赁合同，以后连续9年每年的7月1日都签订租期为1年的租赁合同，每年租金为300万元（不含增值税）。

甲公司和乙租赁公司202×年7月1日各自应纳印花税=300×1‰=0.3（万元）

甲公司和乙租赁公司以后连续9年每年的7月1日各自应纳印花税=300×1‰=0.3（万元）

筹划结论

方案二比方案一甲公司和乙租赁公司202×年7月1日各自少缴纳印花税2.7万元（3万-0.3万），因此，应当选择方案二。

筹划点评

若租赁的设备不具有稀缺性，即随时可以在市场上租赁到，企业可以与出租方分期签订租赁合同，以获取税收上的好处。否则，企业应当与出租方签订长期租赁合同，以避免经营上的风险。

7.10 契税的纳税筹划

7.10.1 房屋不等价交换的纳税筹划

案例导入

【例7-25】甲公司以价值1 000万元的办公楼来与乙公司价值1 200万元的厂房进行交换。甲向乙支付差价200万元。假设乙公司打算出资200万元对换入的办公楼进行装修。并且甲公司获悉乙公司未来的装修打算，以上价款均不含增值税。本地适用的契税税率为5%。请对其进行纳税筹划。

税法依据

土地使用权互换、房屋互换，契税的计税依据为所互换土地使用权、房屋的价格差额。互换价格不相等的，由多交付货币的一方缴纳契税；互换价格相等的，免征契税。

筹划思路

当双方互换不等价的房屋时，如果能通过一定的手段尽量降低双方互换房屋的差价，这时以差价作为计税依据计算出来的应纳契税就会降低；如果能进一步转变为等价互换，则可以免缴契税。

筹划过程

方案一：甲公司与乙公司进行房屋产权互换，且甲公司向乙公司支付差价200万元。

甲公司应纳契税＝200×5%＝10（万元）

方案二：甲公司在与乙公司进行房屋产权互换之前，由甲公司先对自己的办公楼按乙公司的要求进行装修，装修费用为200万元。

装修后办公楼的价值变为1 200万元，双方互换属于等价互换，因此免缴契税。

筹划结论

方案二比方案一少缴纳契税10万元，因此，应当选择方案二。

筹划点评

甲公司先对办公楼按乙公司的要求进行装修，未必能得到乙公司的同意，从而限制了此种筹划方案的实施。

7.10.2 减少涉税环节的纳税筹划

案例导入

【例7-26】甲、乙、丙为三方当事人，甲和丙均拥有一套市价300万元（不含增值税）的房屋，分别为房屋A和房屋C。乙打算购买甲的房屋A，甲打算先销售房屋A给乙后再购买丙的房屋C。假设甲、乙、丙三方均知道各自的购房或售房供求信息。本地适用的契税税率为5%。请对其进行纳税筹划。

税法依据

土地使用权互换、房屋互换，契税的计税依据为所互换土地使用权、房屋的价格差额。互换价格不相等的，由多交付货币的一方缴纳契税；互换价格相等的，免征契税。

筹划思路

由于每发生一次土地、房屋权属转移，权属承受方就要发生一次契税的纳税行为，因此，为了避免重复纳税，在条件允许的情况下，通过减少权属转移环节，可达到降低契税税负的目的。

筹划过程

方案一：甲先销售房屋A给乙，然后甲再购买丙的房屋C。
甲销售房屋A给乙时：
$$乙（购买方）应纳契税 = 300 \times 5\% = 15（万元）$$
甲购买丙的房屋C时：
$$甲（购买方）应纳契税 = 300 \times 5\% = 15（万元）$$
丙为房屋的销售方，不缴纳契税。
方案二：甲先将房屋A和丙的房屋C互换，然后丙将房屋A销售给乙。
甲和丙互换房屋，其互换价格相等，免征契税。丙将房屋A销售给乙时：
$$乙（购买方）应纳契税 = 300 \times 5\% = 15（万元）$$

筹划结论

方案二比方案一总体少缴纳契税15万元（15万+15万-15万），因此，应当选择方案二。

筹划点评

现实中甲、乙、丙为三方当事人的上述行为出现的可能性较小，但这种纳税筹划方案至少给出了一种思路。

7.10.3 利用隐性赠与进行纳税筹划

案例导入

【例7-27】张某向其表弟赠送一套住房，该套住房价值100万元（不含增值税）。本地适用的契税税率为3%。请对其进行纳税筹划。

税法依据

契税的征税对象是境内转移土地、房屋权属。具体包括土地使用权的出让、转让及房屋的买卖、赠与、交换。

筹划思路

在赠与房屋的行为中，可通过隐性赠与等方式，如通过不办理产权转移手续的方式，来达到避免缴纳契税的目的。

筹划过程

方案一：张某与其表弟办理产权转移手续。

$$张某的表弟应纳契税 = 100 \times 3\% = 3（万元）$$

方案二：张某与其表弟不办理产权转移手续。

张某的表弟不必缴纳契税。

筹划结论

方案二比方案一少缴纳契税3万元，因此，应当选择方案二。

筹划点评

由于方案二双方未办理产权转移手续，因此，此套住房在法律上仍是属于张某的。

关键词

进口货物完税价格　分别核算　企业选址　降低房产原值　保守金额　房屋不等价交换

能力训练

一、单项选择题

1. 下列关于关税纳税义务人的说法中，正确的是（　　）。

A. 小李从境外邮寄化妆品给小张，并委托小张交给小赵，小赵为关税纳税义务人

B. 张三委托李四从境外购买一台数码相机，并由李四带回境内给张三，张三为关税纳税义务人

C. 甲公司以邮寄方式向美国乙公司出口一批货物，甲公司为关税纳税义务人

D. 小王给日本的好友小丁邮寄了一份礼品，小丁为关税纳税人

2. A公司销售一幢已使用过的厂房，取得收入200万元（不含增值税），厂房原价150万元（不含增值税），已提折旧80万元。经房地产评估机构评估，该厂房重置成本价为300万元，成新度折扣率为六成，销售时缴纳相关税费8万元，该公司销售厂房应纳土地增值税为（　　）万元。
   A. 10　　　　　　B. 5　　　　　　C. 3.6　　　　　　D. 6.8

3. A公司是一家船舶公司，该公司拥有三艘净吨位都是2 500 t的自用机动船，已知机动船净吨位2 001~10 000吨税额为5元/t。该公司当年应纳车船税为（　　）元。
   A. 25 000　　　　B. 3 500　　　　C. 4 000　　　　D. 37 500

4. 根据房产税法律制度的规定，不征收房产税的地区是（　　）。
   A. 县城　　　　　B. 农村　　　　　C. 建制镇　　　　D. 城市

5. 甲公司用于一幢办公楼的房产原值为600 000元，已知房产税税率为1.2%，当地规定的房产税扣除比例为20%，该办公楼年度应缴纳的房产税税额为（　　）元。
   A. 9 360　　　　　B. 7 200　　　　C. 5 040　　　　D. 5 760

6. 202×年10月，甲公司与乙公司签订了一份合同，由甲公司向乙公司提供货物并运输到乙公司的仓库由乙公司储存，合同标的金额为400万元，其中包括货物运输费用和仓储费用。货物运输合同适用的印花税税率为0.3‰，货物仓储合同适用的印花税税率为1‰。根据印花税法律制度的规定，甲公司应纳印花税为（　　）万元。
   A. 0.4　　　　　　B. 0.12　　　　　C. 0.26　　　　　D. 0.06

7. 张某有面积为120 m^{2}的住宅一套，市价70万元；李某有面积为100 m^{2}的住宅一套，市价50万元。以上价格均不含增值税。两人进行房屋交换，差价部分李某以现金补偿张某。已知当地适用的契税税率为3%，则李某应缴纳的契税税额为（　　）万元。
   A. 1.5　　　　　　B. 2.1　　　　　C. 0.6　　　　　D. 0.72

8. 甲公司202×年10月将其开采的一批天然气用于本单位的职工食堂。该批天然气的开采成本为100万元，成本利润率为10%，适用的资源税税率为6%。下列关于该批天然气的资源税计算中，正确的是（　　）。
   A. 自产自用的，无须缴纳资源税
   B. 100×6%＝6（万元）
   C. 100×(1+10%)×6%＝6.6（万元）
   D. [100×(1+10%)/(1-6%)]×6%＝7.02（万元）

9. 甲房地产开发企业转让商品楼取得收入5 000万元（不含增值税），计算土地增值额准允扣除项目金额4 000万元，则适用税率为（　　）。
   A. 30%　　　　　B. 40%　　　　　C. 50%　　　　　D. 60%

10. 张某202×年7月，从某汽车有限公司购买一辆小汽车供自己使用，支付了含增值税税款在内的款项226 000元，另支付代收临时牌照费1 190元，代收保险费1 000元，支付工具件和零配件价款3 000元，车辆装饰费2 720元。所支付的款项均由该汽车有限公司开具"机动车销售统一发票"和有关票据。则张某应纳车辆购置税为（　　）元。
    A. 20 700　　　　B. 24 219　　　　C. 20 000　　　　D. 23 000

11. 甲公司拥有的一辆载货汽车自重吨位为12.2t，该地区载货汽车吨税额为80元/t，则甲公司这辆载货汽车每年应纳车船税为（　　）。

A. 960 元　　　　B. 1 000 元　　　　C. 1 040 元　　　　D. 976 元

12. 事业单位按照国家有关规定改制为企业，原投资主体存续并在改制后企业中出资（股权、股份）比例超过（　　）的，对改制后企业承受原事业单位土地、房屋权属，免征契税。

A. 50%　　　　B. 70%　　　　C. 85%　　　　D. 95%

13. 土地增值税的税率形式是（　　）。

A. 全额累进税率　　　　　　　　B. 超额累进税率
C. 超倍累进税率　　　　　　　　D. 超率累进税率

二、多项选择题

1. 根据《中华人民共和国印花税法》的规定，下列各项中，正确的有（　　）

A. 个人与电子商务经营者订立的电子订单，免缴印花税
B. 应税凭证的副本或者抄本，免缴印花税
C. 证券交易印花税对证券交易的受让方征收，不对出让方征收
D. 同一应税凭证由两方以上当事人书立的，按照各自涉及的金额分别计算应纳税额

2. 单位或个人购置下列车辆自用应纳车辆购置税的有（　　）。

A. 有轨电车　　　　　　　　B. 城市公交企业购置的公共汽电车辆
C. 汽车挂车　　　　　　　　D. 排气量超过 150 毫升的摩托车

3. 从租计征房产税的纳税人，适用的税率有（　　）。

A. 4%　　　　B. 12%　　　　C. 1.2%　　　　D. 3%

4. 根据关税法律制度的规定，下列各项中，应计入进口货物关税完税价格的有（　　）。

A. 由买方负担的购货佣金
B. 由买方负担的经纪费
C. 进口货物运抵境内输入地点起卸之后的运输及其相关费用、保险费
D. 由买方负担的与该货物视为一体的容器费用

5. 下列各项中，应计入资源税销售额的有（　　）。

A. 收取的价款　　　　　　　　B. 收取的包装费
C. 收取的增值税销项税额　　　　D. 收取的优质费

6. 下列关于资源税纳税义务发生时间的表述中，正确的有（　　）。

A. 采用分期收款结算方式销售应税产品的，为发出应税产品的当天
B. 采用预收货款结算方式销售应税产品的，为收到货款的当天
C. 自产自用应税产品的，为移送使用应税产品的当天
D. 扣缴义务人代扣代缴税款的纳税义务发生时间，为支付首笔货款的当天

7. 下列各项中，只规定了比例税率一种税率形式的税种有（　　）。

A. 契税　　　　B. 消费税　　　　C. 房产税　　　　D. 增值税

8. 下列各项中，可以作为房产税征税对象的有（　　）。

A. 工业企业的厂房　　　　　　B. 商业企业的仓库
C. 工业企业的厂区围墙　　　　D. 露天游泳池

三、判断题

1. 纳税人新征用的耕地，自批准征用之月起满一年时，缴纳城镇土地使用税。（　）
2. 纳税人违反增值税与消费税有关规定而加收滞纳金和罚款，应当征收城市维护建设税。（　）
3. 车船税的纳税义务发生时间，为车船管理部门核发的车船登记证书或者行驶证中记载日期的次月。（　）
4. 契税的纳税人是在我国境内转让土地、房屋权属的单位和个人。（　）
5. 同一应税凭证载有两个以上税目事项并分别列明金额的，按照各自适用的税目税率分别计算应纳税额；未分别列明金额的，从高适用税率。（　）
6. 由受托方代扣代缴、代收代缴增值税、消费税的单位和个人，其代扣代缴、代收代缴的城市维护建设税按受托方所在地适用税率执行。（　）
7. 代扣代缴、代收代缴增值税与消费税的单位和个人，同时也是城市维护建设税的代扣代缴、代收代缴义务人，其城市维护建设税的纳税地点在代扣代收地。（　）
8. 资源税纳税人销售应税产品采取分期收款结算方式的，其纳税义务发生时间为发出应税产品的当天。（　）
9. 纳税人建造普通标准住宅出售，增值额未超过扣除项目金额20%的，免征土地增值税；如果超过20%的，应就其全部增值额按规定计税。（　）
10. 城镇土地使用税的征税范围是城市、县城、建制镇和工矿区内属于国家所有和集体所有的土地。（　）
11. 企业办的学校、医院、托儿所、幼儿园，其用地能与企业其他用地明确区分的，免征城镇土地使用税。（　）
12. 车船税法及其实施条例涉及的整备质量、净吨位、艇身长度等计税单位，有尾数的一律按照含尾数的计税单位据实计算车船税应纳税额。计算得出的应纳税额小数点后超过两位的可四舍五入保留两位小数。（　）
13. 城市维护建设税的征税范围不包括农村。（　）
14. 对个人出租住房，不区分用途，按4%的税率征收房产税。（　）

四、案例题

1. 甲煤矿企业202×年11月与铁路部门签订运输合同，记载运输费及保管费共计500万元（不含增值税），由于该合同中涉及运输合同和保管合同两个税目，而且二者税率不同，前者为0.3‰，后者为1‰，根据规定，未分别记载金额的，按税率高的计税贴花，即按1‰税率计算应贴印花，其应纳税额=5 000 000×1‰=5 000（元）。若分开记载，则运输费300万元（不含增值税），保管费200万元（不含增值税）。请对其进行纳税筹划。

2. 甲外贸进出口企业为增值税一般纳税人，主要从事销售某进口洗衣机，年销售量为10 000台，每台国内的销售价格为8 000元，进口关税完税价格为5 000元，假定适用进口环节的关税税率为25%，增值税税率13%。现在该企业管理层提出一改革方案：在取得该品牌洗衣机厂商的同意和技术协作的前提下，先进口该品牌洗衣机的电路板和发动机，电路板和发动机的进口关税完税价格为整机关税完税价格的60%，假定适用进口环节的关税税率为20%。然后，委托国内技术先进的企业加工其他配件，并完成整机组装，所发生的加工费为整机关税完税价格的50%，进口电路板和发动机及加工劳务的增值税税率为13%。

请从纳税筹划的角度分析该管理层议案是否可行。

3. 甲矿产企业202×年10月开采销售钼矿和钨矿共计售价1 000 000元,其中开采销售钼矿400 000元,开采销售钨矿600 000元。钼矿的税率为11%,钨矿的税率为6.5%,以上价款均不含增值税。请对其进行纳税筹划。

4. 甲房地产开发企业欲开发一片花园式小区,除住宅、商店、幼儿园外,还包括围墙、水塔、停车场、露天凉亭、游泳池等建筑物,总计造价为12亿元。问:若将这些附属设施全部计入房产原值,该企业应缴纳多少房产税?如果除住宅、商店、幼儿园外的建筑物的造价为1亿元左右,假设当地的房产原值扣除比例为30%,问企业如何进行纳税筹划?

5. 有A、B、C三位经济当事人,A和C均拥有一套市价60万元的房屋(均不含增值税),B想购买A的房屋,A也想购买C的房屋后出售自己的房屋。假设当地契税税率为3%,请对其进行纳税筹划。

五、思考题

1. 简述进口货物完税价格的纳税筹划思路。
2. 城市维护建设税如何利用选址进行纳税筹划?
3. 如何利用税收优惠政策对土地增值税进行纳税筹划?
4. 如何利用选址对城镇土地使用税进行纳税筹划?
5. 如何利用降低计税依据对房产税进行纳税筹划?
6. 如何利用临界点对车船税进行纳税筹划?
7. 如何利用选择汽车经销商的增值税纳税人身份对车辆购置税进行纳税筹划?
8. 房屋不等价交换时如何对契税进行纳税筹划?

第3篇 纳税人不同业务流程下的纳税筹划

第8章

企业创建设立中的纳税筹划

能力目标
(1) 能对一般纳税人与小规模纳税人的选择进行纳税筹划。
(2) 能对国家重点扶持的高新技术企业注册地点的选择进行纳税筹划。
(3) 能通过利用西部大开发优惠政策对注册地点的选择进行纳税筹划。
(4) 能对企业设立时组织形式的选择进行纳税筹划。
(5) 能对企业扩张时组织形式的选择进行纳税筹划。

8.1 一般纳税人与小规模纳税人选择的纳税筹划

案例导入

【例8-1】202×年某投资方欲设立甲公司作为一家生产企业,预计甲公司202×年销售额450万元(不含增值税),且会计核算制度不十分健全,不符合作为增值税一般纳税人的条件(且若甲公司作为小规模纳税人,则增值税适用3%的征收率),若甲公司健全会计制度(建立会计账簿,有会计人员,有账册,能够正确计算进项税额、销项税额和应纳税额,并能按规定报送有关税务资料的),每年需多支出30万元,则符合作为增值税一般纳税人的条件(适用13%增值税税率),甲公司全年从供应商(假设为增值税一般纳税人,适用13%增值税税率)购入原材料300万元(不含增值税),且能取得增值税专用发票,其他支出50万元。甲公司适用的企业所得税税率为25%,城市维护建设税税率为7%,教育费附加率为3%。请对其进行纳税筹划。

税法依据

同第 3 章例 3-1 的税法依据。

筹划思路

假设甲公司以实现税后利润最大化为纳税筹划目标，我们可以通过比较相同情况下一般纳税人和小规模纳税人各自税后利润的大小，最终选择税后利润较大的方案。

筹划过程

方案一：若甲公司选择作为增值税小规模纳税人。

应纳增值税额 = 450×3% = 13.5（万元）

应纳城市维护建设税及教育费附加 = 13.5×(7%+3%) = 1.35（万元）

税后利润 =（增值税不含税销售额-增值税含税购进金额-其他支出-城市维护建设税和教育费附加）×(1-企业所得税税率) = [450-300×(1+13%)-50-1.35]×(1-25%)

= 44.74（万元）

方案二：若甲公司健全会计制度，并登记成为增值税一般纳税人。

应纳增值税额 = 450×13%-300×13% = 19.5（万元）

应纳城市维护建设税及教育费附加 = 19.5×(7%+3%) = 1.95（万元）

税后利润 =（增值税不含税销售额-增值税不含税购进金额-其他支出-健全会计制度支出额-城市维护建设税和教育费附加）×(1-企业所得税税率)

=（450-300-50-30-1.95）×(1-25%) = 51.04（万元）

筹划结论

方案二比方案一多获取税后利润 6.3 万元（51.04 万-44.74 万），因此，应当选择方案二。

筹划点评

一方面，从供应商纳税人身份的角度考虑，本案例的供应商是一般纳税人，甲公司选择一般纳税人是有利的，但是一旦供应商变为小规模纳税人，则甲公司若选择一般纳税人，不能抵扣进项税额，便失去了作为一般纳税人的意义，若仍选择作为一般纳税人，便存在了一定的纳税筹划风险。另一方面，从销售对象纳税人身份的角度考虑，如果甲公司的产品销售对象多为一般纳税人，它们需要收到增值税专用发票来抵税，此时甲公司选择一般纳税人，才有利于产品的销售；如果甲公司的产品销售对象多为小规模纳税人，考虑到价格因素，此时甲公司选择作为小规模纳税人是比较有利的。因此，纳税人如果不考虑销售对象因素，而盲目进行纳税筹划便会存在一定的纳税筹划风险。

8.2 国家重点扶持的高新技术企业注册地点选择的纳税筹划

案例导入

【例8-2】甲公司202×年年初欲投资设立国家重点扶持的高新技术企业乙公司（独立的法人）。现有两种方案可供选择：一是在广州市设立；二是在珠海经济特区设立。假设乙公司不论在哪里设立，都不影响其生产经营，其应纳税所得额预计每年都为2 000万元。请对其进行纳税筹划。

税法依据

对经济特区和上海浦东新区内在2008年1月1日（含）之后完成登记注册的国家需要重点扶持的高新技术企业（以下简称新设高新技术企业），在经济特区和上海浦东新区内取得的所得，自取得第一笔生产经营收入所属纳税年度起，第一年至第二年免征企业所得税，第三年至第五年按照25%的法定税率减半征收企业所得税。

筹划思路

国家重点扶持的高新技术企业设立选址时，在不影响正常生产经营的情况下，应尽量选择在经济特区或上海浦东新区登记注册，以充分享受税收优惠。

筹划过程

方案一：在广州市设立。

乙公司前五年应纳企业所得税＝2 000×15%×5＝1 500（万元）

税后利润＝2 000×5－1 500＝8 500（万元）

方案二：在珠海经济特区设立。

乙公司前五年应纳企业所得税＝2 000×25%×50%×3＝750（万元）

税后利润＝2 000×5－750＝9 250（万元）

筹划结论

方案二比方案一前五年少缴纳企业所得税750万元（1 500万－750万），多获取税后利润750万元（9 250万－8 500万），因此，应当选择方案二。

筹划点评

仅考虑税负因素进行选址，在有些情况下，可能会影响企业的生产经营业绩。企业不能只是单纯地考虑税负因素来对企业进行选址。

8.3 利用西部大开发优惠政策进行注册地点选择的纳税筹划

案例导入

【例8-3】甲公司202×年年初欲投资设立一属于固沙、保水、改土新材料的生产企业乙公司。现有两种方案可供选择：一是在河北省设立；二是在陕西省（属于西部范围）设立。假设该乙公司若设立在河北省，预计每年应纳税所得额均为5 000万元，以后各年预计每年应纳税所得额均为6 000万元；假设该乙公司若设立在陕西省，前五年预计每年应纳税所得额均为4 500万元，以后各年预计每年应纳税所得额均为6 000万元。请对其进行纳税筹划。

税法依据

自2021年1月1日至2030年12月31日，对设在西部地区的鼓励类产业企业减按15%的税率征收企业所得税。这里所称鼓励类产业企业是指以《西部地区鼓励类产业目录》中规定的产业项目为主营业务，且其主营业务收入占企业收入总额60%以上的企业。

筹划思路

投资者可以考虑在西部地区设立国家鼓励类产业的企业，以充分享受西部大开发的企业所得税低税率的税收优惠政策。

筹划过程

方案一：在河北省设立。

乙公司前五年应纳企业所得税合计=5 000×25%×5=6 250（万元）

前五年税后利润合计=5 000×5-6 250=18 750（万元）

方案二：在陕西省设立。

乙公司前五年应纳企业所得税合计=4 500×15%×5=3 375（万元）

前五年税后利润合计=4 500×5-3 375=19 125（万元）

筹划结论

方案二比方案一前五年少缴纳企业所得税2 875万元（6 250万-3 375万），多获取税后利润375万元（19 125万-18 750万），因此，应当选择方案二。

筹划点评

在西部地区注册属于国家鼓励类产业的企业，虽然可享受西部大开发的税收优惠政策，但未必会获得较好的经营业绩。若决策不当，往往得不偿失。

8.4 企业设立时组织形式选择的纳税筹划

案例导入

【例 8-4】 张某 202×年欲成立一家皮鞋商场,现有两种方案可供选择。方案一:成立个人独资企业,每年利润总额(应纳税所得额)为 800 000 元,且将利润全部分配。方案二:成立一人有限责任公司,每年利润总额为 800 000 元,没有企业所得税纳税调整项目(则应纳税所得额=利润总额),符合小型微利企业条件,且税后利润提取法定盈余公积后全部平均分配给股东张某。请对其进行纳税筹划。

税法依据

具有法人资格的企业(股份有限公司、有限责任公司)需要缴纳 25% 的企业所得税,个人股东从股份有限公司和有限责任公司分配的税后利润需要按照"利息、股息、红利所得"缴纳 20% 的个人所得税。不具有法人资格的企业(个体工商户、个人独资企业、合伙企业)不需要缴纳企业所得税,个人通过在中国境内注册登记的个体工商户、个人独资企业、合伙企业从事生产、经营活动取得的所得按照"经营所得"缴纳个人所得税。

经营所得适用的个人所得税税率表如表 8-1 所示。

表 8-1 经营所得适用的个人所得税税率表

级数	全年应纳税所得额	税率/%	速算扣除数
1	不超过 30 000 元的	5	0
2	超过 30 000 元至 90 000 元的部分	10	1 500
3	超过 90 000 元至 300 000 元的部分	20	10 500
4	超过 300 000 元至 500 000 元的部分	30	40 500
5	超过 500 000 元的部分	35	65 500

自 2019 年 1 月 1 日至 2021 年 12 月 31 日,对小型微利企业年应纳税所得额不超过 100 万元的部分,减按 25% 计入应纳税所得额,按 20% 的税率缴纳企业所得税;对年应纳税所得额超过 100 万元但不超过 300 万元的部分,减按 50% 计入应纳税所得额,按 20% 的税率缴纳企业所得税。自 2021 年 1 月 1 日至 2022 年 12 月 31 日,对小型微利企业年应纳税所得额不超过 100 万元的部分,在上述优惠政策基础上,再减半征收企业所得税,即减按 12.5% 计入应纳税所得额,按 20% 的税率缴纳企业所得税。上述小型微利企业是指从事国家非限制和禁止行业,且同时符合年度应纳税所得额不超过 300 万元、从业人数不超过 300 人、资产总额不超过 5 000 万元等三个条件的企业。

从业人数,包括与企业建立劳动关系的职工人数和企业接受的劳务派遣用工人数。所称从业人数和资产总额指标,应按企业全年的季度平均值确定。具体计算公式如下:

季度平均值=(季初值+季末值)/2

全年季度平均值=全年各季度平均值之和/4

年度中间开业或者终止经营活动的,以其实际经营期作为一个纳税年度确定上述相关指标。

筹划思路

纳税人可以计算不同组织形式下其整体税负的大小,来选择整体税负最小的企业组织形式。

筹划过程

方案一:成立个人独资企业,每年利润总额(应纳税所得额)为 900 000 元,且将利润全部分配。

投资者张某"经营所得"应纳个人所得税总额= 900 000×35%−65 500 = 249 500(元)

应纳税额合计= 249 500(元)

方案二:成立一人有限责任公司,每年利润总额为 900 000 元,没有企业所得税纳税调整项目(则应纳税所得额=利润总额),符合小型微利企业条件,且税后利润提取法定盈余公积后全部平均分配给股东张某。

有限责任公司应纳企业所得税= 900 000×12.5%×20% = 22 500(元)

有限责任公司税后利润= 900 000−22 500 = 877 500(元)

有限责任公司提取法定盈余公积金= 877 500×10% = 87 750(元)

有限责任公司向股东张某分配的利润合计= 877 500−87 750 = 789 750(元)

股东张某"利息、股息、红利所得"应纳个人所得税总额= 789 750×20% = 157 950(元)

应纳税额合计= 22 500+ 157 950 = 180 450(元)

筹划结论

方案二比方案一少缴税合计 69 050 元(249 500− 180 450),因此应当选择方案二。

筹划点评

成立具有法人资格的企业(股份有限公司、有限责任公司),而非成立不具有法人资格的企业(个体工商户、个人独资企业、合伙企业)的优势在于:一是成立具有法人资格的企业有利于扩大单位的经营规模和长期发展;二是具有法人资格的企业股东以其所认缴的出资额对公司承担有限责任,公司以其全部资产对其债务承担责任,而不具有法人资格的企业的投资人以其个人财产对企业债务承担无限责任。

8.5 企业扩张时组织形式选择的纳税筹划

案例导入

【例 8-5】甲公司 202×年年初欲在外地设立乙公司,预计 202×年乙公司亏损 40 万元,甲公司自身盈利 100 万元。假设没有纳税调整项目。甲公司适用的企业所得税税率为 25%。

请对其进行纳税筹划。

税法依据

企业所得税的纳税人是具有法人资格的企业或组织。分公司（不具有法人资格）与母公司汇总缴纳企业所得税，子公司（具有法人资格）单独缴纳企业所得税。

筹划思路

对于存在亏损子公司的企业集团，可以通过工商变更，将子公司变更为分公司，汇总缴纳所得税，可以使分公司的亏损和总公司的盈利相互抵销，从而减少应纳税所得额，减轻企业所得税税负。对于要新设立分支机构的情况，也可以根据预期盈利情况考虑是设立子公司还是分公司，以获取最大的节税效益。

筹划过程

方案一：将乙公司设立为子公司。则：

$$甲公司应纳企业所得税 = 100 \times 25\% = 25（万元）$$

乙公司不纳税，其亏损额40万元待以后年度弥补，则：

$$整个集团应纳企业所得税 = 25（万元）$$

方案二：将乙公司设立为分公司。

此时，乙公司汇总到甲公司统一纳税。

$$整个集团应纳企业所得税 = (100-40) \times 25\% = 15（万元）$$

筹划结论

方案二比方案一少缴纳企业所得税10万元（25万-15万），因此，应当选择方案二。

筹划点评

在方案二中，当年少缴的税金虽然以后一般情况下还是要上缴，但却延缓了纳税时间，充分利用了资金的时间价值。然而分公司与子公司相比，有较小的独立经营和决策的权力，使得在一些重要合同的签订、决策的制定上有赖于总公司，将会对其资本流动及运营带来很多不利的影响。

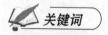

关键词

高新技术企业　西部大开发　设立时的组织形式　扩张时的组织形式

能力训练

一、单项选择题

1. 下列各项中，适用15%企业所得税税率的是（　　）。

A. 国家需要重点扶持的高新技术企业

B. 在中国境内虽设有机构、场所但取得的所得与机构、场所没有关联的非居民企业
C. 小型微利企业
D. 在中国境内未设立机构、场所的非居民企业

2. 企业以《资源综合利用企业所得税优惠目录》规定的资源作为主要原材料，生产国家非限制和非禁止并符合国家和行业相关标准的产品取得的收入，减按（　　）计入收入总额。

   A. 50%   B. 60%   C. 70%   D. 90%

3. 集成电路生产企业的生产性设备，经主管税务机关核准，其折旧年限可以适当缩短，最短可为（　　）年。

   A. 3   B. 2   C. 1   D. 4

4. 企业下列项目的所得减半征收企业所得税的是（　　）。

   A. 糖料作物的种植　　　　B. 油料作物的种植
   C. 香料作物的种植　　　　D. 麻类作物的种植

5. 企业从事国家重点扶持的公共基础设施项目的投资经营的所得，从（　　）起，第一年至第三年免征企业所得税，第四年至第六年减半征收企业所得税。

   A. 获利年度
   B. 项目取得第一笔生产经营收入所属纳税年度
   C. 盈利年度
   D. 领取营业执照年度

6. 自2021年1月1日至2022年12月31日，对小型微利企业年应纳税所得额不超过100万元的部分，减按（　　）计入应纳税所得额，按20%的税率缴纳企业所得税。

   A. 10%   B. 12.5%   C. 25%   D. 50%

7. 制造业企业开展研发活动中实际发生的研发费用，未形成无形资产计入当期损益的，在按规定据实扣除的基础上，自2021年1月1日起，再按照实际发生额的（　　）在税前加计扣除。

   A. 30%   B. 50%   C. 75%   D. 100%

二、多项选择题

1. 下列关于企业所得税优惠政策的说法中，正确的有（　　）。

   A. 自2018年1月1日起，对经认定的技术先进型服务企业（服务贸易类），减按15%的税率征收企业所得税
   B. 企业在2018年1月1日至2023年12月31日期间新购进的设备、器具，单位价值不超过500万元的，允许一次性计入当期成本费用在计算应纳税所得额时扣除，不再分年度计算折旧
   C. 自2018年1月1日起，对经认定的技术先进型服务企业（服务贸易类），减按20%的税率征收企业所得税
   D. 企业在2018年1月1日至2023年12月31日期间新购进的设备、器具，单位价值不超过1000万元的，允许一次性计入当期成本费用在计算应纳税所得额时扣除，不再分年度计算折旧

2. 下列关于企业所得税优惠政策的说法中，错误的有（　　）。

A. 企业购置并使用规定的环保、节能节水、安全生产等专用设备，该设备投资额的40%可以从应纳税所得额中抵免

B. 国家需要重点扶持的高新技术企业减按15%的所得税税率征收企业所得税

C. 企业综合利用资源生产符合国家产业政策规定的产品取得的收入，可以在计算应纳税所得额时减计收入10%

D. 企业安置残疾人员所支付的工资，按照残疾人工资的50%加计扣除

3. 企业所得税的纳税义务人有（　　）。

A. 中外合资企业　　B. 个人独资企业　　C. 有限责任公司　　D. 外商投资企业

4. 企业下列项目的所得免征企业所得税的有（　　）。

A. 坚果的种植　　B. 农产品初加工　　C. 林木的培育　　D. 茶的种植

5. 下列说法中，正确的有（　　）。

A. 分公司与总公司汇总缴纳企业所得税　　B. 子公司单独缴纳企业所得税

C. 子公司与母公司汇总缴纳企业所得税　　D. 分公司单独缴纳企业所得税

三、判断题

1. 分公司具有法人资格，子公司不具有法人资格。（　　）

2. 个人独资企业和合伙企业不作为企业所得税的纳税人，只纳个人所得税。（　　）

3. 股份公司和有限责任公司只纳企业所得税。（　　）

4. 采取缩短折旧年限方法的，最低折旧年限不得低于规定折旧年限的70%；采取加速折旧方法的，可以采取双倍余额递减法或者年数总和法。（　　）

5. 国家需要重点扶持的高新技术企业减按15%的所得税税率征收企业所得税。（　　）

6. 自2019年6月1日至2025年12月31日，社区提供养老、托育、家政等服务的机构，提供社区养老、托育、家政服务取得的收入，在计算应纳税所得额时，减按90%计入收入总额。（　　）

7. 根据企业所得税法律制度的规定，超支的广告费、业务宣传费、职工教育经费可结转下年继续，在以后年度扣除。（　　）

8. 企业所得税法所称符合条件的技术转让所得免征、减征企业所得税，是指一个纳税年度内，居民企业转让技术所有权所得不超过500万元的部分，免征企业所得税；超过500万元的部分，征收企业所得税。（　　）

四、案例题

1. 某投资者202×年年初欲投资设立国家重点扶持的高新技术企业甲公司（独立的法人）。现有两种方案可供选择：一是在广州市设立；二是在深圳市设立。假设甲公司不论在哪里设立，都不影响其生产经营，其应纳税所得额预计每年都为1 000万元。请对其进行纳税筹划。

2. A集团是一家大型企业，由上海的母公司和天津的甲子公司与广州的乙子公司组成，预计202×年度上海的母公司实现利润3 000万元，其甲子公司实现利润800万元，乙子公司亏损500万元，假设没有企业所得税纳税调整项目，企业所得税税率均为25%。请对其进行纳税筹划。

五、思考题

1. 如何利用注册地点的选择进行纳税筹划？

2. 如何对企业组织形式的选择进行纳税筹划？

3. 从纳税的角度进行分析，如何对子公司和分公司进行选择？

第 9 章

企业投资融资中的纳税筹划

能力目标
(1) 能对投资产业的选择进行纳税筹划。
(2) 能对直接投资与间接投资的选择进行纳税筹划。
(3) 能对房产投资方式的选择进行纳税筹划。
(4) 能通过合理安排融资结构进行纳税筹划。
(5) 能通过向股东筹资进行纳税筹划。

9.1 投资产业选择的纳税筹划

案例导入

【例 9-1】20×8 年,甲农场全部土地用来种植蔬菜。20×9 年,农场在种植蔬菜以外,计划增加种植项目,经过考察,最终决定在种植水果还是种植茶叶之中选择一个。假设种植水果或种植茶叶均能实现利润 300 万元,且无纳税调整项目。请对其进行纳税筹划。

税法依据

企业从事农、林、牧、渔业项目的所得,可以免征、减征企业所得税。
(1) 企业从事下列项目的所得,免征企业所得税:
① 蔬菜、谷物、薯类、油料、豆类、棉花、麻类、糖料、水果、坚果的种植;
② 农作物新品种的选育;
③ 中药材的种植;
④ 林木的培育和种植;
⑤ 牲畜、家禽的饲养;
⑥ 林产品的采集;
⑦ 灌溉、农产品初加工、兽医、农技推广、农机作业和维修等农、林、牧、渔服务业项目;
⑧ 远洋捕捞。
(2) 企业从事下列项目的所得,减半征收企业所得税:

① 花卉、茶以及其他饮料作物和香料作物的种植；
② 海水养殖、内陆养殖。

筹划思路

企业所得税法中的各种优惠反映了国家的政策导向，是国家鼓励和倡导的，企业可以充分利用各种优惠进行纳税筹划，不仅有利于企业，而且有利于国家。

筹划过程

方案一：选择种植茶叶。
种植茶叶的所得可以减半征收企业所得税。
$$当年应纳企业所得税 = 300 \times 25\% / 2 = 37.5（万元）$$
方案二：选择种植水果。
免征企业所得税。

筹划结论

方案二比方案一少缴纳企业所得税37.5万元（37.5万-0），因此，应当选择方案二。

筹划点评

具体种植什么项目，要看自身的具体情况，不能单纯根据企业所得税税负因素来作出选择。

9.2 直接投资与间接投资选择的纳税筹划

案例导入

【例9-2】甲公司是一家高新技术企业，适用15%的企业所得税税率。甲公司现有闲置资金1 000万元，有两个投资方案可供选择：一是同其他企业联营，投资创建另一个高新技术企业乙公司，甲公司拥有其20%的股权，预计乙公司每年实现利润总额300万元，且无纳税调整项目，税后利润提取法定盈余公积金后全部分配；二是甲公司用1 000万元购买国库券，年利率为5.5%。请对其进行纳税筹划。

税法依据

国家需要重点扶持的高新技术企业的企业所得税税率为15%。国债利息收入和符合条件的居民企业之间的股息、红利等权益性投资收益为免税收入。

筹划思路

投资方式分为直接投资和间接投资。例如，投资创建企业属于直接投资，购买股票和债券属于间接投资。对于上述规定来说，一方面，企业应该注意国家对高新技术企业的认定条件包括高新技术企业认定标准和程序。企业纳税筹划的重点应该转移到产业发展战略和企业性质的筹划上，努力成为高新技术企业。另一方面，当企业有闲置资产需要对外投资时，可以选择购买股票、债券等方式进行投资。在综合风险与收益的前提下，相对于其他投资，企业投资于国债这种免税项目不失为一个较好的投资选择。

筹划过程

方案一：投资创建一个高新技术企业乙公司。

乙公司可获取税后利润＝300×（1-15%）＝255（万元）

乙公司提取法定盈余公积金＝255×10%＝25.5（万元）

乙公司向投资者分配的利润合计＝255-25.5＝229.5（万元）

甲公司分回利润＝229.5×20%＝45.9（万元）

甲公司获得的实际投资收益＝45.9（万元）

方案二：购买国库券。

则甲公司投资国库券获得的利息免缴企业所得税：

甲公司获取的实际投资收益＝1 000×5.5%＝55（万元）

筹划结论

方案二比方案一多获取投资收益9.1万元（55万-45.9万）。因此，应当选择方案二。

筹划点评

选择不同的投资方式，不能仅考虑税负，还应考虑到投资收益、发展前景和空间、自身条件等多种因素。

9.3 房产投资方式选择的纳税筹划

案例导入

【例9-3】甲公司为增值税一般纳税人，202×年2月1日至12月31日将其自有的房屋用于投资联营，该房产原账面价值是200万元。现有两套对外投资方案可供选择：方案一，收取固定收入，不承担联营风险，当年取得的固定收入共计为20万元（含增值税）；方案二，投资者参与投资利润分红，共担风险。当地房产税原值扣除比例为30%。请对其进行纳税筹划。

税法依据

对投资联营的房产，在计征房产税时应区别对待。对于以房产投资联营，投资者参与投资利润分红，共担风险的，按房产余值作为计税基础计征房产税；对以房产投资，收取固定收入，不承担联营风险的，实际是以联营名义取得房产租金，应由出租方按租金收入计征房产税。

筹划思路

两种房产投资方式下的房产税计税依据和适用税率都是不同的,通过比较两种计税方式下房产税税负的大小,便可以选择税负低的方案。

筹划过程

方案一:收取固定收入,不承担联营风险。
　　202×年1月应纳房产税=200×(1-30%)×1.2%×(1/12)=0.14(万元)
　　202×年2—12月应纳房产税=[20/(1+9%)]×12%=2.20(万元)
　　202×年全年应纳房产税=0.14+2.20=2.34(万元)
方案二:投资者参与投资利润分红,共担风险。
　　202×年应纳房产税=200×(1-30%)×1.2%=1.68(万元)

筹划结论

方案二比方案一少缴纳房产税0.66万元(2.34万-1.68万),因此,应当选择方案二。

筹划点评

不同的房产投资方式,其投资风险和收益是不同的,投资者不仅应考虑税负因素,而应权衡利弊,综合考虑,以作出最优决策。

9.4　融资结构的纳税筹划

案例导入

【例9-4】甲公司准备筹资100万元用于一项新产品的生产,预计年息税前利润为30万元。现有三个方案可供选择:方案一,债务资本与权益资本的比例为0∶100;方案二,债务资本与权益资本的比例为30∶70;方案三,债务资本与权益资本的比例为50∶50。三个方案的负债利率都是6%(金融企业同期贷款利率为6.65%),企业所得税税率均为25%。请对其进行纳税筹划。

税法依据

非金融企业向非金融企业借款的利息支出,不超过按照金融企业同期同类贷款利率计算的数额的部分。向投资者支付的股息、红利等权益性投资收益款项不得在计算应纳税所得额时扣除。

筹划思路

总的来说,企业融资分为负债融资和所有者权益融资。负债融资的财务杠杆效应主要体现在抵减企业所得税和提高权益资本收益率这两个方面。在息税前收益率不低于负债成本率的前提下，负债比率越高，额度越大，其节税效果越明显。企业可适当增加负债额度，提高负债比重，以带来节税和提高权益资本收益率的双重效果。

筹划过程

三种方案的比较如表 9-1 所示。

表 9-1　三种方案的比较

项　目	方案一	方案二	方案三
资本结构（债务资本：权益资本）	0∶100	30∶70	50∶50
息税前利润/万元	30	30	30
负债利率	6%	6%	6%
负债利息/万元	0	30×6%＝1.8	50×6%＝3
税前利润/万元	30－0＝30	30－1.8＝28.2	30－3＝27
应纳企业所得税（税率为25%）	30×25%＝7.5	28.2×25%＝7.05	27×25%＝6.75
税后利润/万元	30－7.5＝22.5	28.2－7.05＝21.15	27－6.75＝20.25
税前权益资本收益率	30/100＝30%	28.2/70＝40.3%	27/50＝54%
税后权益资本收益率	22.5/100＝22.5%	21.15/70＝30.2%	20.25/50＝40.5%

筹划结论

方案三无论从节税方面还是权益资本收益率方面都是最优的，因此，应当选择方案三。

筹划点评

负债融资隐含着财务风险，并非多多益善。企业应当合理确定负债的规模，将其控制在一定的范围之内，使负债融资带来的利益大于由于负债融资的比重增大所带来的财务风险和融资风险成本。

9.5　企业向股东筹资的纳税筹划

案例导入

【例 9-5】甲公司由两个自然人股东设立，注册资本 2 000 万元。202×年 1 月 1 日，所有者权益共 2 000 万元。202×年甲公司欲扩大规模，需要资金 6 000 万元。假定甲公司扩大规模后每年的利润总额为 2 000 万元（未扣除利息支出），且没有其他企业所得税纳税调整项目。甲公司税后利润全部分给股东（甲公司法定盈余公积金累计额达到公司注册资本的 50% 以上，甲公司决定不再提取法定盈余公积金，也不提取任意盈余公积金）。股东可通过股权或债权投资，也可通过股权和债权相结合的方式投资。具体来说，有以下三种集资方式可供选择。方案一：甲公司接受股东的股权投资 6 000 万元。方案二：甲公司向股东借款 6 000 万元［甲公司不能按照《中华人民共和国企业所得税法》（以后简称《企业所得税法》）及《中华人民共和国企业所得税法实施条例》（以后简称《企业所得税法实施条例》）的有关规定提供相关资料，不能证明相关交易活动符合独立交易原则的]。方案三：甲公司接受股东的股权投资 700 万元，甲公司向股东借款 5 300 万元。甲公司向股东借款的借款利率为 10%，金融企业同期同类贷款利率为 12%，甲公司无其他借款。甲公司适用的企业所得税税率为 25%。请对其进行纳税筹划。

税法依据

《国家税务总局关于企业向自然人借款的利息支出企业所得税税前扣除问题的通知》（国税函〔2009〕777 号）规定：（1）企业向股东或其他与企业有关联关系的自然人借款的利息支出，应根据《中华人民共和国企业所得税法》第四十六条及《财政部 国家税务总局关于企业关联方利息支出税前扣除标准有关税收政策问题的通知》（财税〔2008〕121 号）规定的条件，计算企业所得税扣除额。（2）企业向除第（1）条规定以外的内部职工或其他人员借款的利息支出，其借款情况同时符合以下条件的，其利息支出在不超过按照金融企业同期同类贷款利率计算的数额的部分，根据《企业所得税法》第八条和《企业所得税法实施条例》第二十七条规定，准予扣除。① 企业与个人之间的借贷是真实、合法、有效的，并且不具有非法集资目的或其他违反法律、法规的行为；② 企业与个人之间签订了借款合同。

《财政部 国家税务总局关于企业关联方利息支出税前扣除标准有关税收政策问题的通知》（财税〔2008〕121 号）规定：（1）在计算应纳税所得额时，企业实际支付给关联方的利息支出，不超过以下规定比例和《企业所得税法》及其实施条例有关规定计算的部分，准予扣除；超过的部分不得在发生当期和以后年度扣除。企业实际支付给关联方的利息支出，除符合本通知第二条规定外，其接受关联方债权性投资与其权益性投资的比例为：① 金融企业为 5∶1；② 其他企业为 2∶1。（2）企业如果能够按照《企业所得税法》及《企业所得税法实施条例》的有关规定提供相关资料，并证明相关交易活动符合独立交易原则的，或者该企业的实际税负不高于境内关联方的，其实际支付给境内关联方的利息支出，在计算应纳税所得额时准予扣除。（3）企业同时从事金融业务和非金融业务，其实际支付给关联方的利息支出，应按照合理方法分开计算；没有按照合理方法分开计算的，一律按本通知第一条有关其他企业的比例计算准予税前扣除的利息支出。（4）企业自关联方取得的不符合规定的利息收入应按照有关规定缴纳企业所得税。

筹划思路

企业向股东融资时，《企业所得税法》对税前利息的扣除有所限制：一方面，企业应当在利息可以在企业所得税税前扣除的范围内借入资金，以充分发挥利息抵税的作用；另一方面，可以考虑进一步吸收股东股权投资，以避免超过《企业所得税法》规定的债资比例。

筹划过程

方案一：甲公司接受股东的股权投资 6 000 万元。

甲公司应纳企业所得税 = 2 000×25% = 500（万元）

甲公司税后利润 = 2 000 − 500 = 1 500（万元）

股东红利所得=1 500（万元）

股东红利所得应纳个人所得税=1 500×20%=300（万元）

甲公司和股东应纳税额合计=500+300=800（万元）

股东税后收益=1 500-300=1 200（万元）

方案二：甲公司向股东借款6 000万元（甲公司不能按照《企业所得税法》及《企业所得税法实施条例》的有关规定提供相关资料，不能证明相关交易活动符合独立交易原则的）。

甲公司关联债资比例=6 000/2 000=3：1>2：1

甲公司不能按照《企业所得税法》及《企业所得税法实施条例》的有关规定提供相关资料，不能证明相关交易活动符合独立交易原则，则甲公司关联债资比例超过税法规定的标准比例的利息支出不得在企业所得税税前扣除。

甲公司利息支出合计=6 000×10%=600（万元）

甲公司允许扣除的利息支出=2 000×2×10%=400（万元）

甲公司应纳税所得额=2 000-400=1 600（万元）

甲公司应纳企业所得税=1 600×25%=400（万元）

股东利息所得应纳个人所得税=6 000×10%×20%=600×20%=120（万元）

甲公司税后利润=2 000-600-400=1 000（万元）

股东红利所得=1 000（万元）

股东红利所得应纳个人所得税=1 000×20%=200（万元）

股东应纳个人所得税合计=120+200=320（万元）

甲公司和股东应纳税额合计=400+320=720（万元）

股东税后收益=（600-120）+（2 000-600-400-200）

=1 280（万元）

方案三：甲公司接受股东的股权投资700万元，甲公司向股东借款5 300万元。

甲公司关联债资比例=5 300/2 700=1.96：1<2：1 （注：2 700=2 000+700）

甲公司关联债资比例未超过税法规定的标准比例，借款利息支出可以在企业所得税税前据实全额扣除。

甲公司允许扣除的利息支出=5 300×10%=530（万元）

甲公司应纳税所得额=2 000-530=1 470（万元）

甲公司应纳企业所得税=1 470×25%=367.50（万元）

股东利息所得应纳个人所得税=5 300×10%×20%=530×20%=106（万元）

甲公司税后利润=2 000-530-367.50=1 102.50（万元）

股东红利所得=1 102.50（万元）

股东红利所得应纳个人所得税=1 102.50×20%=220.50（万元）

股东应纳个人所得税合计=106+220.50=326.50（万元）

甲公司和股东应纳税额合计=367.50+326.50=694（万元）

股东税后收益=（530-106）+（2 000-530-367.50-220.50）

=1 306（万元）

筹划结论

方案三比方案一少缴纳企业所得税132.5万元（500万-367.50万），多缴纳个人所得税26.50万元（326.50万-300万），少缴纳税额合计106万元（800万-694万），少获取税后利润397.5万元（1 500万-1 102.50万），多获取股东税后收益106万元（1 306万-1 200万）；方案三比方案二少缴纳企业所得税32.5万元（400万-367.50万），多缴纳个人所得税6.50万元（326.50万-320万），少缴纳税额合计26万元（720万-694万），多获取税后利润102.50万元（1 102.50万-1 000万），多获取股东税后收益26万元（1 306万-1 280万）。因此，若以企业税后利润最大化为目标，应当选择方案一；若以整体税负最小化或者股东税后收益最大化为目标，均应当选择方案三。

筹划点评

通过测算不同的筹资方式下相关指标的大小，可以作出合理的筹资决策。

关键词

投资产业　投资方式　融资结构　向股东筹资

能力训练

一、单项选择题

1. 下列项目的所得中，减征企业所得税的是（　　）。
   A. 中药材的种植　　　　　　　　B. 林木的培育和种植
   C. 海水养殖、内陆养殖　　　　　D. 牲畜、家禽的饲养
2. 根据企业所得税法律制度的规定，下列各项中，应计入应纳税所得额的是（　　）。
   A. 储蓄机构代扣代缴个人利息所得税取得的手续费收入
   B. 国债利息收入
   C. 符合条件的非营利组织的收入
   D. 符合条件的居民企业之间的股息、红利等权益性收益
3. 下列各项中，可以计算折旧在企业所得税税前扣除的是（　　）。
   A. 房屋、建筑物以外未投入使用的固定资产
   B. 已足额提取折旧仍继续使用的固定资产
   C. 以经营租赁方式租入的固定资产
   D. 以融资租赁方式租入的固定资产
4. 国家需要重点扶持的高新技术企业的企业所得税税率为（　　）。
   A. 10%　　　　　B. 15%　　　　　C. 18%　　　　　D. 20%
5. 甲公司为我国境内设立的公司，适用25%的所得税税率，乙公司为在国外设立的公司，适用15%的所得税税率，甲公司拥有乙公司30%的股权。乙公司202×年实现净利润500万元，且全部分配，则甲公司对从乙公司分回的利润需补缴企业所得税（　　）万元。
   A. 15　　　　　B. 17.65　　　　　C. 37.5　　　　　D. 44.11

二、多项选择题

1. 下列各项中，不享受免征企业所得税的有（　　）。

A. 外国企业向中国企业提供的优惠贷款取得的利息所得
B. 从事符合条件的环境保护的所得
C. 企业承包建设国家重点扶持的公共基础设施项目的所得
D. 从事林木的培养和种植的所得

2. 下列各项中，不得计算折旧在企业所得税税前扣除的有（　　）。
A. 以融资租赁方式租入的机床 B. 未投入使用的机器设备
C. 以经营租赁方式租入的生产线 D. 与经营活动无关的小汽车

3. 负债融资的财务杠杆效应主要体现在（　　）这两个方面。
A. 抵减企业所得税 B. 延期缴纳企业所得税
C. 提高权益资本收益率 D. 提高毛利率

4. 下列项目的所得中，减半征收企业所得税的有（　　）。
A. 香料的种植 B. 茶叶的种植
C. 蔬菜的种植 D. 花卉的种植

5. 下列各项中，免征企业所得税的有（　　）。
A. 国债利息收入
B. 符合条件的居民企业之间的股息、红利等权益性收益，指的是居民企业直接投资于其他居民企业取得的投资收益
C. 在中国境内设立机构、场所的非居民企业从居民企业取得与该机构、场所有实际联系的股息、红利等权益性投资收益。该收益包括连续持有居民企业公开发行并上市流通的股票不足12个月取得的投资收益
D. 依法收取并纳入财政管理的行政事业性收费、政府性基金

三、判断题

1. 以融资租赁方式租出的固定资产可在企业所得税税前扣除。（　　）
2. 国家重点扶持的高新技术企业和小型微利企业都适用15%税率。（　　）
3. 企业从事农、林、牧、渔业项目的所得，可以免征、减征所得。（　　）
4. 经营租赁方式租入设备所支付的租金可在企业所得税税前扣除。（　　）
5. 国债利息收入和国家发行的金融债券利息收入免征企业所得税。（　　）

四、案例题

1. 甲公司准备筹资500万元用于一项新产品的生产，预计年息税前利润为100万元。现有五个方案可供选择：方案一，债务资本与权益资本的比例为0∶100；方案二，债务资本与权益资本的比例为30∶70；方案三，债务资本与权益资本的比例为50∶50；方案四，债务资本与权益资本的比例为70∶30；方案五，债务资本与权益资本的比例为100∶0。五个方案的负债利率都是8%，企业所得税税率均为25%。请对其进行纳税筹划。

2. 甲投资开发总公司202×年1月计划投资，总投资额为100万元，现有两个投资项目，条件都是期限为一年，单利计息：一是投资购买国债，年利率为3%；二是投资购买国家重点建设债券，年利率为4.2%。企业所得税税率为25%，该投资开发总公司购买哪种债券更合适？

五、思考题

1. 如何对融资结构进行纳税筹划？
2. 企业投资行为的纳税筹划有哪些筹划空间？（试举两例）

第 10 章

企业生产经营中的纳税筹划

能力目标
（1）能对采购对象的选择进行纳税筹划。
（2）能对采购运费的选择进行纳税筹划。
（3）能对采购时间的选择进行纳税筹划。
（4）能对存货计价方法的选择进行纳税筹划。
（5）能对固定资产折旧方法的选择进行纳税筹划。
（6）能通过避免还本销售进行纳税筹划。
（7）能对折扣销售进行纳税筹划。
（8）能对实物折扣进行纳税筹划。
（9）能对返还现金进行纳税筹划。
（10）能对销售折扣进行纳税筹划。

10.1 采购对象选择的纳税筹划

案例导入

【例 10-1】甲公司为增值税一般纳税人，购买原材料时，若从一般纳税人乙公司购进，则每吨的含增值税价格为 5 000 元，可取得由乙公司开具的税率为 13% 的增值税专用发票；若从小规模纳税人丙公司购进，则每吨的含增值税价格为 4 000 元，可取得由丙公司开具的税率为 3% 的增值税专用发票。甲公司适用的城市维护建设税税率为 7%，教育费附加征收率为 3%。请对甲公司物资采购对象选择进行纳税筹划。

税法依据

增值税一般纳税人如果从一般纳税人购入原材料等物资，取得增值税专用发票，可以按不含税买价的 13%、9% 或者 6% 等比例抵扣进项税额；而如果从小规模纳税人购入，则不能抵扣进项税额，即便能够取得由税务机关代开的增值税专用发票，也只能按不含税买价的 3% 抵扣进项税额。

筹划思路

不同的扣税额度会影响到企业的税负，最终会影响到企业现金净流量。但是，若小规模纳税人销售货物、劳务、服务、无形资产或者不动产的价格比一般纳税人的销售价格低，企业从小规模纳税人采购也可能更划算。因此，采购时要综合考虑，最终选择使得企业现金净流量最大或现金流出量最小的方案。

筹划过程

方案一：从一般纳税人乙公司购进材料。

从一般纳税人乙公司购进材料时的现金流出量=5 000−[5 000/(1+13%)]×13%×(1+7%+3%)=4 367.26（元）

方案二：从小规模纳税人丙公司购进材料。

从小规模纳税人丙公司购进材料时的现金流出量=4 000−[4 000/(1+3%)]×3%×(1+7%+3%)=3 871.84（元）

筹划结论

方案二比方案一现金流出量少495.42元（4 367.26−3 871.84），因此，应当选择方案二。

筹划点评

选择采购对象不能仅考虑税负或现金净流量，还应考虑采购的货物、劳务、服务、无形资产或不动产质量、售后服务、运输成本等多种因素。

10.2 采购运费选择的纳税筹划

案例导入

【例10-2】甲公司为增值税一般纳税人，202×年7月欲接受一家企业提供交通运输服务，现有以下几种方案可供选择：一是接受乙公司（增值税一般纳税人）提供的运输服务，取得由乙公司开具的增值税专用发票，价税合计为31 000元；二是接受丙公司（增值税小规模纳税人）提供的运输服务，取得由丙公司开具的增值税专用发票，价税合计为30 000元；三是接受丁公司（增值税小规模纳税人）提供的运输服务，取得由丁公司开具的增值税普通发票，价税合计为29 000元。甲公司适用的城市维护建设税税率为7%，教育费附加征收率为3%。请对其进行纳税筹划。

税法依据

下列进项税额准予从销项税额中抵扣。

（1）从销售方取得的增值税专用发票（含税控机动车销售统一发票，下同）上注明的增值税额。

(2) 从海关取得的海关进口增值税专用缴款书上注明的增值税额。

(3) 自 2018 年 5 月 1 日起，纳税人购进农产品，原适用 11% 扣除率的，扣除率调整为 10%。自 2019 年 4 月 1 日起，纳税人购进农产品，原适用 10% 扣除率的，扣除率调整为 9%。纳税人购进农产品，按下列规定抵扣进项税额。

① 除下面第②项规定外，纳税人购进农产品，取得一般纳税人开具的增值税专用发票或海关进口增值税专用缴款书的，以增值税专用发票或海关进口增值税专用缴款书上注明的增值税额为进项税额；从按照简易计税方法依照 3% 征收率计算缴纳增值税的小规模纳税人取得增值税专用发票的，以增值税专用发票上注明的金额和 9%（自 2017 年 7 月 1 日起至 2018 年 4 月 30 日，为 11%；自 2018 年 5 月 1 日起至 2019 年 3 月 31 日，为 10%）的扣除率计算进项税额；取得（开具）农产品销售发票或收购发票的，以农产品销售发票或收购发票上注明的农产品买价和 9%（自 2017 年 7 月 1 日起至 2018 年 4 月 30 日，为 11%；自 2018 年 5 月 1 日起至 2019 年 3 月 31 日，为 10%）的扣除率计算进项税额（买价，是指纳税人购进农产品在农产品收购发票或者销售发票上注明的价款和按照规定缴纳的烟叶税）。

② 自 2017 年 7 月 1 日起至 2018 年 4 月 30 日的营改增试点期间，纳税人购进用于生产销售或委托加工 17% 税率货物的农产品，维持原扣除力度不变（原扣除力度指的是 13% 的扣除率）。自 2018 年 5 月 1 日起至 2019 年 3 月 31 日的营改增试点期间，纳税人购进用于生产销售或委托加工 16% 税率货物的农产品，按照 12% 的扣除率计算进项税额。自 2019 年 4 月 1 日起的营改增试点期间，纳税人购进用于生产或者委托加工 13% 税率货物的农产品，按照 10% 的扣除率计算进项税额。

③ 继续推进农产品增值税进项税额核定扣除试点，纳税人购进农产品进项税额已实行核定扣除的，仍按照《财政部 国家税务总局关于在部分行业试行农产品增值税进项税额核定扣除办法的通知》（财税〔2012〕38 号）、《财政部 国家税务总局关于扩大农产品增值税进项税额核定扣除试点行业范围的通知》（财税〔2013〕57 号）执行。其中，《农产品增值税进项税额核定扣除试点实施办法》（财税〔2012〕38 号印发）第四条第（二）项规定的扣除率调整为 9%（自 2017 年 7 月 1 日起至 2018 年 4 月 30 日，为 11%；自 2018 年 5 月 1 日起至 2019 年 3 月 31 日，为 10%）；第（三）项规定的扣除率调整为按上述第①项、第②项规定执行。

④ 纳税人从批发、零售环节购进适用免征增值税政策的蔬菜、部分鲜活肉蛋而取得的普通发票，不得作为计算抵扣进项税额的凭证。

⑤ 纳税人购进农产品既用于生产销售或委托加工 13%（自 2017 年 7 月 1 日起至 2018 年 4 月 30 日，为 17%；自 2018 年 5 月 1 日起至 2019 年 3 月 31 日，为 16%）税率货物又用于生产销售其他货物服务的，应当分别核算用于生产销售或委托加工 13%（自 2017 年 7 月 1 日起至 2018 年 4 月 30 日，为 17%；自 2018 年 5 月 1 日起至 2019 年 3 月 31 日，为 16%）税率货物和其他货物服务的农产品进项税额。未分别核算的，统一以增值税专用发票或海关进口增值税专用缴款书上注明的增值税额为进项税额，或以农产品收购发票或销售发票上注明的农产品买价和 9%（自 2017 年 7 月 1 日起至 2018 年 4 月 30 日，为 11%；自 2018 年 5 月 1 日起至 2019 年 3 月 31 日，为 10%）的扣除率计算进项税额。

⑥ 销售发票，是指农业生产者销售自产农产品适用免征增值税政策而开具的普通发票。

（4）自用的应征消费税的摩托车、汽车、游艇，2013年8月1日（含）以后购入的，其进项税额准予从销项税额中抵扣。

（5）自境外单位或者个人购进劳务、服务、无形资产或者境内的不动产，从税务机关或者扣缴义务人取得的代扣代缴税款的完税凭证上注明的增值税额。

纳税人凭完税凭证抵扣进项税额的，应当具备书面合同、付款证明和境外单位的对账单或者发票。资料不全的，其进项税额不得从销项税额中抵扣。

（6）自2019年4月1日起，购进国内旅客运输服务，其进项税额允许从销项税额中抵扣。

纳税人购进国内旅客运输服务未取得增值税专用发票的，暂按照以下规定确定进项税额：

① 取得增值税电子普通发票的，为发票上注明的税额；

② 取得注明旅客身份信息的航空运输电子客票行程单的，为按照下列公式计算进项税额：

$$航空旅客运输进项税额 = [(票价+燃油附加费)/(1+9\%)] \times 9\%$$

③ 取得注明旅客身份信息的铁路车票的，为按照下列公式计算的进项税额：

$$铁路旅客运输进项税额 = [票面金额/(1+9\%)] \times 9\%$$

④ 取得注明旅客身份信息的公路、水路等其他客票的，按照下列公式计算进项税额：

$$公路、水路等其他旅客运输进项税额 = [票面金额/(1+3\%)] \times 3\%$$

筹划思路

2013年8月1日除了铁路运输业以外的交通运输业在全国推行"营改增"后，取消了试点纳税人和原增值税纳税人接受交通运输服务，按交通运输费用结算单据上注明的运输费用金额和7%的扣除率计算进项税额的政策；取消了试点纳税人接受试点小规模纳税人提供交通运输服务，按增值税专用发票注明金额和7%的扣除率计算进项税额的政策。上述政策于2013年8月1日取消后，纳税人除了取得铁路运输费用结算单据外（由于2013年8月1日至2013年12月31日交通运输业中只有铁路运输未实行"营改增"，因此在这段时间内纳税人取得的铁路运输费用结算单据仍可抵扣进项税额），将统一按照增值税专用发票的票面税额抵扣进项税额。另外，自2014年1月1日起，铁路运输也纳入"营改增"，自此交通运输业全部纳入"营改增"，按交通运输费用结算单据上注明的运输费用金额和7%的扣除率计算进项税额的政策全部取消。

接受运输服务的企业应当综合考虑接受运输服务的价格和可抵扣的进项税额两方面因素，其中对于存在的可抵扣的进项税额（会使增值税税负减少），又会相应地减少城市维护建设税和教育费附加。这样我们可通过比较不同方案下的现金净流量或现金流出量的大小，最终选择现金净流量最大或现金流出量最小的方案。

筹划过程

方案一：接受乙公司（增值税一般纳税人）提供的运输服务，取得由乙公司开具的增值税专用发票，价税合计为31 000元。

甲公司现金流出量=31 000-[31 000/(1+9%)]×9%×(1+7%+3%)= 28 184.40（元）

方案二：接受丙公司（增值税小规模纳税人）提供的运输服务，取得由丙公司开具的增值税专用发票，价税合计为30 000元。

甲公司现金流出量=30 000-[30 000/(1+3%)]×3%×(1+7%+3%)= 29 038.83（元）

方案三：接受丁公司（增值税小规模纳税人）提供的运输服务，取得由丁公司开具的增值税普通发票，价税合计为29 000元。

甲公司现金流出量=29 000（元）

筹划结论

方案一比方案二现金流出量少854.43元（29 038.83-28 184.40），方案一比方案三现金流出量少815.60元（29 000-28 184.40），因此，应当选择方案一。

筹划点评

值得注意的是，选择接受运输服务方时，不能仅考虑价格和税负因素，还应考虑到对方提供的运输服务的质量、信用、耗用时间等多种因素。

10.3 采购时间选择的纳税筹划

案例导入

【例10-3】甲公司为增值税一般纳税人，2008年12月欲购买一台100万元（不含增值税）的设备来扩大生产，该设备将于2009年2月投入使用。请对其进行纳税筹划。

税法依据

从2009年1月1日起，在维持现有的增值税税率不变的前提下，在全国范围内所有地区、所有行业的一般纳税人企业都可以抵扣其新购进机器设备所含的进项税额，未抵扣完的可以转到下一期继续抵扣。

筹划思路

税制应该具有稳定性，为了避免出现过度的震荡，使税制改革顺利地、平稳地进行下去，税制改革往往采取一定的过渡方式，企业利用这些过渡措施进行筹划是大有好处的。企业应及时掌握各类商品税率的变化，以便在购货时间上做相应的筹划安排，从而使得税负减轻。对于增值税转型政策的利用主要体现在，本来准备2008年年底购买的设备尽量延期至2009年1月购买，以充分享受购置设备进项税可以抵扣的政策。

筹划过程

方案一：2008年12月购进设备。

购置设备的进项税额不能抵扣，而是要计入固定资产原值。

方案二：2009 年 1 月购进设备。

购置设备的进项税额能够抵扣。与购置设备相关的进项税额＝100×13%＝13（万元）。

筹划结论

假设本期有足够多的销项税额，则方案二比方案一可少缴纳增值税 16 万元，因此，应当选择方案二。

筹划点评

当然，本例仅适用于特定的时期，即 2008 年年底，但讨论此案例至少给出了一种纳税筹划思路。比如，有些商品的税率经常波动，但在波动之前一般会有国家的相关税收文件出台，企业应当及时关注这些文件，一方面，在某些商品税率上调之前购买该商品；另一方面，在某些商品税率下调之后购买该商品，从而获取税收利益。另外，若增值税小规模纳税人即将转化为增值税一般纳税人，也应当尽量选择在转化为增值税一般纳税人之后再购置相关固定资产或原材料等。

10.4 存货计价方法选择的纳税筹划

案例导入

【例 10-4】甲公司 20×8 年 1 月和 11 月先后购进数量和品种相同的货物两批，进货价格分别为 1 000 万元和 800 万元，假设此前甲公司库存没有这种货物。甲公司在 20×8 年 12 月和 20×9 年 3 月各出售购进的货物的一半，出售价格分别为 1 200 万元和 1 000 万元。假设甲公司 20×8 年和 20×9 年均处于非减免税期间，且处于盈利年度。以上价格均不含增值税。假设折现率为 10%。甲公司适用的企业所得税税率为 25%。请对其进行纳税筹划。

税法依据

《企业会计准则第 1 号——存货》的规定，企业应当采用先进先出法、移动加权平均法、月末一次加权平均法和个别计价法确定发出存货的实际成本。

企业所得税法的规定，企业使用或者销售的存货的成本计算方法，可以在先进先出法、加权平均法、个别计价法三者中选用一种。计价方法一经选用，不得随意变更。

筹划思路

采用不同的存货计价方法，在一定的纳税年度所计算出来的存货成本是不同的，而存货成本的不同会影响企业的应纳税所得额，进而会影响企业所得税税负。存货计价方法的选择应以最充分或最快地发挥成本费用的抵税效应为标准。

在不同期间，企业应选择不同存货计价方法，以达到降低企业所得税税负的目的。

第一，减免税期间：由于减免税期间成本费用的抵税效应会部分或全部地被减免税优惠所抵消，因此，企业应选择在减免税期间成本费用少而在非减免税期间成本费用多的存货计价方法。

第二，非减免税期间且盈利期间：由于存货成本能从应纳税所得额中扣除，因此，为了使得存货成本的抵税效应能够完全发挥，应选择前期存货成本较大、后期存货成本较小的计价方法。具体来说，在通货膨胀时期，可选择加权平均法；在通货紧缩时期，可选择先进先出法。

第三，亏损期间：存货计价方法的选择应与企业的亏损弥补情况相结合，使得不能得到或不能完全得到税前弥补的亏损年度的成本费用降低，保证成本费用的抵税效应得到最大程度的发挥。

不同存货计价方法下的相关项目的比较如表 10-1 所示。

表 10-1 不同存货计价方法下的相关项目的比较　　　　　　　　　　万元

项目	加权平均法			先进先出法		
	20×8 年	20×9 年	合计	20×8 年	20×9 年	合计
销售收入	1 200	1 000	2 200	1 200	1 000	2 200
销售成本	900	900	1 800	1 000	800	1 800
税前利润	300	100	400	200	200	400
企业所得税	75	25	100	50	50	100
复利现值系数	0.909 1	0.826 4		0.909 1	0.826 4	
税金支出现值	68.18	20.66	88.84	45.46	41.32	86.78

筹划过程

方案一：采用加权平均法。

存货的加权平均成本 = (1 000+800)/2 = 900（万元）

20×8 年企业所得税 = (1 200-900)×25% = 75（万元）

20×9 年企业所得税 = (1 000-900)×25% = 25（万元）

企业所得税支出折合到 20×8 年年初的现值 = 75×(P/F, 10%, 1) + 25×(P/F, 10%, 2)

= 75×0.909 1 + 25×0.826 4 = 88.84（万元）

方案二：采用先进先出法。

20×8 年企业所得税 = (1 200-1 000)×25% = 50（万元）

20×9 年企业所得税 = (1 000-800)×25% = 50（万元）

企业所得税支出折合到 20×8 年年初的现值 = 50×(P/F, 10%, 1) + 50×(P/F, 10%, 2)

= 50×0.909 1 + 50×0.826 4 = 86.78（万元）

筹划结论

方案二比方案一企业所得税支出现值共少 2.06 万元（88.84 万-86.78 万），因此，应当选择方案二。

筹划点评

由于存货计价方法一经选用，不得随意变更，因此，限制了此类纳税筹划方法的运用。尤其是存货价格上升或下降趋势与预计相反时，会导致纳税筹划结果事与愿违。

10.5　固定资产折旧方法选择的纳税筹划

案例导入

【例 10-5】 甲公司购进一台新设备，原值为 1 000 万元，预计净残值率为 5%，经税务机关核定其折旧年限为 5 年。由于该设备属于处于强震动、高腐蚀状态的固定资产，税务机关批准可以采用年限平均法、双倍余额递减法或年数总和法计提折旧。预计每年税前会计利润均为 2 000 万元，且没有纳税调整项目。假设折现率为 10%。甲公司适用的企业所得税税率为 25%。请对其进行纳税筹划。

税法依据

企业的固定资产由于技术进步等原因，确需加速折旧的，可以缩短折旧年限或者采取加速折旧的方法。可以享受这一优惠的固定资产包括：① 由于技术进步，产品更新换代较快的固定资产；② 常年处于强震动、高腐蚀状态的固定资产。采取缩短折旧年限方法的，最低折旧年限不得低于规定折旧年限的 60%；采取加速折旧方法的，可以采取双倍余额递减法或者年数总和法。

筹划思路

采用不同的折旧方法，在一定的纳税年度中所计算出来的折旧额是不同的，而折旧额的不同会影响企业的应纳税所得额，进而会影响企业所得税税负。折旧方法的选择应以最充分或最快地发挥折旧费用的抵税效应为标准。

在不同期间，企业应选择不同的折旧方法，以达到降低企业所得税税负的目的。

第一，减免税期间：由于减免税期内折旧费用的抵税效应会全部或部分地被减免税优惠所抵消，因此，企业应选择在减免税期间折旧少而在非减免税期间折旧多的折旧方法。

第二，非减免税期间且盈利期间：由于折旧费用能从应纳税所得额中扣除，因此，为了使得折旧费用的抵税效能够完全发挥，应选择前期折旧费用较大、后期折旧费用较小的折旧方法。具体来说，可选择加速折旧法。

第三，亏损期间：折旧方法的选择应与企业的亏损弥补情况相结合，使得不能得到或不能完全得到税前弥补的亏损年度的折旧费用降低，保证折旧费用的抵税效应得到最大程度的发挥。

筹划过程

具体方案的比较如表 10-2 所示。

表 10-2　不同折旧方法下的相关项目的比较　　　　　　　　　　　　　　　万元

年份	方案一：年限平均法				方案二：双倍余额递减法				方案三：年数总和法			
	折旧	税前利润	企业所得税	折现值	折旧	税前利润	企业所得税	折现值	折旧	税前利润	企业所得税	折现值
第1年	190	1 810	452.5	411.37	400	1 600	400	363.64	316.6	1 683.4	420.85	382.59
第2年	190	1 810	452.5	373.95	240	1 760	440	363.62	253.4	1 746.6	436.65	360.85
第3年	190	1 810	452.5	339.96	144	1 856	464	348.60	190	1 810	452.5	339.96
第4年	190	1 810	452.5	309.06	83	1 917	479.25	327.33	126.6	1 873.4	468.35	319.88
第5年	190	1 810	452.5	280.96	83	1 917	479.25	297.57	63.4	1 936.6	484.15	300.61
合计	950	9 050	2 262.5	1 715.30	950	9 050	2 262.5	1 700.76	950	9 050	2 262.5	1 703.89

筹划结论

方案二比方案一企业所得税支出现值共少 14.54 万元（1 715.30 万 - 1 700.76 万），比方案三企业所得税支出现值共少 3.13 万元（1 703.89 万 - 1 700.76 万），因此，应当选择方案二。

筹划点评

由于未来期间盈利或亏损具有一定的不确定性，因此，有时会限制此类纳税筹划方法的运用。

10.6　还本销售中的纳税筹划

案例导入

【例 10-6】甲公司是一家生产企业，为增值税一般纳税人。202×年7月，因资金缺乏，决定采用还本销售方式销售货物，以保证企业正常经营。销售货物价格 600 万元（含增值税），双方约定自销售当年起，五年内每年年末还本 120 万元（含增值税），该货物的市场价格为 200 万元（含增值税）。该批货物成本为 100 万元（不含增值税），取得增值税专用发票，注明价款 100 万元，进项税额 13 万元。甲公司适用的企业所得税税率为 25%，城市维护建设税税率为 7%，教育费附加征收率为 3%。请对其进行纳税筹划。

税法依据

还本销售是指纳税人在销售货物后，到一定期限由销售方一次或分次退还给购货方全部或部分价款。这种方式实际上是一种筹资，是以货物换取资金的使用价值，到期还本不付息的方法。

采取还本销售方式销售货物，其销售额（计算增值税的销售额）就是货物的销售价格，不得从销售额中减除还本支出。

企业实际发生的与取得收入有关的、合理的支出，包括成本、费用、税金、损失和其他支出，准予在计算应纳税所得额时扣除。

筹划思路

企业若采用还本销售方式销售货物，不仅会增加企业增值税税负，当期收入的增加还会引起当期企业所得税税负增加。企业可采用向购货方借款的方式来代替还本销售方式进行筹资，以便达到降低税负的目的。

筹划过程

方案一：采用还本销售方式进行筹资。

甲公司应确认的收入 = 600/（1+13%）= 530.97（万元）

应纳增值税 = 530.97×13% - 13 = 56.03（万元）

应纳城市维护建设税和教育费附加 = 56.03×(7%+3%) = 5.60（万元）

202×年应确认的财务费用 = 120（万元）

202×年应纳税所得额 = 530.97 - 100 - 120 - 5.60 = 305.37（万元）

202×年应纳企业所得税 = 305.37×25% = 76.34（万元）

202×年税后利润 = 305.37 - 76.34 = 229.03（万元）

202×年甲公司总体税负 = 56.03 + 5.60 + 76.34 = 137.97（万元）

方案二：甲公司以市场价格销售货物，价格为200万元（含增值税），同时向购货方借款400万元，利率10%（银行同期存款利率为6.55%，取得增值税普通发票），双方约定自销售当年起5年内每年还本付息120万元（400/5+400×10%），五年内本息合计600万元（120×5）。

甲公司应确认的收入 = 200/（1+13%）= 176.99（万元）

应纳增值税 = 176.99×13% - 13 = 10.01（万元）

应纳城市维护建设税和教育费附加 = 10.01×(7%+3%) = 1.00（万元）

202×年应确认的财务费用 = 400×10% = 40（万元）

202×年可在企业所得税税前扣除的财务费用 = 400×6.55% = 26.2（万元）

202×年应纳税所得额 = 176.99 - 100 - 26.2 - 1.00 = 49.79（万元）

202×年应纳企业所得税 = 49.79×25% = 12.45（万元）

202×年税后利润 = 176.99 - 100 - 40 - 1.00 - 12.45 = 23.54（万元）

202×年甲公司总体税负 = 10.01 + 1.00 + 12.45 = 23.46（万元）

筹划结论

方案二比方案一少纳税合计114.51万元（137.97万 - 23.46万），因此应当选择方案二。

筹划点评

企业在选择筹资方式时，应尽量避免选择还本销售方式，可以与购买方协商，以借款方式代替还本销售方式，这样便会降低筹资方（销售方）的税负。同时应当注意到，方案二的税后利润远小于方案一的税后利润,但后四年方案一每年税前扣除还本支出120万元,而后四年方案二每年税前扣除利息支出26.2万元。也就是说,方案二后四年会更多地实现利润,读者可以通过折现的方式自行测算。

10.7 折扣销售的纳税筹划

案例导入

【例10-7】甲公司为促销,给予客户以下优惠:凡一次性购买其产品达到5万元或5万元以上的(不含增值税),给予价格上20%的折扣。本期符合上述折扣优惠条件的销售额共计50万元(不含增值税)。请对其进行纳税筹划。

税法依据

折扣销售,会计上又称商业折扣,是指销货方在销售货物或应税劳务时,因购货方购货数量较大等原因,而给予购货方的价格优惠,它是在实现销售时同时发生的。

纳税人采取折扣方式销售货物,如果销售额和折扣额在同一张发票上分别注明的,可按折扣后的销售额征收增值税。纳税人采取折扣方式销售货物,销售额和折扣额在同一张发票上分别注明是指销售额和折扣额在同一张发票上的"金额"栏分别注明的,可按折扣后的销售额征收增值税。未在同一张发票"金额"栏注明折扣额,而仅在发票的"备注"栏注明折扣额的,折扣额不得从销售额中减除。

筹划思路

应使得销售额和折扣额在同一张发票的金额栏中分别注明,按折扣后的销售额计征增值税,这样便能降低计税依据,从而减轻企业税负。

筹划过程

方案一:甲公司未将销售额和折扣额在同一张发票的金额栏中分别注明,而是将折扣额另开发票。

$$增值税销项税 = 50 \times 13\% = 6.5(万元)$$

方案二:甲公司将销售额和折扣额在同一张发票的金额栏中分别注明。

$$增值税销项税 = 50 \times (1-20\%) \times 13\% = 5.2(万元)$$

筹划结论

方案二比方案一少缴纳增值税1.3万元(6.5万-5.2万),因此,应当选择方案二。

筹划点评

将销售额和折扣额在同一张发票的金额栏中分别注明,举手之劳,便能降低增值税税负。

10.8 实物折扣的纳税筹划

案例导入

【例10-8】甲公司为促销推行赠送活动,凡购买一件价值100万元(不含增值税)产品的购买方,便能获赠价值10万元(不含增值税)的产品。假设本地税务机关认为"买一赠一、捆绑销售等组合销售行为"应当视同销售缴纳增值税。请对其进行纳税筹划。

税法依据

折扣销售的税收优惠仅适用于价格折扣,而不适用于实物折扣。如果销售者将自产、委托加工或购买的货物用于实物折扣,则该实物款额不能从销售额中减除,且该实物应按增值税条例"视同销售货物"中的"无偿赠送他人"计算缴纳增值税。

筹划思路

企业在选择折扣方式时,应当尽量不选择实物折扣,在必须采用实物折扣的销售方式时,企业可以在发票上做适当的调整,变"实物折扣"为"价格折扣(折扣销售)",以达到节税的目的。

筹划过程

方案一:采取实物折扣的方式。

销售100万元产品的增值税销项税额 = 100×13% = 13(万元)

赠送10万元产品视同销售,增值税销项税额 = 10×13% = 1.3(万元)

增值税销项税额合计 = 13+1.3 = 14.3(万元)

方案二:变"实物折扣"为"价格折扣(折扣销售)"。

即将实物折扣在开发票时变成价格折扣,即原价110万元产品进行打折,打折后的价格为100万元,且将原价110万元和折扣额10万元在同一张发票的金额栏中分别注明。

增值税销项税额 = 100×13% = 13(万元)

筹划结论

方案二比方案一少缴纳增值税1.3万元(14.3万-13万),因此,应当选择方案二。

筹划点评

变换一下折扣方式,从而符合税法中折扣销售的规定,便能降低增值税税负。

10.9 返还现金的纳税筹划

案例导入

【例10-9】甲超市为促销,实行"购货满100元返还现金20元"的方式。本期销售额共计100万元(含增值税),共返还现金20万元。甲超市商品的购货成本占未打折价格的70%。甲超市每销售未打折价格100元(含增值税)的商品可以在企业所得税税前扣除的工资和其他费用为6元。甲公司适用的企业所得税税率为25%,城市维护建设税税率为7%,教育费附加征收率为3%。请对其进行纳税筹划。

税法依据

返还现金指企业在销售货物的同时,返还部分现金给购买方。企业发生的公益性捐赠支出,在年度利润总额12%以内的部分,准予在计算应纳税所得额时扣除;超过年度利润总额12%的部分,准予结转以后三年内在计算应纳税所得额时扣除。除此以外的捐赠支出都不允许税前扣除。返还现金不属于公益性捐赠,不得在企业所得税税前扣除。

筹划思路

由于返还现金这部分金额不得在税前扣除,所以加重了企业所得税税负,同样若变"返还现金"为"价格折扣(折扣销售)",便会达到节税效果。这对顾客没有影响,同样是相当于用80元人民币购买了100元的商品;甚至对于部分只携带80元的顾客来说,不用拿出100元便能享受到此优惠,从而使销售方达到促销目的。

筹划过程

方案一:采取返还现金的方式。

应纳增值税 = [100/(1+13%)]×13% − [100/(1+13%)]×70%×13% = 3.45(万元)

应纳城市维护建设税和教育费附加 = 3.45×(7%+3%) = 0.35(万元)

应纳税所得额 = 100/(1+13%) − [100/(1+13%)]×70% − 6 − 0.35 = 20.20(万元)

应纳企业所得税 = 20.20×25% = 5.05(万元)

税后利润 = 100/(1+13%) − [100/(1+13%)]×70% − 20 − 6 − 0.35 − 5.05 = −4.85(万元)

方案二:变"返还现金"为"价格折扣(折扣销售)"。

即原价为100元的商品,打折后价格为80元,且将销售额和折扣额在同一张发票上的金额栏分别注明。

销售商品应纳增值税 = [80/(1+13%)]×13% − [100/(1+13%)]×70%×13% = 1.15(万元)

应纳城市维护建设税和教育费附加 = 1.15×(7%+3%) = 0.12(万元)

应纳税所得额 = 80/(1+13%) − [100/(1+13%)]×70% − 6 − 0.12 = 2.73(万元)

应纳企业所得税 = 2.73×25% = 0.68(万元)

税后利润 = 80/(1+13%) − [100/(1+13%)]×70% − 6 − 0.12 − 0.68 = 2.05(万元)

筹划结论

方案二比方案一少缴纳增值税 2.3 万元（3.45 万-1.15 万），少缴纳企业所得税 4.37 万元（5.05 万-0.68 万），多获取税后利润 6.9 万元[2.05 万-(-4.85 万)]，因此，应当选择方案二。

筹划点评

返还现金返还的是税后利润，对企业财务十分不利，企业应尽量避免。

10.10 销售折扣的纳税筹划

案例导入

【例 10-10】甲公司与购货方签订销售合同金额为 500 万元（不含增值税），合同中约定的付款期为 30 天。若对方在 10 天内付款，则给予对方不含税金额 20% 的销售折扣；若对方在 30 天内付款，则不给予折扣。请对其进行纳税筹划。

税法依据

销售折扣，会计上又称现金折扣，是指销货方在销售货物或应税劳务后，为了鼓励购货方及早偿还货款，而协议许诺给予购货方的一种折扣优待。销售折扣通常采用"2/10，1/20，n/30"等符号表示。其含义为：购货方若 10 天内付款，则货款折扣 2%；若 20 天内付款，则货款折扣 1%；若 30 天内付款，则需全额付款。由于销售折扣发生在销货之后，是一种融资性质的理财费用，所以销售折扣不得从销售额中减除，而需按全额计征增值税。

筹划思路

由于销售折扣不得从销售额中减除，所以这种折扣方式无疑加重了企业的税收负担。但是企业可修改合同规定，变"销售折扣"为"折扣销售"，便可达到节税效果。

筹划过程

方案一：采取销售折扣方式。

折扣额不能从销售额中扣除，甲公司应按照 500 万元全额计算增值税销项税额。

增值税销项税额=500×13%=65（万元）

方案二：变"销售折扣"为"折扣销售"，即甲公司主动压低该批货物的价格，将合同金额降低为 400 万元，相当于给予对方 20% 折扣之后的金额。同时在合同中约定，购货方超过 10 天付款加收 113 万元的滞纳金。

在这种情况下，公司的收入并没有受到实质性影响。

如果购货方在 10 天之内付款，则增值税销项税额=400×13%=52（万元）。比方案一少缴纳增值税 13 万元（65 万−52 万）。

如果购货方没有在 10 天之内付款，甲公司可向购货方收取 113 万元滞纳金，并以"全部价款和价外费用"，计算增值税销项税额。此时增值税销项税额＝[400+113/(1+13%)]×13%＝65（万元），与方案一的税负是一样的。

筹划结论

方案二比方案一少缴纳或晚缴纳增值税，因此，应当选择方案二。

筹划点评

由于存在滞纳金，一般情况下，购货方会选择 10 天之内付款，而一旦购货方 10 天之后付款，对购货方来说是不合算的，而对甲公司来说是很合算的，因增加了收入 113 万元（含增值税）。因此，方案二总是优于方案一。

关键词

采购对象　采购时间　存货计价方法　固定资产折旧方法　折扣销售　实物折扣　返还现金　销售折扣

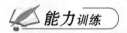

能力训练

一、单项选择题

1. 增值税额相当于商品价值中的（　　）部分。
   A. C+V　　B. C+V+M　　C. C+M　　D. V+M

2. 下列外购货物的进项税额不得抵扣的是（　　）。
   A. 外购的固定资产用于企业的生产经营活动
   B. 外购的床单用于职工福利
   C. 外购的礼品无偿赠送给客户
   D. 外购机器设备用于对另一企业投资

3. 从 2009 年 1 月 1 日开始，我国增值税实行全面"转型"指的是（　　）。
   A. 由生产型转为收入型　　　　B. 由收入型转为生产型
   C. 由消费型转为收入型　　　　D. 由生产型转为消费型

4. 原材料市场价格持续上升时应当采用的存货计价方法是（　　）。
   A. 先进先出法　　　　　　　　B. 移动加权平均法
   C. 个别计价法　　　　　　　　D. 不一定

5. 原材料市场价格持续下降时应当采用的存货计价方法是（　　）。
   A. 先进先出法　　　　　　　　B. 移动加权平均法
   C. 个别计价法　　　　　　　　D. 不一定

6. 销货方在销售货物或应税劳务时，因购货方购货数量较大等原因，而给予购货方的价格优惠，指的是（　　）。

A. 折扣销售　　　B. 销售折扣　　　C. 销售折让　　　D. 实物折扣

二、多项选择题

1. 销售数量指纳税人生产、加工和进口应税消费品的数量，具体是指（　　）。
   A. 销售应税消费品的，为应税消费品的销售数量
   B. 自产自用应税消费品的，为应税消费品的自产数量
   C. 委托加工应税消费品的，为纳税人收回的应税消费品数量
   D. 进口的应税消费品，为海关核定的应税消费品进口征税数量

2. 我国现行企业会计准则规定可以采用的存货计价方法主要有（　　）。
   A. 先进先出法　　　B. 后进先出法　　　C. 移动加权平均法　　　D. 个别计价法

3. 对于销售折扣，下列说法正确的有（　　）。
   A. 由于销售折扣发生在销货之后，是一种融资性质的理财费用，因此销售折扣不得从销售额中减除，而需按全额计征增值税
   B. 对销售折扣来说，我国会计上只能采用总价法进行核算
   C. 销售折扣在增值税税负上低于折扣销售
   D. 销售折扣"5/10，2/20，n/30"，其含义为：购货方若 10 天内付款，则货款折扣 5%；若 20 天内付款，则货款折扣 2%；若 30 天内付款，则需全额付款

4. 对"在不同期间内，应选择不同存货计价方法"说法正确的有（　　）。
   A. 在减、免税期间选择使得成本多的存货计价方法
   B. 在通货膨胀时期，可选择加权平均法
   C. 在通货紧缩时期，可选择先进先出法
   D. 在非减、免税期间选择使成本多的存货计价方法

三、判断题

1. 对于固定资产的折旧方法，如果采取的是缩短折旧年限方法的，最低折旧年限不得低于规定折旧年限的 80%。（　　）

2. 纳税人采取的以旧换新方式销售的金银首饰，应按实际收取的不含增值税的全部价款确定计税依据征收消费税。（　　）

3. 增值税一般纳税人如果从其他一般纳税人处购入货物、劳务、服务、无形资产或者不动产，取得增值税专用发票，可以按不含税买价的 13%、9% 或者 6% 等比例抵扣进项税额，而如果从小规模纳税人购入，则不能抵扣进项税额，即便能够取得由税务机关代开的增值税专用发票，也只能按不含税买价的 3% 抵扣进项税额。因此，增值税一般纳税人应当从其他一般纳税人处购入原材料。（　　）

4. 消费型增值税是指一般纳税人企业新购进的机器设备所含的进项税额可以抵扣。（　　）

5. 由于折旧具有抵减企业所得税的作用，因此，在税法允许的范围内减少折旧年限必然能节税。（　　）

6. 对于折扣销售来说，如果销售额和折扣额在同一张发票上分别注明，按折扣后的销售额计征增值税。（　　）

7. 返还20%的现金比折扣销售20%要节税。   (   )

四、案例题

1. 甲公司为增值税一般纳税人,适用增值税税率为13%,购买原材料时,有以下几种方案可供选择:一是从一般纳税人A公司购买,可取得A公司开具的税率为13%的增值税专用发票,每吨含税价格为12 000元;二是从小规模纳税人B公司购买,可取得由B公司开具的税率为3%的增值税专用发票,每吨含税价格为11 000元;三是从小规模纳税人C公司购买,可取得由C公司开具的增值税普通发票,每吨含税价格为10 000元。甲公司不含增值税收入为15 000元。甲公司适用的企业所得税税率为25%,城市维护建设税税率为7%,教育费附加征收率为3%。请对甲公司购货对象的选择进行纳税筹划。

2. 20×8年12月甲公司新购入某电子设备账面原值为2 000万元,预计净残值率为5%,从20×9年1月开始计提折旧。会计和税法规定的折旧年限均为5年,甲公司适用的企业所得税税率为25%,假设从20×9年开始,前两年免税,后三年减半征收。甲公司每年未扣除该设备折旧额的应纳税所得额均为10 000万元。比较甲公司分别采用直线法、双倍余额递减法、年数总和法计提折旧对企业所得税的影响。

3. 甲商场为增值税一般纳税人,拟于春节期间开展某种商品促销活动。假设商品销售原价为200元,成本价为160元,以上价格均为含增值税价格,现有两种促销方案:

方案一:打折销售。商品打9折后的销售价为180元。

方案二:返还现金。购物满200元,返还20元的现金。

甲商场适用的企业所得税税率为25%,城市维护建设税税率为7%,教育费附加征收率为3%。

要求:计算上述方案的纳税结果,并选出最佳方案。

五、思考题

1. 如何选择购销对象的纳税人身份?
2. 如何利用存货计价方法选择进行纳税筹划?
3. 如何利用固定资产年限选择进行纳税筹划?
4. 如何对商业折扣、现金折扣进行纳税筹划?

第 11 章

企业成果分配中的纳税筹划

能力目标
(1) 能对境外投资的利润分配进行纳税筹划。
(2) 能对亏损弥补进行纳税筹划。
(3) 能对企业转让股票时机的选择进行纳税筹划。
(4) 能对个人转让股票时机的选择进行纳税筹划。

11.1 境外投资利润分配的纳税筹划

案例导入

【例 11-1】乙公司系甲公司在国外设立的子公司,202×年盈利500万元。已知甲公司与乙公司的企业所得税税率分别为25%和15%。请对其进行纳税筹划。

税法依据

企业所得税的税率为25%。由居民企业,或者由居民企业和中国居民控制的设立在实际税负明显低于税法规定税率水平(指25%的税率)的国家(或地区)的企业,并非由于合理的经营需要而对利润不作分配或者减少分配的,上述利润中应归属于该居民企业的部分,应当计入该居民企业的当期收入。实际税负明显低于企业所得税法规定税率水平,是指低于企业所得税法规定税率的50%。

筹划思路

当投资方企业在境内(适用25%的企业所得税税率),被投资企业在境外,被投资方企业税率低于投资方企业的企业所得税税率(25%)但不低于12.5%时,被投资方企业将税后利润分回给投资方企业,投资方企业应补缴企业所得税,而被投资方企业的税后利润若暂不进行分配,则投资方企业本期便不需补缴企业所得税,这样便可以实现推迟纳税。

筹划过程

方案一：乙公司将全部税后利润分回给甲公司。

甲公司应补缴企业所得税＝500×(25%－15%)＝50（万元）

方案二：乙公司对其税后利润暂不进行分配。

则甲公司不必补缴企业所得税，这样便延迟了纳税时间，充分利用了货币的时间价值，相当于获取了一笔免息贷款。

筹划结论

方案二比方案一少缴纳企业所得税50万元（50万-0），因此，应当选择方案二。

筹划点评

保留利润不分配的方案必须符合公司集团的整体发展需要，同时还需兼顾各方利益，否则不易长期采用。

11.2 亏损弥补的纳税筹划

案例导入

【例11-2】甲公司20×1—20×5年的应纳税所得额分别为：-300万元、80万元、40万元、30万元、50万元。假设截至20×6年12月20日甲公司当年已实现应纳税所得额为60万元，同时甲公司还有一项销售意向，本打算于20×7年1月1日实现销售，预计实现销售利润为40万元，此外，20×7年还可获取利润80万元。甲公司不符合小型微利企业资产规模的条件，且无其他企业所得税纳税调整项目。甲公司适用的企业所得税税率为25%。请对其进行纳税筹划。

税法依据

企业每一纳税年度的收入总额，减除不征税收入、免税收入、各项扣除以及允许弥补的以前年度亏损后的余额，为应纳税所得额。

企业纳税年度发生的亏损，准予向以后年度结转，用以后年度的所得弥补，但结转年限最长不得超过五年。

筹划思路

弥补以前年度亏损的年限是五年，若存在五年内亏损未弥补完的情况，则会加重企业所得税税负。因此，企业应尽量将弥补时限以外的所得实现在弥补期限以内。具体可以通过与购货方议定合适的结算方式，或通过促销方式来增加亏损弥补期应确认的收入，最大限度地将亏损在弥补期内被弥补完，避免不必要的损失。

筹划过程

各年度应纳税所得额见表 11-1。

表 11-1 各年度应纳税所得额　　　　　　　　　　　　　　　万元

年度	20×1	20×2	20×3	20×4	20×5	20×6	20×7
应纳税所得额	-300	80	40	30	50	60 或 100	120 或 80

方案一：将销售利润为 40 万元的业务放在次年，即在 20×7 年实现并确认收入。

经计算，-300+80+40+30+50+60=-40（万元），也就是说，20×6 年实现的应纳税所得额全部用于弥补亏损后，还有 40 万元的未弥补亏损，超过 5 年期亏损弥补时限，20×7 年不能弥补。则 20×7 年应纳企业所得税=(40+80)×25%=120×25%=30（万元）。

方案二：在 20×6 年 12 月 31 日以前，将销售利润为 40 万元的业务通过合理的手段促使销售实现，确认收入和利润。

经计算，-300+80+40+30+50+(60+40)=0（万元），也就是说，五年内 300 万元的亏损全部被盈利弥补完，由于销售利润为 40 万元的业务确认在 20×6 年，因此，20×7 年不必针对该笔业务缴纳企业所得税，则 20×7 年应纳企业所得税=80×25%=20（万元）。

筹划结论

方案二比方案一 20×7 年少缴纳企业所得税 10 万元（30 万-20 万），因此，应当选择方案二。

筹划点评

通过合理方法与手段，提前实现利润，保证在亏损弥补期内最大限度地弥补亏损，从而避免或降低因亏损不予弥补完而产生的损失。

11.3 企业转让股票时机选择的纳税筹划

案例导入

【例 11-3】我国居民企业甲公司购入居民企业乙公司的股票，投资成本 1 000 万元。投资一年后，股票市值变为 1 600 万元，此时，乙公司股东大会决定将当年实现的税后利润全部分配，甲公司可分得 100 万元，现甲公司欲转让该股票。甲公司适用的企业所得税税率为 25%。请对其进行纳税筹划。

税法依据

股息、红利等权益性投资收益，是指企业因权益性投资从被投资方取得的收入。股息、红利等权益性投资收益，除国务院财政、税务主管部门另有规定外，按照被投资方作出利润分配决定的日期确认收入的实现。

企业的下列收入为免税收入：符合条件的居民企业之间的股息、红利等权益性投资收益；在中国境内设立机构、场所的非居民企业从居民企业取得与该机构、场所有实际联系的股息、红利等权益性投资收益。

筹划思路

企业若想转让其拥有的股票，则应在分得红利后再将股票转让，从而降低了应纳税所得额，进而减轻了企业所得税税负。

筹划过程

方案一：在取得分红前将股票以 1 600 万元价格转让。

应纳企业所得税 =（1 600-1 000）×25% = 150（万元）

税后利润 = 1 600-1 000-150 = 450（万元）

方案二：在取得分红后将股票以 1 500 万元价格转让，取得的分红 100 万元免税。

应纳企业所得税 =（1 500+100-100-1 000）×25% = 125（万元）

税后利润 = 1 500+100-1 000-125 = 475（万元）

筹划结论

方案二比方案一少缴纳企业所得税 25 万元（150 万-125 万），多获取税后收益 25 万元（475 万-450 万），因此，应当选择方案二。

筹划点评

股票持有人选择转让股票时机主要的依据在于所持有股票的预期风险和报酬，而非股票转让与分红的税收因素。因此，取得分红之前还是取得分红之后转让股票的纳税筹划思路仅适用于股票持有人和购买人均不注重转让时机的情况。

11.4 个人转让股票时机选择的纳税筹划

案例导入

【例 11-4】李某 20×7 年 5 月 10 日购入甲上市公司股票，投资成本为 80 万元。20×8 年 5 月 5 日，李某可分得股息、红利 10 万元，现李某欲在 20×8 年 5 月 10 日前后以 120 万元的价格转让该股票。

税法依据

从 1997 年 1 月 1 日起，对个人转让上市公司股票取得的所得继续暂免征收个人所得税。

自 2015 年 9 月 8 日起，个人从公开发行和转让市场取得的上市公司股票，持股期限超过 1 年的，股息、红利所得暂免征收个人所得税。个人从公开发行和转让市场取得的上市公司股票，持股期限在1个月以内（含1个月）的，其股息、红利所得全额计入应纳税所得额；持股期限在1个月以上至1年（含1年）的，暂减按50%计入应纳税所得额；上述所得统一适用20%的税率计征个人所得税。请对其进行纳税筹划。

筹划思路

个人若想转让其持有的股票，应当测算是取得分红之前还是取得分红之后、是取得股票之后1个月以内还是1个月以后、是取得股票之后1年以内还是1年以后的税负和税后收益，从而选择税后收益最大的方案。

筹划过程

方案一：20×8年5月9日，将股票以120万元价格转让。
个人转让上市公司股票取得的所得暂免征收个人所得税。

股息、红利所得应纳个人所得税 = 10×50%×20% = 1（万元）

李某税后收益 = 120-80+10-1 = 49（万元）

方案二：20×8年5月10日，将股票以120万元价格转让。个人转让上市公司股票取得的所得暂免征收个人所得税。

个人从公开发行和转让市场取得的上市公司股票，持股期限超过1年的，股息、红利所得暂免征收个人所得税。

李某税后收益 = 120-80+10 = 50（万元）

方案三：20×8年5月4日，将股票以130万元价格转让。
个人转让上市公司股票取得的所得暂免征收个人所得税。

李某税后收益 = 130-80 = 50（万元）

筹划结论

方案二、方案三比方案一少缴纳个人所得税1万元（1万-0），多获取税后收益1万元（50万-49万），因此，应当选择方案二。

筹划点评

股票持有人选择转让股票时机主要根据在于所持有股票的预期风险和报酬，而非股票转让与分红的税收因素。因此，是取得分红之前还是取得分红之后、是取得股票之后1个月以内还是1个月以后、是取得股票之后1年以内还是1年以后，转让股票的纳税筹划思路仅适用于股票持有人和购买人均不注重转让时机的情况。

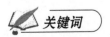
关键词

利润分配　亏损弥补　转让股票时机

能力训练

一、单项选择题

1. 企业纳税年度发生的亏损，准予向以后年度结转，但结转年限最长不得超过（　　）。
　　A. 一年　　　　　　B. 三年　　　　　　C. 五年　　　　　　D. 六年
2. 法定盈余公积金转为资本时，所留存的该项盈余公积金不得少于转增前公司注册资本的（　　）。
　　A. 10%　　　　　　B. 25%　　　　　　C. 30%　　　　　　D. 35%
3. 免征企业所得税的股息、红利等权益性投资收益，不包括连续持有居民企业公开发行并上市流通的股票不足（　　）取得的投资收益。
　　A. 3个月　　　　　B. 10个月　　　　　C. 12个月　　　　　D. 24个月

二、多项选择题

1. 应纳税所得额是指企业每一纳税年度的收入总额，减除（　　）后的余额。
　　A. 不征税收入　　　　　　　　　　　B. 免税收入
　　C. 各项扣除额　　　　　　　　　　　D. 允许弥补的以前年度亏损
2. 企业的盈余公积金用于（　　）。
　　A. 发放股利　　　B. 弥补亏损　　　C. 扩大生产经营　　　D. 转增资本

三、判断题

1. 资本公积不得用于弥补公司的亏损。　　　　　　　　　　　　　　　　　　（　　）
2. 个人股票转让所得应全额缴纳个人所得税。　　　　　　　　　　　　　　　（　　）
3. 符合条件的居民企业之间的股息、红利等权益性投资收益需要缴纳企业所得税。
　　　　　　　　　　　　　　　　　　　　　　　　　　　　　　　　　　　（　　）

四、案例题

甲居民企业两年前购买某上市公司股票100万股，每股成本7元，该股票现价每股15元，该上市公司三年未分配股息、红利，累计未分配利润每股5元。假设不考虑相关费用，请对其进行纳税筹划。

五、思考题

1. 如何对境外投资的利润分配进行纳税筹划？
2. 如何对亏损弥补进行纳税筹划？
3. 如何把握企业转让股票的时机？
4. 如何把握个人转让股票的时机？

第 12 章

企业产权重组中的纳税筹划

能力目标

(1) 能通过合并转换增值税纳税人身份来进行纳税筹划。
(2) 能通过合并抵扣增值税进项税额来进行纳税筹划。
(3) 能通过合并变销售行为为转让企业产权来进行纳税筹划。
(4) 能通过分立转换增值税纳税人身份来进行纳税筹划。
(5) 能通过分立变混合销售行为为两种单一行为来进行纳税筹划。
(6) 能通过分立成立销售公司来进行纳税筹划。
(7) 能对企业清算进行纳税筹划。

12.1 通过合并转换增值税纳税人身份的纳税筹划

案例导入

【例 12-1】甲公司为一家商业企业,为增值税小规模纳税人,预计年应税销售额 300 万元,年购货金额为 275 万元。另有乙公司也为商业企业,为增值税小规模纳税人,预计年应税销售额 250 万元,年购货金额为 225 万元。以上金额均不含增值税。此时,假设甲公司有机会合并乙公司,且是否合并乙公司对自身经营基本没有影响。甲公司若合并乙公司后登记成为增值税一般纳税人,销货的增值税税率为 13%,购货的增值税税率也为 13%,且可取得增值税专用发票。请对其进行纳税筹划。

税法依据

增值税一般纳税人在资产重组过程中,将全部资产、负债和劳动力一并转让给其他增值税一般纳税人,并按程序办理注销税务登记的,其在办理注销登记前尚未抵扣的进项税额可结转至新纳税人处继续抵扣。

筹划思路

由于一般纳税人在一般计税方法下进项税额可以抵扣，因而小规模纳税人的税负可能会重于一般纳税人。若小规模纳税人自身不具备转化为一般纳税人的条件（年应税销售额未达标准、会计核算不健全或者其他原因），则可以考虑合并其他小规模纳税人的方式来转化为一般纳税人，从而享有一般纳税人可以抵扣进项税额的税收待遇。

筹划过程

方案一：甲公司不合并乙公司。
　　甲公司应纳增值税=300×3%=9（万元）
　　乙公司应纳增值税=250×3%=7.5（万元）
　　甲公司与乙公司应纳增值税合计=9+7.5=16.5（万元）
方案二：甲公司合并乙公司，并登记为增值税一般纳税人。
　　合并后的公司应纳增值税=（300+250）×13%－（275+225）×13%=6.5（万元）

筹划结论

方案二比方案一少缴纳增值税 10 万元（16.5 万－6.5 万），因此，应当选择方案二。

筹划点评

小规模纳税人通过合并一旦转化为一般纳税人，就不能再恢复为小规模纳税人了。如果企业的销售客户大多是小规模纳税人，则企业本身是不适合作为一般纳税人的。因此，通过合并变"小规模纳税人"为"一般纳税人"，不能单纯考虑税负因素。

12.2　通过合并来抵扣增值税进项税额的纳税筹划

案例导入

【例 12-2】乙公司期初有 25 万元的增值税留抵税额，乙公司本期预计销售额为 50 万元（不含增值税），预计本期没有新增采购项目，即本期没有新增进项税额。甲公司本期预计销售额为 200 万元（不含增值税），可抵扣的增值税进项税额为 4 万元。此时，假设甲公司有机会合并乙公司，且是否合并乙公司对自身经营基本没有影响。假设乙公司不符合向主管税务机关申请退还增量留抵税额的条件。甲公司、乙公司均适用 13% 的增值税税率。请对其进行纳税筹划。

税法依据

应纳增值税税额=增值税销项税额－增值税进项税额。也就是说，增值税进项税额可从本期的销项税额中抵扣，不足抵扣的部分可结转下期继续抵扣。

增值税一般纳税人（原纳税人）在资产重组中将全部资产、负债、劳动力一并转让给其他增值税一般纳税人（新纳税人），并按程序办理注销税务登记的，其在办理注销税务登记前尚未抵扣的进项税额可以结转至新纳税人处继续抵扣。

筹划思路

如果目标企业有大量的期初存货可以用于抵扣进项税额，则合并企业在合并当期的应纳增值税税额就会减少，从而达到节税的目的。

筹划过程

方案一：甲公司不合并乙公司。

甲公司应纳增值税＝200×13%－4＝22（万元）

乙公司应纳增值税＝50×13%－25＝－18.5（万元），即乙公司本期不缴纳增值税，18.5万元的增值税进项税额留待下期抵扣。

$$\text{甲公司与乙公司应纳增值税合计}=22+0=22（万元）$$

方案二：甲公司合并乙公司。

合并后的公司集团应纳增值税＝(200+50)×13%－4－25＝3.5（万元）

筹划结论

方案二比方案一本期少缴纳增值税18.5万元（22万－3.5万），因此，应当采取合并的方式。

筹划点评

企业是否选择合并应充分考虑到合并成本、合并后的发展前景、职工安置等各方面的因素，不能单纯考虑税负因素。

12.3 通过合并变销售行为为转让企业产权的纳税筹划

案例导入

【例12-3】A公司20×9年12月31日，资产总额9 800万元（其中货物1 000万元、不动产4 000万元，该不动产为20×6年5月1日之后自建），负债10 000万元，净资产－200万元。A公司股东决定清算并终止经营。B公司为扩大规模，决定出资10 000万元购买A公司全部资产，A公司将资产出售收入全部用于偿还债务和缴纳欠税，然后将公司解散。A公司在该交易中涉及销售货物（B公司购买货物）共1 000万元，销售不动产（即B公司购买不动产）共4 000万元。甲公司适用的城市维护建设税税率为7%，教育费附加征收率为3%。请对其进行纳税筹划。

税法依据

纳税人在资产重组过程中,通过合并、分立、出售、置换等方式,将全部或者部分实物资产以及与其相关联的债权、负债和劳动力一并转让给其他单位和个人,不属于增值税的征税范围,其中涉及的货物转让,不征收增值税。

在资产重组过程中,通过合并、分立、出售、置换等方式,将全部或者部分实物资产以及与其相关联的债权、负债和劳动力一并转让给其他单位和个人,其中涉及的不动产、土地使用权转让行为,不征收增值税。

筹划思路

转让企业产权是通过合并、分立、出售、置换等方式,将全部或者部分实物资产以及与其相关联的债权、负债和劳动力一并转让给其他单位和个人的行为。企业合并可以改变企业的组织形式及内部股权关系,通过企业合并,可以实现关联性企业或上下游企业流通环节的减少,合理规避流转税,这是企业合并的优势所在。以股权或者产权交易代替货物、不动产交易,可以规避销售货物、不动产环节的高额税负。通过"合并"变"销售货物、不动产"为"转让企业产权",便能达到这样的节税效果。

筹划过程

方案一:A 公司采取销售货物、不动产的方式(即 B 公司购买货物、不动产)。

$$A 公司应纳增值税 = 1\,000 \times 13\% + 4\,000 \times 9\% = 490(万元)$$
$$应纳城市维护建设税及教育费附加 = 490 \times (7\% + 3\%) = 49(万元)$$
$$应纳税费合计 = 490 + 49 = 539(万元)$$

方案二:通过"合并"变"销售货物、不动产"为"转让企业产权"。

对于上述交易,如果 B 公司采用购买 A 公司企业产权的方式,则不必缴纳增值税和相应的城市维护建设税及教育费附加。

筹划结论

方案二比方案一少缴纳税费 539 万元,因此,应当选择方案二。

筹划点评

企业是否选择合并应充分考虑到合并成本、合并后对被合并方负债的承担、职工安置等各方面的因素,不能单纯考虑税负因素。

12.4 通过分立转换增值税纳税人身份的纳税筹划

案例导入

【例 12-4】甲公司是一家工业企业,为增值税一般纳税人,年不含税销售收入为 1 000

万元，销货适用增值税税率为13%，不含税可抵扣购进金额为60万元（均取得增值税专用发票，购货适用增值税税率为13%），销售过程中既有开具增值税专用发票的业务，也有开具增值税普通发票的业务，其中开具增值税普通发票的业务不含税收入为100万元。请对其进行纳税筹划。

税法依据

增值税的一般纳税人可以申领、开具增值税专用发票，在一般计税方法下可以抵扣进项税额。小规模纳税人实行简易计税方法，不得抵扣进项税额。小规模纳税人销售货物、加工修理修配劳务、服务、无形资产或不动产可以由税务机关代开增值税专用发票（代开的增值税专用发票的税率一般情况下为3%，特殊情况下为5%等）。自2020年2月1日起，增值税小规模纳税人（其他个人除外）发生增值税应税行为，需要开具增值税专用发票的，可以自愿使用增值税发票管理系统自行开具。选择自行开具增值税专用发票的小规模纳税人，税务机关不再为其代开增值税专用发票。

筹划思路

企业如果具有较高的销项税额和较低的进项税额，会使得增值税税负较重。这种情况下，若作为小规模纳税人，则征收率一般为3%或5%，虽不能抵扣进项税额，但整体增值税税负较低。因此对于未达到一般纳税人标准的此类企业可以继续选择作为小规模纳税人。而对于达到一般纳税人标准的此类企业，由于其具备一般纳税人资格，可以考虑分立出一个小规模纳税人，对于与其他小规模纳税人发生的业务由此分立出的小规模纳税人进行交易，这样便可以在一定程度上降低增值税税负。

筹划过程

方案一：继续维持一般纳税人身份。

甲公司应纳增值税 = 1 000×13% − 60×13% = 122.2（万元）

方案二：将开具增值税普通发票的业务分立出去，重新注册一个A公司，并将销售收入控制在100万元左右。

此时，甲公司仍为一般纳税人。A公司为小规模纳税人。

甲公司应纳增值税 = (1 000−100)×13% − [60×(1 000−100)/1 000]×13% = 109.98（万元）

A公司应纳增值税 = 100×3% = 3（万元）

应纳增值税合计 = 109.98 + 3 = 112.98（万元）

筹划结论

方案二比方案一少缴纳增值税9.22万元（122.2万−112.98万），因此，应当选择方案二。

筹划点评

如果企业的销售客户大多是一般纳税人，则企业本身是不适合作为小规模纳税人的。因此，通过分立进行增值税纳税人身份转化的纳税筹划要具体情况具体分析。

12.5 通过分立变混合销售行为为两种单一行为的纳税筹划

案例导入

【例12-5】甲商业公司为增值税一般纳税人，202×年7月销售设备10台，取得销售额226万元（含增值税），与销售设备相关的可抵扣进项税额为15万元。由于设备的特殊性，同时须由其下设的安装部门为客户提供上门安装服务，取得安装费100万元（含增值税），与销售安装服务相关的可抵扣进项税额为2万元。在甲商业公司年设备销售额与安装服务销售额的合计数中，年销售设备金额超过50%。请对其进行纳税筹划。

税法依据

一项销售行为如果既涉及服务又涉及货物，为混合销售。从事货物的生产、批发或者零售的单位和个体工商户的混合销售行为，按照销售货物缴纳增值税；其他单位和个体工商户的混合销售行为，按照销售服务缴纳增值税。从事货物的生产、批发或者零售的单位和个体工商户，包括以从事货物的生产、批发或者零售为主，并兼营销售服务的单位和个体工商户在内。

筹划思路

从事货物的生产、批发或者零售的单位和个体工商户（包括以从事货物的生产、批发或者零售为主，并兼营销售服务的单位和个体工商户在内）的混合销售行为，按照销售货物缴纳增值税。若此时销售货物的税率大于销售服务的税率，企业不妨把混合销售行为涉及的销售货物以及销售服务分给两个核算主体（其中一个核算主体是由原核算主体分立出去的），这样，可以各自分别按照销售货物的税率和销售服务的税率缴纳增值税，从而达到了降低税负的目的。

筹划过程

方案一：由甲商业公司下设的安装部门为客户提供（销售）安装服务。

此时，由于年销售设备金额超过50%，成为"经营主业"，因此，应按照销售货物缴纳增值税。

应纳增值税 = [226/(1+13%)]×13% - 15 + [100/(1+13%)]×13% - 2 = 20.50（万元）

方案二：甲商业公司把安装部门分立出来，设立独立核算的安装公司，分别由甲商业公司销售设备，安装公司销售安装服务。

此时，销售设备按照销售货物缴纳增值税，销售安装服务按照销售服务缴纳增值税。

销售设备应纳增值税 = [226/(1+13%)]×13% - 15 = 11（万元）

销售安装服务应纳增值税 = [100/(1+9%)]×9% - 2 = 6.26（万元）

应纳增值税合计 = 11 + 6.26 = 17.26（万元）

筹划结论

方案二比方案一少缴纳增值税 3.24 万元（20.50 万 - 17.26 万），因此，应当选择方案二。

筹划点评

分立设立安装公司必然产生一定的开办费用以及后续的管理费用，另外购买方能否接受销售方同时开具的两张发票也是个问题，这些在一定程度上限制了此类纳税筹划方案的实施。

12.6 通过设立销售公司的纳税筹划[①]

案例导入

【例12-6】甲公司为一家生产企业，尚未设立独立的销售公司，202×年预计实现的销售收入为 5 000 万元，预计广告费支出、业务宣传费支出合计 1 200 万元。其他可税前扣除的成本费用为 2 600 万元，且没有其他企业所得税纳税调整项目。甲公司适用的企业所得税税率为 25%。请对其进行纳税筹划。

税法依据

企业发生的符合条件的广告费和业务宣传费支出，除国务院财政、税务主管部门另有规定外，不超过当年销售（营业）收入 15% 的部分，准予扣除；超过部分，准予结转以后纳税年度扣除。

筹划思路

很多生产企业存在广告费和业务宣传费超支而不能在企业所得税税前全部扣除的现象。而若把其销售部门分立出去，成立独立核算的销售子公司，则可以以原企业（母公司）的名义列支一部分广告费和业务宣传费，这样原本超支而不能税前扣除的费用就可以在销售子公司税前扣除，从而可以降低集团公司整体企业所得税税负。

筹划过程

方案一：甲公司不设立销售子公司。

甲公司广告费和业务宣传费支出的扣除限额为 750 万元（5 000 万×15%），实际发生额为 1 200 万元，超支 450 万元（1 200 万 - 750 万），因此只能按照 750 万元在企业所得税税前扣除。

应纳企业所得税 =（5 000 - 2 600 - 750）×25% = 412.5（万元）

---

① 梁文涛．浅谈白酒生产企业的纳税筹划［J］．财会月刊．会计（中），2009（10）．有改动．

税后利润＝5 000－2 600－1 200－412.5＝787.5（万元）

方案二，甲公司把销售部门分立出来，设立独立核算的销售子公司乙公司（乙公司作为甲公司的子公司）。

假设甲公司以4 000万元的价格先把产品销售给销售子公司乙公司，销售子公司乙公司再以5 000万元的价格对外销售。由甲公司负担广告费支出、业务宣传费支出600万元，同时销售子公司乙公司负担广告费支出、业务宣传费支出600万元。

因甲公司和销售子公司乙公司之间构成销售关系，需要根据买卖合同分别多缴纳印花税＝4 000×0.000 3＝1.2（万元）。

甲公司广告费和业务宣传费支出的扣除限额为600万元（4 000万×15%），实际发生额为600万元，未超支，可按照600万元税前全额扣除。

甲公司应纳企业所得税＝(4 000－2 600－600－1.2)×25%＝199.7（万元）

甲公司税后利润＝4 000－2 600－600－1.2－199.7＝599.1（万元）

销售子公司乙公司广告费和业务宣传费支出的扣除限额为750万元（5 000万×15%），实际发生额为600万元，未超支，可按照600万元税前全额扣除。

销售子公司乙公司应纳企业所得税＝(5 000－4 000－600－1.2)×25%＝99.7（万元）

销售子公司乙公司税后利润＝5 000－4 000－600－1.2－99.7＝299.1（万元）

集团公司整体应纳企业所得税＝199.7＋99.7＝299.4（万元）

集团公司整体税后利润＝599.1＋299.1＝898.2（万元）

筹划结论

方案二比方案一少缴纳企业所得税合计113.1万元（412.5万－299.4万），多获取税后利润合计110.7万元（898.2万－787.5万），因此，应当选择方案二。

筹划点评

通过设立销售子公司必然发生一定的开办费用以及后续的管理费用，这在一定程度上限制了此类纳税筹划方案的实施。

12.7　企业清算的纳税筹划

案例导入

【例12-7】甲公司董事会于202×年8月向股东会提交解散申请书，股东会于9月20日通过并作出决议，清算开始日定于10月1日，清算期间为两个月。该公司财务部经理在开始清算后发现，1—9月公司预计盈利100万元（适用企业所得税税率25%），并且公司在清算初期会发生巨额的清算支出。假定整个清算期间（10月1日至11月30日）的清算损失为150万元，其中10月1日至10月14日会发生清算支出100万元，10月15日至11月30日会发生清算支出50万元。甲公司适用的企业所得税税率为25%。请对其进行纳税筹划。

税法依据

企业所得税的纳税年度，自公历1月1日起至12月31日止。企业在一个纳税年度的中间开业，或者由于合并、关闭等原因终止经营活动，使该纳税年度的实际经营期不足12个月的，应当以其实际经营期为一个纳税年度。企业清算时，应当以清算期间作为一个纳税年度。

自年度终了之日起5个月内，向税务机关报送年度企业所得税纳税申报表，并汇算清缴，结清应缴所得税款。

企业在年度中间终止经营活动的，应当自实际经营终止之日起60日内，向税务机关办理当期企业所得税汇算清缴。

筹划思路

企业在清算年度，应划分为两个纳税年度，从1月1日到清算开始日为一个生产经营纳税年度，从清算开始日到清算结束日的清算期间为一个清算纳税年度。企业的清算日期不同，对两个纳税年度应税所得的影响不同。企业可以利用推迟或提前清算日期的方法来影响企业清算期间应税所得额，从而达到降低应纳企业所得税税负的目的。

筹划过程

方案一：清算开始日定于10月1日。

生产经营年度（1月1日至9月30日）应纳企业所得税=100×25%=25（万元）

清算年度（10月1日至11月30日）清算所得为清算损失150万元，不纳企业所得税。

方案二：清算开始日定于10月15日。

生产经营年度（1月1日至10月14日）应纳企业所得税=(100-100)×25%=0（万元）

清算年度（10月15日至11月30日）清算所得为清算损失50万元，不纳企业所得税。

筹划结论

方案二比方案一少缴纳企业所得税25万元，因此，应当选择方案二。

筹划点评

通过改变清算开始日期，合理调整正常生产经营所得和清算所得，从而有可能达到降低整体税负的目的。

关键词

转换增值税纳税人身份　抵扣增值税进项税额　转让企业产权　混合销售行为　销售公司　企业清算

能力训练

一、单项选择题

1. 销售货物、劳务、服务、无形资产或者不动产的年应税销售额超过（　　）万元的纳税人，应向主管税务机关办理增值税一般纳税人资格登记手续。
   A. 500　　　　　　B. 300　　　　　　C. 200　　　　　　D. 100

2. 企业重组中取得股权支付的原主要股东，在重组后连续（　　）个月内，不得转让其所取得的股权。
   A. 3　　　　　　　B. 6　　　　　　　C. 9　　　　　　　D. 12

3. 广告费和业务宣传费支出不超过当年销售收入（　　）的部分，可以在企业所得税税前据实扣除，超过比例的部分可结转到以后年度扣除。
   A. 5%　　　　　　B. 10%　　　　　　C. 15%　　　　　　D. 20%

4. 下列各项中，不缴纳增值税的是（　　）。
   A. 企业销售不动产　　　　　　　　B. 企业销售货物
   C. 企业转让无形资产　　　　　　　D. 企业转让产权

5. 在混合销售行为中，若企业年销售货物的业务成为"经营主业"，一般情况下则应（　　）。
   A. 按照销售货物的税率缴纳增值税
   B. 按照销售服务的税率缴纳增值税
   C. 分别按照销售货物的税率和销售服务的税率缴纳增值税
   D. 由纳税人自己选择按照销售货物的税率或者销售服务的税率缴纳增值税

二、多项选择题

1. 企业转让产权不应缴纳（　　）。
   A. 增值税　　　　　　　　　　　B. 消费税
   C. 城市维护建设税　　　　　　　D. 教育费附加

2. 企业合并，企业股东在该企业合并发生时，取得的股权支付金额不低于其交易支付金额的85%，以及同一控制下且不需要支付对价的企业合并，可以选择的处理方式有（　　）。
   A. 合并企业接受被合并企业资产和负债的计税基础，以被合并企业的原有的计税基础确定
   B. 被合并企业合并前的相关所得税事项由合并企业承继
   C. 可由合并企业弥补的被合并企业亏损的限额=被合并企业净资产公允价值×截至合并业务发生当年年末国家发行的最长期限的国债利率
   D. 被合并企业股东取得合并企业股权的计税基础，以其原持有的被合并企业股权的计税基础确定

3. 企业债务重组可采取的方式有（　　）。
   A. 以现金清偿债务
   B. 以非现金资产清偿债务

C. 债务转为资本
D. 修改其他债务条件，如减少债务本金、减少债务利息等

4. 自 2018 年 5 月 1 日起，不符合小规模纳税人的基本标准有（   ）。
A. 增值税小规模纳税人标准统一为年应征增值税销售额 500 万元及以下
B. 增值税小规模纳税人标准统一为年应征增值税销售额 800 万元及以下
C. 以货物批发或者零售为主的纳税人，年应税销售额在 800 万元及以下
D. 以货物批发或者零售为主的纳税人，年应税销售额在 600 万元及以下

5. 若企业有较多的广告费、业务宣传费、业务招待费，不能全部在企业所得税税前扣除，采取以下措施可能达到节税目的的有（   ）。
A. 通过分立销售部门为销售公司，增加一道销售环节，多确认一次收入
B. 由分立出的销售公司负担一半的广告支出
C. 减少业务招待费，相应增加广告费和业务宣传费
D. 减少广告费和业务宣传费，相应增加业务招待费

三、判断题

1. 除税务总局另有规定外，纳税人一经登记为小规模纳税人后，不得再转为一般纳税人。（   ）
2. 股权转让不缴纳增值税。（   ）
3. 企业在进行债务重组时，一般只涉及流转税和企业所得税。（   ）
4. 增值税进项税额可从本期的销项税额中抵扣，不足抵扣的部分可结转下期继续抵扣。（   ）
5. 企业在清算年度，应划分为两个纳税年度，从 1 月 1 日到清算开始日为一个生产经营纳税年度，从清算开始日到清算结束日的清算期间为一个清算纳税年度。（   ）
6. 转让企业产权不缴纳增值税。（   ）

四、案例题

1. 甲公司为一家白酒公司生产企业，主要生产粮食白酒。该公司销售给批发商的价格为每箱 1 800 元（不含税），销售给零售户及消费者的价格为每箱 2 000 元（不含税）。202×年，预计零售户及消费者到甲公司直接购买的白酒大约 10 000 箱（每箱 12 瓶，每瓶 500 克）。已知粮食白酒的比例税率为 20%，定额税率为 0.5 元/500 克。请利用分立对其进行纳税筹划。

2. 甲公司因经营不善，连年亏损，20×9 年 12 月 31 日，资产总额 1 500 万元（其中，货物 200 万元，房屋、建筑物 1 000 万元，该房屋建筑物为 20×6 年 5 月 1 日之后自建），负债 1 510 万元，净资产 -10 万元，公司股东决定清算并终止经营。乙公司与甲公司经营范围相同，为了扩大公司规模，决定出资 1 510 万元购买甲公司全部资产，甲公司将资产出售收入全部用于偿还债务和缴纳欠税，然后将公司解散。甲公司在该交易中涉及货物、不动产销售，需缴纳增值税和相关城市维护建设税及教育费附加。城市维护建设税税率为 7%。教育费附加征收率为 3%。请对其进行纳税筹划。

3. 甲白酒生产企业委托乙白酒生产企业为其加工 A 白酒 8 吨，粮食由委托方提供，发生粮食成本 5 100 000 元，支付加工费 800 000 元，增值税 104 000 元，以银行存款支付。受托方无同类 A 白酒销售价。收回的 A 白酒全部用于连续生产 B 白酒 100 吨，每吨不含税售

价 120 000 元，当月全部实现销售。若甲白酒生产企业有机会兼并乙白酒生产企业，请对其进行纳税筹划。

五、思考题

1. 如何利用分立对不同税种进行纳税筹划？（至少说出四个税种）
2. 如何利用合并对不同税种进行纳税筹划？（至少说出四个税种）

第4篇　纳税筹划前沿

第13章

企业签订合同中的纳税筹划

> **能力目标**
> （1）能对避免陷入合同税收陷阱进行纳税筹划。
> （2）能通过签订分期收款合同进行纳税筹划。
> （3）能通过改变合同性质进行纳税筹划。
> （4）能通过改变合同中租金支付方式进行纳税筹划。

13.1 避免陷入合同税收陷阱的纳税筹划

案例导入

【例13-1】甲公司是一家生产销售保健品的公司，为增值税一般纳税人，采用直销方式推销产品，由业务员为其推销，其业务员并非本公司雇用的员工，而是一些兼职人员，所签合同并非劳动合同，而是业务或劳务合同。合同中有如下条款："业务员从甲公司提货的产品提货价必须要与卖给客户的产品零售价一致，然后业务员根据销售额的5%从甲公司获取提成。"本年度甲公司直销收入总额为10 000万元（含增值税），进项税为400万元。该产品的增值税税率为13%。请对其进行纳税筹划。该产品的增值税税率为13%，增值税征收率为3%。

税法依据

一般纳税人采用一般计税方法的应纳增值税税额＝本期销项税额－本期准予抵扣进项税额

小规模纳税人应纳增值税税额＝不含税销售额×征收率

直销企业先将货物销售给直销员，直销员再将货物销售给消费者的，直销企业的销售额为其向直销员收取的全部价款和价外费用。直销员将货物销售给消费者时，应按照现行规定缴纳增值税。直销企业通过直销员向消费者销售货物，直接向消费者收取货款，直销企业的销售额为其向消费者收取的全部价款和价外费用。

筹划思路

一般纳税人采用一般计税方法销售货物、劳务、服务、无形资产或者不动产，只要其采购时取得增值税专用发票等扣税凭证，则可以抵扣进项税额，即相当于按增值额来缴纳增值税；但小规模纳税人的应纳增值税与增值额无关，仅与销售额有关。因此，我们应当尽量避免小规模纳税人从一般纳税人购进货物、劳务、服务、无形资产或者不动产的情况，在小规模纳税人（含作为小规模纳税人的个人，下同）为一般纳税人企业的直销业务中，应当避免出现"企业先将产品卖给小规模纳税人，小规模纳税人再对外销售"的合同条款。

筹划过程

方案一：业务员从甲公司提货的产品提货价必须要与卖给客户的产品零售价一致，然后业务员根据销售额的5%从甲公司获取提成。

须分为两道销售环节：第一道销售环节是甲公司将产品按照提货价卖给业务员，甲公司应纳增值税＝[10 000/（1+13%）]×13%-400＝750.44（万元）；第二道销售环节是业务员将产品按照零售价卖给客户，业务员应纳增值税＝[10 000/（1+3%）]×3%＝291.26（万元）。

方案二：修改合同条款为："业务员以甲公司的名义对外销售产品，按照甲公司统一定价卖给客户，然后根据销售额的5%从甲公司获取提成。"只有一道销售环节，即甲公司销售给客户。甲公司应纳增值税＝[10 000/（1+13%）]×13%-400＝750.44（万元）。

筹划结论

方案二比方案一少缴纳增值税合计291.26万元（750.44万+291.26万-750.44万），因此，应当选择方案二。

筹划点评

聘请财税专业人士审查合同，避免不必要的税收风险，成为企业签订合同时越来越需要注意的问题。

13.2 签订分期收款合同的纳税筹划

案例导入

【例13-2】甲商业企业为增值税一般纳税人，本年1月有一笔不含税售价为1 000万元的货物销售业务，款项无法一次性收回，第一年可收回400万元，第二年可收回300万元，第三年可收回300万元。该货物的总成本为400万元，可抵扣进项税额为52万元，假设不考虑其他相关费用。该货物的增值税税率为13%。请对其进行纳税筹划。

税法依据

《企业所得税法实施条例》规定，以分期收款方式销售货物的，按照合同约定的收款日期确认收入的实现。《增值税暂行条例实施细则》规定，采取赊销和分期收款方式销售货物，其纳税义务发生时间为书面合同约定的收款日期的当天；无书面合同的或者书面合同没有约定收款日期的，其纳税义务发生时间为货物发出的当天。

筹划思路

对于企业销售业务大、全款无法一次性收回的情况，若签订了普通销售合同，而非签订分期收款合同，则在第一年度应当全部确认收入，全额纳税；若签订分期收款合同，在合同中约定收款的具体日期，则分期纳税，由此可延缓纳税时间，获取资金的时间价值。

筹划过程

方案一：签订普通销售合同，即1 000万元在第一年全部确认为收入。

应纳增值税 = 1 000×13% -52 = 78（万元）

应纳城市维护建设税和教育费附加 = 78×(7%+3%) = 7.8（万元）

应纳企业所得税 = (1 000-400-7.8)×25% = 148.05（万元）

应纳税额合计 = 78+7.8+148.05 = 233.85（万元）

方案二：签订分期收款合同，则只有400万元在第一年确认收入。

应纳增值税 = 400×13% -52 = 0（万元）

应纳城市维护建设税和教育费附加 = 0（万元）

应纳企业所得税 = (400-400×400/1 000-0)×25% = 60（万元）

应纳税额合计 = 0+0+60 = 60（万元）

筹划结论

方案二比方案一少缴税173.85万元（233.85万-60万），因此，应当选择方案二。

筹划点评

方案二虽然第二年、第三年还是要将第一年少缴的173.85万元的税缴上，但却延缓了纳税时间，获取了资金的时间价值。

13.3 改变合同性质的纳税筹划

案例导入

【例13-3】甲公司为增值税一般纳税人，现有5栋闲置库房（该库房为20×6年5月1日之后自建），房产原值总共为2 000万元，20×9年1月甲公司经研究提出以下两种利用方案：一是出租方案，将闲置库房出租收取租赁费，年租金收入为200万元（含增值税），每年可抵扣的进项税额为0；二是仓储方案，配备保管人员将库房改为仓库，为客户提供仓储服务，收取仓储费，年仓储收入也为 200 万元（含增值税），但需每年支付给保管人员工资 2 万元，另外每年可抵扣的进项税额为 2 万元。当地计算从价计征房产税的房产原值扣除比例为 30%，假设不考虑其他成本，请对其进行纳税筹划。

税法依据

房产税的计征方式有两种：一是从价计征，二是从租计征。从价计征的房产税，是以房产余值为计税依据，税率为 1.2%，即按房产原值一次减除 10%～30% 后的余值的 1.2% 计征。从租计征的房产税，是以房屋出租取得的租金收入为计税依据，税率为 12%，即按房产出租的租金收入的 12% 计征。

不动产租赁服务的增值税税率为 9%，仓储服务的增值税税率为 6%。

筹划思路

企业可以根据自己的实际情况，在可以选择计征方式的前提下，通过比较两种计征方式税负和税后利润的大小，选择税负低且税后利润高的计征方式，以达到纳税筹划的目的。

筹划过程

方案一：签订房屋租赁合同，将库房对外出租，其计税依据为租金收入。

应纳房产税 = [200/（1+9%）]×12% = 22.02（万元）

应纳增值税 = [200/（1+9%）]×9% = 16.51（万元）

应纳城建税及教育费附加 = 16.51×（7%+3%）= 1.65（万元）

税后利润 = [200/（1+9%）-22.02-1.65]×（1-25%）= 119.86（万元）

方案二：签订仓储保管合同，将单纯的库房出租改变为提供仓储保管服务，其计税依据变为房产余值。

应纳房产税 = 2 000×（1-30%）×1.2% = 16.8（万元）

应纳增值税 = [200/（1+6%）]×6%-2 = 9.32（万元）

应纳城建税及教育费附加 = 9.32×（7%+3%）= 0.93（万元）

应支付给保管人员的支出 = 2（万元）

税后利润 = [200/（1+6%）-16.8-0.93-2]×（1-25%）= 126.71（万元）

筹划结论

方案二比方案一多获取税后利润 6.85 万元（126.71 万 - 119.86 万），因此，应当选择方案二。

筹划点评

通过变换方式，改变了房产税的计征方式，从而降低了房产税税负。当然，前提变换方式不会影响到本企业的生产经营，且得到对方的接受。另外，还需注意的是，签订仓储保管合同，加大了自身的风险，企业应当权衡利弊，综合考虑，选择合理的方案。

13.4 改变合同中租金支付方式的纳税筹划

案例导入

【例 13-4】甲公司为增值税一般纳税人，20×4 年 1 月将自有的一栋房屋出租给乙公司，该房产的原值为 120 万元，每年年初收取租金收入为 2.4 万元。乙公司打算租赁 6 年，现有两种租赁方式可供选择。方案一：合同约定租赁满 6 年则免 1 年房租，但乙公司必须 20×4 年年初一次性支付 5 年的租金。方案二：每年签订一次合同，乙公司前三年每年年初支付租金 3.6 万元，后三年每年年初支付租金 1.2 万元。当地计算从价计征房产税的房产原值扣除比例为 30%，折现率为 10%。以上租金金额均不含增值税。请对其进行纳税筹划。

税法依据

对于出租房产，租赁双方签订的租赁合同约定有免收租金期限的，免收租金期间由产权所有人按照房产原值缴纳房产税。

房产税按年计算、分期缴纳，具体纳税期限由省（自治区、直辖市）人民政府规定。一般可采取按季或半年缴纳，按季缴纳的可在 1 月、4 月、7 月、10 月缴纳；按半年缴纳的可在 1 月、7 月缴纳。对一次性收取租金的，应以实际收到的全部租金作为计税依据一次性申报缴纳房产税，不可分期申报缴纳房产税。

筹划思路

企业应当测算不同租赁方式下房产税税负现值及收入现值之间的大小，选择税负小而租金收入大的方案或选择租金收入与税负支出之差大的方案。

筹划过程

方案一：合同约定租赁满 6 年则免 1 年房租，但必须 20×4 年年初一次性支付 5 年的租金。

20×4—20×8 年房产税税负合计额（全部于 2014 年缴纳）= 2.4×12%×5 = 1.44（万元）

20×9 年折合到 20×4 年的房产税现值 = 120×(1−30%)×1.2%×$(P/F, 10\%, 5)$

$$= 1.008 \times 0.620\,9 = 0.626（万元）$$

房产税现值合计 = 1.44 + 0.626 = 2.066（万元）

房产租金收入（即现值）= 2.4×5 = 12（万元）

方案二：每年签订一次合同，前三年每年年初支付租金 36 000 元，后三年每年年初支付租金 12 000 元。

20×4 年应计征的房产税 = 3.6×12% = 0.432（万元）

20×5 年应计征的房产税折合到 20×4 年的现值 = 3.6×12%×$(P/F, 10\%, 1)$

$$= 3.6 \times 12\% \times 0.909\,1 = 0.393（万元）$$

20×6 年应计征的房产税折合到 20×4 年的现值 = 3.6×12%×$(P/F, 10\%, 2)$ = 3.6×12%×

$$= 0.357（万元）$$

20×7 年应计征的房产税折合到 20×4 年的现值 $= 1.2 \times 12\% \times (P/F, 10\%, 3) = 1.2 \times 12\% \times 0.751\ 3$

$$= 0.108（万元）$$

20×8 年应计征的房产税折合到 20×4 年的现值 $= 1.2 \times 12\% \times (P/F, 10\%, 4) = 1.2 \times 12\% \times 0.683\ 0$

$$= 0.098（万元）$$

20×9 年应计税的房产税折合到 20×4 年的现值 $= 1.2 \times 12\% \times (P/F, 10\%, 5) = 1.2 \times 12\% \times 0.620\ 9$

$$= 0.089（万元）$$

房产税现值合计 $= 0.432 + 0.393 + 0.357 + 0.108 + 0.098 + 0.089 = 1.477$（万元）

20×4 年收到的房产租金收入 $= 3.6$（万元）

20×5 年收到的房产租金收入折合到 20×4 年的现值 $= 3.6 \times (P/F, 10\%, 1) = 3.6 \times 0.909\ 1$

$$= 3.273（万元）$$

20×6 年收到的房产租金收入折合到 20×4 年的现值 $= 3.6 \times (P/F, 10\%, 2) = 3.6 \times 0.826\ 4$

$$= 2.975（万元）$$

20×7 年收到的房产租金收入折合到 20×4 年的现值 $= 1.2 \times (P/F, 10\%, 3) = 1.2 \times 0.751\ 3$

$$= 0.902（万元）$$

20×8 年收到的房产租金收入折合到 20×4 年的现值 $= 1.2 \times (P/F, 10\%, 4) = 1.2 \times 0.683\ 0$

$$= 0.820（万元）$$

20×9 年收到的房产租金收入折合到 20×4 年的现值 $= 1.2 \times (P/F, 10\%, 5) = 1.2 \times 0.620\ 9$

$$= 0.745（万元）$$

房产租金收入现值合计 $= 3.6 + 3.273 + 2.975 + 0.902 + 0.820 + 0.745 = 12.315$（万元）

筹划结论

方案二比方案一房产税现值少 0.589 万元（2.066 万 − 1.477 万）；方案二比方案一租金收入现值多 0.315 万元（12.315 万 − 12 万），因此，应当选择方案二。

筹划点评

企业在签订出租房屋合同时，在考虑租金支付金额和方式的同时，还要结合自身的其他情况，以便做出合理的决策。例如，在本例中，当出租方急需资金又筹资困难的情况，应当选择方案一中的出租方式。

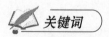

合同税收陷阱　　分期收款合同　　改变合同性质　　改变租金支付方式

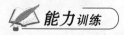

一、单项选择题

1. 根据企业所得税法律制度的规定，以分期收款方式销售货物的，按照（　　　）确认收入的实现。

A. 合同约定的收款日期　　　　　B. 书面合同约定的收款日期的当天
C. 货物发出的当天　　　　　　　D. 合同约定的收款日期的次日

2. 仓储保管合同的计税依据为（　　　）。

A. 租金收入　　　　　　　　　　B. 房产余值
C. 房产余值和租金收入的和　　　D. 其他

3. 纳税筹划的最佳时期是（　　　）。

A. 合同签订前　　　　　　　　　B. 合同签订中
C. 合同签订后　　　　　　　　　D. 合同事项发生后

二、多项选择题

1. 下列关于纳税人通过合同进行纳税筹划的说法中，正确的有（　　　）。

A. 合同实际上体现的是合同签订双方及税务机关共三方的关系
B. 通过合同进行纳税筹划的目的有可能是节税
C. 通过合同进行纳税筹划的目的有可能是降低纳税风险
D. 通过合同进行纳税筹划的目的有可能是进行税负转嫁

2. 房产税的计征方式有（　　　）。

A. 从价计征　　B. 从租计征　　C. 复合计征　　D. 从率计征

三、判断题

1. 房产税的计征对象为房产，但不包括与房屋可分离的附属设施。（　　　）
2. 根据增值税法律制度的规定，采取赊销和分期收款方式销售货物，其纳税义务发生时间为书面合同约定的收款日期的次日。（　　　）
3. 房产税的计征方式有两种：一是从价计征，二是从租计征。（　　　）

四、案例题

甲和乙在订立合同之初认为合同金额为 3 000 万元，且在合同中记载了金额 3 000 万元，而实际最终结算时发现只发生了 2 000 万元。适用印花税税率为 1‰。请对其进行纳税筹划。

五、思考题

1. 简述签订分期收款合同的纳税筹划思路。
2. 如何通过改变租金支付方式进行纳税筹划？

第 14 章

现金净流量法在纳税筹划决策中的应用

> **能力目标**
> （1）能运用现金净流量法对增值税纳税人身份的选择进行纳税筹划。
> （2）能运用现金净流量法对供应商增值税纳税人身份的选择进行纳税筹划。

14.1 纳税筹划决策中的公式模型

14.1.1 纳税筹划目标的种类

纳税筹划的目标，包括实现税负最小化、实现税后利润最大化、实现现金净流量最大化、实现资金时间价值最大化、实现纳税风险最小化、实现企业价值最大化等。

下面主要探讨实现税负最小化、实现税后利润最大化、实现现金净流量最大化这三种纳税筹划目标。

1. 实现税负最小化

纳税人对减轻自身税负的追求，是纳税筹划产生的最初原因。但随着现代财务理念的发展，人们发现纳税筹划单纯地以实现税负最小化为目标存在很多缺陷，主要表现在以下两个方面。第一，它没有考虑纳税筹划方案对相关收入和成本的影响，容易导致决策的片面性。若减少的税负是以减少更多的收入或增加更多的成本为代价，则结果是得不偿失的。第二，它没有考虑相关的风险。不同的纳税筹划方案所面对的风险往往是不同的，有的方案可能实现比较低的税负，但是要实现低税负可能要面对很多不确定的负面因素，在这种情况下，仅仅考虑税负的高低就不能作出正确的决策。因此，纳税筹划以税负最小化为目标具有很大的缺陷，甚至会将企业的纳税筹划引入误区。当然，减少税负是纳税筹划最直接的动机，也是纳税筹划兴起与发展的直接原因，没有节税动机，也就不可能有纳税筹划。

2. 实现税后利润最大化

税后利润最大化目标，可以克服税负最小化目标的第一个缺陷，即克服没有考虑相关的收入和成本的缺陷。税后利润最大化目标在当今的理论和实务界比较流行。这种观点认为，由于税后利润=收入-成本-税金，要实现税后利润最大化，就要追求在收入增加、成本减少的同时，尽可能地减少税金的缴纳，使收入减去成本再减去税金后的值即税后利润最大。但是这一目标容易导致企业只注重对本年度的利润的追求，可能使企业忽略所持有和支配现金的重要性，可能出现企业税后利润较大但持有的现金较少的情况，从而容易导致企业偿债能力的减弱和较好投资机会的丧失。

3. 实现现金净流量最大化

实现税后利润最大化的目标主要反映了企业获利能力的高低，并未反映企业现实支付能力的强弱。一个税后利润很高的企业，因现金支付能力较弱，很可能在短期内因无法偿还到期债务而导致破产。反而一个亏损的企业，只要能赚取或筹集到够用的资金，能够按时偿还到期债务，也会继续生存下去。这是因为企业有充足的现金净流量的缘故，所以现金净流量大小在一定程度上决定企业的生存和发展能力。而税收支出是直接的现金流出，尽量地少缴税或不缴税直接会增加本期的现金净流量，所以把纳税筹划的目标与现金净流量联系起来是非常必要的。同时需要注意的是，现金是一种收益率最小资产，当企业一味地追求现金净流量最大化，会造成资源的浪费。当然，若能通过内部控制或风险管理手段避免盲目追求现金净流量最大化造成的资源浪费，以"实现现金净流量最大化"作为纳税筹划的目标，相比之下是比较科学的。

14.1.2 以实现税负最小化为目标下的纳税筹划决策中的公式模型

1. 以实现税负最小化为目标下的纳税筹划短期决策中的公式模型

税负总额＝本期增值税额＋本期消费税额＋本期城建税和教育费附加额＋本期除增值税、消费税、城建税和教育费附加、企业所得税以外的其他税额＋本期企业所得税额（其中本期一般指的是1年）

2. 以实现税负最小化为目标下的纳税筹划长期决策中的公式模型

$$T = \sum_{t=1}^{n} [T_t \times (P/F, i, t)]$$

式中：T——各年度税负总额的现值之和；

T_t——第t年的税负总额；

$(P/F, i, t)$——第t年的复利现值系数；

i——折现率；

n——比较期限，年。

本公式模型涉及的方法叫税负最小化法。这种方法的运用思路是：通过比较各种纳税筹划方案下的税负大小，最终选择税负最小的方案。这种方法有时往往只考虑一种税或几种税，但同时考虑企业所有税比只考虑一种税或几种税，相对来说更科学。

14.1.3 以实现税后利润（净利润）最大化为目标下的纳税筹划决策中的公式模型

1. 以实现税后利润（净利润）最大化为目标下的纳税筹划短期决策中的公式模型

税后利润＝本期增值税不含税销售额总额－本期增值税不含税购进金额总额－本期消费税额－本期城建税和教育费附加额－本期除增值税、消费税、营业税、城建税和教育费附加、企业所得税以外的其他税额－本期其他支出额－本期企业所得

额(其中本期一般指的是 1 年)

2. 以实现税后利润(净利润)最大化为目标下的纳税筹划长期决策中的公式模型

$$NP = \sum_{t=1}^{n} [NP_t \times (P/F, i, t)]$$

式中：NP——各年度税后利润的现值之和；

NP$_t$——第 t 年的税后利润；

$(P/F, i, t)$ ——第 t 年的复利现值系数；

i——折现率；

n——比较期限,年。

本公式模型涉及的方法叫税后利润法,又叫税后利润最大化法。这种方法的运用思路是：通过比较各种纳税筹划方案下的税后利润大小,最终选择税后利润最大的方案。这种模型适合采取以税后利润最大化为目标的企业。由于税负最小的情况未必使得税后利润最大,因此税后利润最大化法相对于税负最小化法更为科学。

14.1.4 以实现现金净流量最大化为目标下的纳税筹划决策中的公式模型

1. 以实现现金净流量最大化为目标下的纳税筹划短期决策中的公式模型

现金净流量=本期含增值税现销销售额总额+本期收回以前期间含增值税赊销销售额总额-本期含增值税现购金额总额-本期支付以前期间含增值税赊购金额总额-本期增值税额-本期消费税额-本期城建税和教育费附加额-本期除增值税、消费税、城建税和教育费附加、企业所得税以外的其他税额-本期其他支出额-本期企业所得税额(其中本期一般指的是 1 年)

2. 以实现现金净流量最大化为目标下的纳税筹划长期决策中的公式模型

$$NCF = \sum_{t=1}^{n} [NCF_t \times (P/F, i, t)]$$

式中：NCF——各年度现金净流量的现值之和；

NCF$_t$——第 t 年的现金净流量；

$(P/F, i, t)$ ——第 t 年的复利现值系数；

i——折现率；

n——比较期限,年。

本公式模型涉及的方法叫现金净流量法,又叫现金净流量最大化法。这种方法的运用思路是：通过比较各种纳税筹划方案下的现金净流量大小,最终选择现金净流量最大的方案。这种模型适合采取以现金净流量最大化为目标的企业。由于税后利润最大的情况未必使得现金净流量最大,而获取正的现金净流量对于企业来说至关重要,因此现金净流量法相对于税后利润法在某种程度上更为科学。

14.1.5 纳税筹划决策中的公式模型在纳税筹划中的具体运用

案例分析

【例 14-1】A 商贸公司为增值税一般纳税人,位于市区,产品适用增值税税率为

13%。20×7年12月,有以下几种进货方案可供选择:一是从一般纳税人甲公司购买,每吨含税价格为12 000元,可取得由甲公司开具的税率为13%的增值税专用发票;二是从小规模纳税人乙公司购买,每吨含税价格为11 000元,可取得由乙公司开具的税率为3%的增值税专用发票(或者取得乙公司通过税务机关代开的税率为3%的增值税专用发票);三是从小规模纳税人丙公司购买,每吨含税价格为10 000元,可取得由丙公司开具的税率为3%的增值税普通发票。A商贸公司销售其所购货物的价格为每吨20 000元(含增值税),其他相关成本费用为2 000元,城建税税率为7%,教育费附加征收率为3%。假设本案例都为现销、现购(非赊销、赊购)。请对其进行纳税筹划。

1. 采用以实现税负最小化为目标下的税负最小化法(假设只考虑流转税和相应的城建税及附加)

方案一:从一般纳税人甲公司购买。

应纳增值税 = [20 000/(1+13%)]×13% − [12 000/(1+13%)]×13%
  = 920.35(元)

应纳城建税和教育费附加 = 920.35×(7%+3%) = 92.04(元)

应纳税额合计 = 920.35+92.04 = 1 012.39(元)

方案二:从小规模纳税人乙公司购买。

应纳增值税 = [20 000/(1+13%)]×13% − [11 000/(1+3%)]×3%
  = 1 980.50(元)

应纳城建税和教育费附加 = 1 980.50×(7%+3%) = 198.05(元)

应纳税额合计 = 1 980.50+198.05 = 2 178.55(元)

方案三:从小规模纳税人丙公司购买。

应纳增值税 = [20 000/(1+13%)]×13% = 2 300.88(元)

应纳城建税和教育费附加 = 2 300.88×(7%+3%) = 230.09(元)

应纳税额合计 = 2 300.88+230.09 = 2 530.97(元)

由此可见,若采用税负最小化法,方案一税负最小,其次是方案二,最后是方案三,因此方案一为最优方案,其次是方案二,最后是方案三。

2. 采用以实现税后利润(净利润)最大化为目标下的税后利润法

方案一:从一般纳税人甲公司购买。

税后利润 = (20 000/(1+13%) − 12 000/(1+13%) − 2 000 − {[20 000/(1+13%)]×13% −
  [12 000/(1+13%)]×13%}×(7%+3%))×(1−25%) = 3 740.71(元)

方案二:从小规模纳税人乙公司购买。

税后利润 = (20 000/(1+13%) − 11 000/(1+3%) − 2 000 − {[20 000/(1+13%)]×13% −
  [11 000/(1+3%)]×3%}×(7%+3%))×(1−25%) = 3 616.09(元)

方案三:从小规模纳税人丙公司购买。

税后利润 = {20 000/(1+13%) − 10 000 − 2 000 − [20 000/(1+13%)]×13%×(7%+3%)}×
  (1−25%) = 4 101.77(元)

可见,若采用税后利润法,方案三税后利润最大,其次是方案一,最后是方案三,因此方案三为最优方案,其次是方案一,最后是方案二。

3. 采用以实现现金净流量最大化为目标下的现金净流量法

方案一：从一般纳税人甲公司购买。

现金净流量 = 20 000 - 12 000 - 2 000 - {[20 000/(1+13%)] × 13% - [12 000/(1+13%)] × 13%} - {[20 000/(1+13%)] × 13% - [12 000/(1+13%)] × 13%} × (7% + 3%) - [20 000/(1+13%) - 12 000/(1+13%) - 2 000 - {[20 000/(1+13%)] × 13% - [12 000/(1+13%)] × 13%} × (7% + 3%)] × 25% = 3 740.71（元）

方案二：从小规模纳税人乙公司购买。

现金净流量 = 20 000 - 11 000 - 2 000 - {[20 000/(1+13%)] × 13% - [11 000/(1+3%)] × 3%} - {[20 000/(1+13%)] × 13% - [11 000/(1+3%)] × 3%} × (7% + 3%) - [20 000/(1+13%) - 11 000/(1+3%) - 2 000 - {[20 000/(1+13%)] × 13% - [11 000/(1+3%)] × 3%} × (7% + 3%)] × 25% = 3 616.09（元）

方案三：从小规模纳税人丙公司购买。

现金净流量 = 20 000 - 10 000 - 2 000 - [20 000/(1+13%)] × 13% - [20 000/(1+13%)] × 13% × (7% + 3%) - {20 000/(1+13%) - 10 000 - 2 000 - [20 000/(1+13%)] × 13% × (7% + 3%)} × 25% = 4 101.77（元）

可见，若采用现金净流量法，方案三现金净流量最大，其次是方案一，最后是方案二，因此方案三为最优方案，其次是方案一，最后是方案二。

通过比较可以看出，本案例采用税后利润法和现金净流量法不仅得出的结论一致，而且结果也一致，原因在于本案例的销售和购货均为现销、现购。若存在赊销、赊购的情况，采用税后利润法和采用现金净流量法所得出的结论有时会不一致。而本案例采用税后利润法和采用现金净流量法得出的结论与采用税负最小化法不一致，这就说明税负最小的情况未必使得税后利润或现金净流量法最大，因此不能单纯根据税负最小来作出纳税筹划决策。

14.2 现金净流量法在增值税纳税人身份选择纳税筹划中的应用

税法对一般纳税人和小规模纳税人税负上的差别待遇，为小规模纳税人与一般纳税人身份选择上的纳税筹划提供了可能，通过运用现金净流量法来对增值税纳税人身份的选择进行纳税筹划，可以帮助企业选择合适的纳税人身份。

14.2.1 现金净流量法在增值税纳税人身份选择纳税筹划中应用的相关依据

同第 3 章例 3-1 的税法依据。

14.2.2 现金净流量法在增值税纳税人身份选择纳税筹划中应用的筹划思路

增值税一般纳税人在一般计税方法下购进货物、劳务、服务、无形资产或者不动产，若取得增值税专用发票等合法的扣税凭证,则可抵扣进项税额;而增值税小规模纳税人以及增值税一般纳税人在简易计税方法下购进货物、劳务、服务、无形资产或者不动产,不能抵扣进项税额,只能将进项税额计入成本。一般纳税人销售货物、劳务、服务、无形资产或者不动产时,可以自行开具增值税专用发票或者增值税普通发票;小规模纳税人销售货物、劳务、服务、无形资产或者不动产时,可以自行开具增值税专用发票(或者通过税务机关代开增值税专用发票)或者自行开具增值税普通发票。小规模纳税人销售货物、劳务、服务、无形资产或者不动产,因开具的增值税专用发票或者增值税普通发票的税率较低,一般为3%或5%,因此不必由购买方负担不含税销售价格的13%、9%或者6%等比例的增值税销项税额,只需由购买方负担不含税销售价格的3%或5%的增值税额,因此销售价格相对较低。尤其对一些不需增值税专用发票或不能抵扣进项税额的购买方来说,就更愿意从小规模纳税人那里购进货物、劳务、服务、无形资产或者不动产。实际操作中可以通过比较不同纳税人身份下现金净流量的大小来做出纳税人身份的选择。

14.2.3 现金净流量法在增值税纳税人身份选择纳税筹划中应用的案例分析

1. 购货对象是增值税一般纳税人的情形

案例分析

【例14-2】202×年1月,某投资者欲在某市市区设立一工业企业甲公司,预计未来每年的年应税销售额均为600万元(不含增值税),甲公司生产的产品适用13%的增值税税率,甲公司每年从供应商乙公司(增值税一般纳税人,适用13%的增值税税率)购入原材料价款均为400万元(不含增值税),且取得由乙公司开具的税率为13%的增值税专用发票。请对其进行纳税筹划。

方案一:若选择作为增值税小规模纳税人,则需设立两个小规模纳税人企业,假设每个企业销售额都是300万元。

应纳增值税合计=(300+300)×3%=18(万元)

应纳城建税及教育费附加合计=18×(7%+3%)=1.8(万元)

现金净流量合计=含税销售额-含税购进金额-应纳增值税-应纳城建税和教育费附加-
　　　　　　　应纳企业所得税=600×(1+3%)-400×(1+13%)-18-1.8-[600-400×(1+13%)-1.8]×25%=109.65(万元)

方案二:若选择作为增值税一般纳税人,则只需设立一个企业。

应纳增值税=600×13%-400×13%=26(万元)

应纳城建税及教育费附加=26×(7%+3%)=2.6(万元)

现金净流量=含税销售额-含税购进金额-应纳增值税-
　　　　　应纳城建税和教育费附加-应纳企业所得税
　　　　=600×(1+13%)-400×(1+13%)-26-2.6-(600-400-2.6)×25%
　　　　=148.05(万元)

由此可见,方案二比方案一多获取现金净流量38.4万元(148.05万-109.65万),因此,应当选择方案二。

2. 购货对象是增值税小规模纳税人的情形

1）供应商是增值税小规模纳税人，但未自行开具增值税专用发票，也未通过税务机关代开增值税专用发票

案例分析

【例14-3】202×年1月，某投资者欲在某市市区设立一工业企业甲公司，预计未来每年的年应税销售额均为600万元（不含增值税），甲公司生产的产品适用13%的增值税税率，甲公司每年从供应商乙公司（增值税小规模纳税人，适用3%的增值税征收率）购入原材料价款均为400万元（不含增值税），且取得由乙公司开具的税率为3%的增值税普通发票。请对其进行纳税筹划。

方案一：若选择作为增值税小规模纳税人，则需设立两个小规模纳税人企业，假设每个企业销售额都是300万元。

应纳增值税合计=（300+300）×3%=18（万元）

应纳城建税及教育费附加合计=18×（7%+3%）=1.8（万元）

现金净流量合计=含税销售额-含税购进金额-应纳增值税-应纳城建税和教育费附加-
　　　　　　　应纳企业所得税=600×（1+3%）-400×（1+3%）-18-1.8-[600-400×
　　　　　　　（1+3%）-1.8]×25%=139.65（万元）

方案二：若选择作为增值税一般纳税人，则只需设立一个企业。

应纳增值税=600×13%=78（万元）

应纳城建税及教育费附加=78×（7%+3%）=7.8（万元）

现金净流量=含税销售额-含税购进金额-应纳增值税-
　　　　　应纳城建税和教育费附加-应纳企业所得税
　　　　　=600×（1+13%）-400×（1+3%）-78-7.8-[600-400×（1+3%）-7.8]×25%
　　　　　=135.15（万元）

由此可见，方案一比方案二多获取现金净流量4.5万元（139.65万-135.15万），因此，应当选择方案一。

2）供应商是增值税小规模纳税人，且自行开具增值税专用发票，或则通过税务机关代开增值税专用发票

案例分析

【例14-4】202×年1月，某投资者欲在某市市区设立一工业企业甲公司，预计未来每年的年应税销售额均为600万元（不含增值税），甲公司生产的产品适用13%的增值税税率，甲公司每年从供应商乙公司（增值税小规模纳税人，适用3%的增值税征收率）购入原材料价款均为400万元（不含增值税），且取得由乙公司开具的税率为3%的增值税专用发票，或者取得乙公司通过税务机关代开的税率为3%的增值税专用发票。请对其进行纳税筹划。

方案一：若选择作为增值税小规模纳税人，则需设立两个小规模纳税人企业，假设每个企业销售额都是300万元。

应纳增值税合计=（300+300）×3%=18（万元）

应纳城建税及教育费附加合计＝18×(7%＋3%)＝1.8（万元）
现金净流量合计＝含税销售额－含税购进金额－应纳增值税－应纳城建税和教育费附加－
　　　　　　　应纳企业所得税
　　　　　　＝600×(1+3%)－400×(1+3%)－18－1.8－[600－400×(1+3%)－1.8]×
　　　　　　　25%
　　　　　　＝139.65（万元）

方案二：若选择作为增值税一般纳税人，则只需设立一个企业。
应纳增值税额＝600×13%－400×3%＝66（万元）
应纳城建税及教育费附加＝66×(7%+3%)＝6.6（万元）
现金净流量＝含税销售额－含税购进金额－应纳增值税－应纳城建税和教育费附加－
　　　　　　应纳企业所得税
　　　　　＝600×(1+13%)－400×(1+3%)－66－6.6－(600－400－6.6)×25%
　　　　　＝145.05（万元）

由此可见，方案二比方案一多获取现金净流量5.4万元（145.05万－139.65万），因此，应当选择方案二。

14.2.4　现金净流量法在增值税纳税人身份选择纳税筹划中应用的综合案例分析

案例分析

【例14-5】202×年1月，某投资者欲在某市市区设立一工业企业甲公司，预计未来每年的年应税销售额均为600万元（不含增值税），甲公司生产的产品适用13%的增值税税率。甲公司每年从供应商A公司（增值税小规模纳税人，适用3%的增值税征收率）购入原材料价款均为200万元（不含增值税），且取得由A公司开具的税率为13%的增值税专用发票；甲公司每年从供应商B公司（增值税小规模纳税人，适用3%的增值税征收率）购入原材料价款均为100万元（不含增值税），且取得由B公司开具的税率为3%的增值税普通发票；甲公司每年从供应商C公司（增值税小规模纳税人，适用3%的增值税征收率）购入原材料价款均为100万元（不含增值税），且取得由C公司开具的税率为3%的增值税专用发票，或者取得C公司通过税务机关代开的税率为3%的增值税专用发票。请对其进行纳税筹划。

方案一：若选择作为增值税小规模纳税人，则需设立两个小规模纳税人企业，假设每个企业销售额都是300万元。
应纳增值税合计＝(300+300)×3%＝18（万元）
应纳城建税及教育费附加合计＝18×(7%+3%)＝1.8（万元）
现金净流量合计＝含税销售额－含税购进金额－应纳增值税－应纳城建税和教育费附加－
　　　　　　　应纳企业所得税
　　　　　　＝600×(1+3%)－200×(1+13%)－100×(1+3%)－100×(1+3%)－
　　　　　　　18－1.8－[600－200×(1+13%)－100×(1+3%)－100×(1+3%)－
　　　　　　　1.8]×25%＝124.65（万元）

方案二：若选择作为增值税一般纳税人，则只需设立一个企业。

应纳增值税=600×13%-200×13%-100×3%=49（万元）
应纳城建税及教育费附加=49×(7%+3%)=4.9（万元）
现金净流量=含税销售额-含税购进金额-应纳增值税-
　　　　　应纳城建税和教育费附加-应纳企业所得税
　　　　=600×(1+13%)-200×(1+13%)-100×(1+3%)-100×(1+3%)-49-4.9-
　　　　　[600-200-100×(1+3%)-100-4.9]×25%
　　　　=144.08（万元）

由此可见，方案二比方案一多获取现金净流量 19.43 万元（144.08 万-124.65 万），因此，应当选择方案二。

14.2.5　现金净流量法在增值税纳税人身份选择纳税筹划中应用的筹划点评

企业若以现金净流量最大化为目标，则在其对增值税纳税人身份选择进行纳税筹划时，主要通过比较作为小规模纳税人身份与作为一般纳税人身份下的现金净流量的大小，最终选择现金净流量最大的纳税人身份。

14.3　现金净流量法在供应商增值税纳税人身份选择纳税筹划中的应用

增值税纳税人不仅要恰当选择自己的纳税人身份，而且还要正确选择供应商的增值税纳税人身份。如果企业以现金净流量最大化作为其财务目标，企业可以运用现金净流量法来对供应商的增值税纳税人身份进行选择。通过比较选择不同纳税人身份的供应商下的现金净流量的大小，最终选择现金净流量最大的方案。

14.3.1　现金净流量法在一般纳税人选择供应商增值税纳税人身份的纳税筹划中的应用

1. 一般纳税人选择供应商增值税纳税人身份的类型

一般纳税人在购进货物、劳务、服务、无形资产或者不动产的时候，可以选择不同增值税纳税人身份的供应商。概括起来，共有三种类型：一是从一般纳税人购进，并可取得由一般纳税人开具的增值税专用发票；二是从小规模纳税人购进，并可取得由小规模纳税人开具的增值税专用发票或者取得小规模纳税人通过主管税务机关代开的增值税专用发票；三是从小规模纳税人购进，只能取得小规模纳税人开具的增值税普通发票。

2. 一般纳税人选择供应商纳税人身份的纳税筹划方法

首先分别计算不同情况下的现金净流量情况。

（1）假定购买方为一般纳税人，其含税销售额为 S，销售货物、劳务、服务、无形资产或者不动产的增值税税率为 T，从一般纳税人购进货物、劳务、服务、无形资产或者不动产的含税购进金额为 P_1，购进货物、劳务、服务、无形资产或者不动产的增值税税率为 T_1（假设从一般纳税人购进货物、劳务、服务、无形资产或者不动产，能取得由一般纳税人开具的增值税专用发票),其他费用为 $F^{[①]}$,此时,现金净流量为 N_1。假定城建税税率为 7%,教育费附加征收率为 3%。企业所得税税率为 25%。

N_1 = 含税销售额-含税购进金额-其他费用-应纳增值税-应纳城建税和教育费附加-应纳企业所得税

$= S - P_1 - F - \{[S/(1+T)] \times T - [P_1/(1+T_1)] \times T_1\} - \{[S/(1+T)] \times T - [P_1/(1+T_1)] \times T_1\} \times (7\% + 3\%) - \{S/(1+T) - P_1/(1+T_1) - F - [S \times T/(1+T) - P_1 \times T_1/(1+T_1)] \times (7\% + 3\%)\} \times 25\%$

(2)假定购买方为一般纳税人,其含税销售额为 S,销售货物、劳务、服务、无形资产或者不动产的增值税税率为 T,从小规模纳税人购进货物、劳务、服务、无形资产或者不动产的含税购进金额为 P_2,购进货物、劳务、服务、无形资产或者不动产的增值税征收率为 T_2(假设从小规模纳税人购进货物、劳务、服务、无形资产或者不动产,能取得由小规模纳税人开具的增值税专用发票,或者取得小规模纳税人通过税务机关代开的增值税专用发票),其他费用为 F,此时,现金净流量为 N_2。

N_2 = 含税销售额-含税购进金额-其他费用-应纳增值税-应纳城建税和教育费附加-应纳企业所得税

$= S - P_2 - F - \{[S/(1+T)] \times T - [P_2/(1+T_2)] \times T_2\} - \{[S/(1+T)] \times T - [P_2/(1+T_2)] \times T_2\} \times (7\% + 3\%) - \{S/(1+T) - P_2/(1+T_2) - F - [S \times T/(1+T) - P_2 \times T_2/(1+T_2)] \times (7\% + 3\%)\} \times 25\%$

(3)假定购买方为一般纳税人,其含税销售额为 S,销售货物、劳务、服务、无形资产或者不动产的增值税税率为 T,从小规模纳税人购进货物、劳务、服务、无形资产或者不动产的含税购进金额为 P_3,购进货物、劳务、服务、无形资产或者不动产的增值税征收率为 T_3(假设从小规模纳税人购进货物、劳务、服务、无形资产或者不动产,只能取得由小规模纳税人开具的增值税普通发票,不能取得增值税专用发票),其他费用为 F,现金净流量为 N_3。

N_3 = 含税销售额-含税购进金额-其他费用-应纳增值税-应纳城建税和教育费附加-应纳企业所得税

$= S - P_3 - F - S/(1+T) \times T - [S/(1+T)] \times T \times (7\% + 3\%) - \{S/(1+T) - P_3 - F - [S/(1+T)] \times T \times (7\% + 3\%)\} \times 25\%$

其次,根据不同情况下的现金净流量,计算现金净流量均衡点价格比。

(1)令 $N_1 = N_2$,得现金净流量均衡点价格比 $P_1/P_2 = [(1+T_1)(1-0.1T_2)] / [(1+T_2) \times (1-0.1T_1)]$

当 $T_1 = 13\%$,$T_2 = 3\%$ 时,代入上式得 $P_1/P_2 = [(1+13\%)(1-0.1\times3\%)] / [(1+3\%)(1-0.1\times13\%)] = 1.1082$。

也就是说,若 $T_1 = 13\%$,$T_2 = 3\%$,且 $P_1/P_2 = 1.1082$ 时,无论是从开具增值税专用发票的一般纳税人,还是从开具增值税专用发票的小规模纳税人(或者通过税务机关代开增值税专用发票的小规模纳税人)购进,其现金净流量是一样的;当 $P_1/P_2 > 1.1082$ 时,则从开具增值税专用发票的小规模纳税人(或者通过税务机关代开增值税专用发票的小规模纳

[①] 不管对供应商如何选择都不影响其他费用 F。下同。

税人）购进产生的现金净流量较大，此时应当选择从开具增值税专用发票的小规模纳税人（或者通过税务机关代开增值税专用发票的小规模纳税人）购进；当 $P_1/P_2<1.1082$ 时，应当选择从一般纳税人购进。

（2）令 $N_1=N_3$，得现金净流量均衡点价格比 $P_1/P_3=(1+T_1)/(1-0.1T_1)$

当 $T_1=13\%$ 时，代入上式得 $P_1/P_3=(1+T_1)/(1-0.1T_1)=(1+13\%)/(1-0.1\times13\%)=1.1449$。

也就是说，若 $T_1=13\%$，且 $P_1/P_3=1.1449$ 时，无论是从一般纳税人还是从只能开具增值税普通发票的小规模纳税人购进，其现金净流量是一样的；当 $P_1/P_3>1.1449$ 时，则从小规模纳税人购进产生的现金净流量较大，此时应当选择从只能开具增值税普通发票的小规模纳税人购进；当 $P_1/P_3<1.1449$ 时，应当选择从一般纳税人购进。

（3）令 $N_2=N_3$，得现金净流量均衡点价格比 $P_2/P_3=(1+T_2)/(1-0.1T_2)$

当 $T_2=3\%$ 时，代入上式得 $P_2/P_3=(1+T_2)/(1-0.1T_2)=(1+3\%)/(1-0.1\times3\%)=1.0331$。

也就是说，若 $T_2=3\%$，且 $P_2/P_3=1.0331$ 时，无论是从开具增值税专用发票的小规模纳税人（或者通过税务机关代开增值税专用发票的小规模纳税人），还是从只能开具增值税普通发票的小规模纳税人购进，其现金净流量是一样的；当 $P_2/P_3>1.0331$ 时，则从只能开具增值税普通发票的小规模纳税人购进产生的现金净流量较大，此时应当选择从只能开具增值税普通发票的小规模纳税人购进；当 $P_2/P_3<1.0331$ 时，应当选择从开具增值税专用发票的小规模纳税人（或者通过税务机关代开增值税专用发票的小规模纳税人）购进。

同理，我们可以得出其他情况下现金净流量均衡点价格比[①]（见表14-1）。

表14-1　不同情况下现金净流量均衡点价格比汇总表

	13%税率增值税专用发票	9%税率增值税专用发票	6%税率增值税专用发票	3%税率的增值税专用发票
3%税率的增值税专用发票	$P_1/P_2=1.1082$	$P_1/P_2=1.0647$	$P_1/P_2=1.0322$	—
3%税率的增值税普通发票	$P_1/P_3=1.1449$	$P_1/P_3=1.100$	$P_1/P_3=1.0664$	$P_2/P_3=1.0331$

3. 一般纳税人选择供应商纳税人身份的案例

案例分析

【例14-6】A商贸公司为增值税一般纳税人，销售货物适用的增值税税率为13%，有以下几种进货方案可供选择：一是从一般纳税人甲公司购进，每吨含税价格为11 000元，则可取得由甲公司开具的税率为13%的增值税专用发票；二是从小规模纳税人乙公司购进，

---

① 为研究方便，此处不考虑免征增值税、3%减按1%征收率、3%减按2%征收率、与不动产有关的特殊项目适用5%的征收率、一些特殊项目适用5%减按1.5%征收率，同时不考虑"自2019年4月1日起，纳税人购进用于生产销售或委托加工13%税率货物的农产品，按照10%的扣除率计算进项税额"、"自2019年4月1日至2021年12月31日，允许生产、生活性服务业纳税人按照当期可抵扣进项税额加计10%，抵减应纳税额"以及"自2019年10月1日至2021年12月31日，允许生活性服务业纳税人按照当期可抵扣进项税额加计15%，抵减应纳税额"等政策。

每吨含税价格为10 000元，可取得由乙公司开具的税率为3%的增值税专用发票；三是从小规模纳税人丙公司购进，每吨含税价格为9 000元，可取得由丙公司开具的税率为3%的增值税普通发票。A商贸公司销售其所购货物的含税价格为每吨15 000元，假设不考虑其他相关费用，城建税税率为7%，教育费附加征收率为3%。请对其进行纳税筹划。

方案一与方案二：根据表14-1结论，当 T_1 = 13%时，P_1/P_2 = 11 000/10 000 = 1.1 < 1.108 2，应当从开具税率为13%的增值税专用发票的一般纳税人购买。因此，方案一优于方案二。

方案一与方案三：P_1/P_3 = 11 000/9 000 = 1.222 2 > 1.144 9，应当从开具税率为3%的增值税普通发票的小规模纳税人购买。因此，方案三优于方案一。由此得出方案三为最优方案。具体验证如下：

方案一：从一般纳税人甲公司购进，每吨含税价格为11 000元，可取得由甲公司开具的税率为13%的增值税专用发票。

现金净流量 = 15 000 - 11 000 - {[15 000/(1+13%)]×13% - [11 000/(1+13%)]×13%} - {[15 000/(1+13%)]×13% - [11 000/(1+13%)]×13%}×(7%+3%) - {15 000/(1+13%) - 11 000/(1+13%) - [15 000/(1+13%)×13% - 11 000/(1+13%)×13%]×(7%+3%)}×25% = 2 620.35（元）。

方案二：从小规模纳税人乙公司购进，每吨含税价格为10 000元，可取得由乙公司开具的税率为3%的增值税专用发票。

现金净流量 = 15 000 - 10 000 - {[15 000/(1+13%)]×13% - [10 000/(1+3%)]×3%} - {[15 000/(1+13%)]×13% - [10 000/(1+3%)]×3%}×(7%+3%) - {15 000/(1+13%) - 10 000/(1+3%) - [15 000/(1+13%)×13% - 10 000/(1+3%)×3%]×(7%+3%)}×25% = 2 566.62（元）。

方案三：从小规模纳税人丙公司购进，每吨含税价格为9 000元，可取得由丙公司开具的税率为3%的增值税普通发票。

现金净流量 = 15 000 - 9 000 - [15 000/(1+13%)]×13% - [15 000/(1+13%)]×13%×(7%+3%) - {[15 000/(1+13%)] - 9 000 - [15 000/(1+13%)]×13%×(7%+3%)}×25% = 3 076.32（元）。

由此可见，方案三现金净流量最大，其次是方案一，最后是方案二，因此方案三为最优方案，其次是方案一，最后是方案二。

14.3.2 现金净流量法在小规模纳税人选择供应商纳税人身份的纳税筹划中的应用

1. 小规模纳税人选择供应商纳税人身份的类型

小规模纳税人购进货物、劳务、服务、无形资产或者不动产的时候，也可以选择不同纳税身份的供应商。概括起来，也共有三种类型。同上述一般纳税人选择供应商纳税人身份的类型。

2. 小规模纳税人选择供应商纳税人身份的纳税筹划方法

由于小规模纳税人不能抵扣进项税额，含税购进价格中的增值税税额对其意味着单纯的现金流出，因此，只要比较一下购进货物、劳务、服务、无形资产或者不动产的含税价格的高低，选择提供的价格最低的供应商就可以了。

14.3.3 现金净流量法在选择供应商纳税人身份的纳税筹划中应用的筹划点评

需要说明的是，企业选择供应商纳税人身份时除了需要考虑现金净流量以外，还应当考虑购货质量、付款条件、购货运费、售后服务等其他因素，以便做出科学、综合的决策。

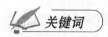

公式模型　现金净流量最大化　增值税纳税人身份　供应商增值税纳税人身份　含税购销金额比

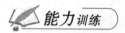

一、单项选择题

1. 下列说法正确的是（　　）。
 A. 税负最小的纳税方案一定是税后利润最大的方案
 B. 税后利润最大的方案一定是现金净流量最大的方案
 C. 税负最小的纳税方案未必是最优的纳税方案
 D. 税负最小的纳税方案一定是现金净流量最大的方案

2. 甲公司是一家生产企业，位于市区，为增值税一般纳税人，202×年实现销售收入1 000万元（不含税），适用13%的增值税税率，甲公司从供应商（供应商为增值税一般纳税人，适用13%的增值税税率）购入原材料400万元（不含税），且取得增值税专用发票。甲公司的其他成本费用200万元（不包括各种税金），假设税金只考虑增值税、城建税及教育费附加、企业所得税，则甲公司的现金净流量为（　　）万元。
 A. 294.15　　　B. 295.45　　　C. 299.85　　　D. 302.35

二、多项选择题

1. 下列关于小规模纳税人认定标准的说法中，正确的有（　　）。
 A. 年应征增值税销售额为500万元以下
 B. 年应征增值税销售额为800万元以下
 C. 年应税销售额超过小规模纳税人标准的其他个人按小规模纳税人纳税
 D. 非企业性单位不经常发生应税行为的企业可选择按小规模纳税人纳税

2. 纳税筹划目标的种类有（　　）。
 A. 实现税负最小化　　　　　　B. 实现税后利润最大化
 C. 实现现金净流量最大化　　　D. 实现收入最大化

三、判断题

1. 实现税后利润最大化的目标主要反映了企业获利能力的高低，并未反映企业现实支付能力的强弱。（　　）

2. 如果企业以现金净流量最大化作为其财务目标，企业可以运用现金净流量法来对供

应商的增值税纳税人身份进行选择。（   ）

3. 税负最小的纳税方案一定是最优的纳税方案。（   ）

4. 企业选择供应商纳税人身份时除了需要考虑现金净流量以外，还应当考虑购货质量、付款条件、购货运费、售后服务等其他因素。（   ）

5. 税收支出是直接的现金流出，尽量地少缴税或晚缴税直接会增加本期的现金净流量。

（   ）

四、案例题

甲公司为增值税一般纳税人，202×年5月销售产品取得收入共计200万元（含增值税），本月与销售产品相关的可抵扣进项税额为15万元，与销售产品相关的可在企业所得税税前扣除的成本为120万元。同时甲公司对外提供宾馆服务，取得收入共计50万元（含增值税），与提供宾馆服务相关的可抵扣进项税额为1万元，与提供宾馆服务相关的可在企业所得税税前扣除的成本为30万元。甲公司因人员有限，未对上述两项业务分别核算。若甲公司不分别核算，可在企业所得税税前扣除的期间费用为20万元；若甲公司增加人员分别核算，需多产生期间费用1万元（则可在企业所得税税前扣除的期间费用为21万元）。请运用现金净流量法对其进行纳税筹划。

五、思考题

1. 简述纳税筹划决策中的公式模型。
2. 如何运用现金净流量法对增值税纳税人身份的选择进行纳税筹划？
3. 如何运用现金净流量法对供应商增值税纳税人身份的选择进行纳税筹划？

第 15 章

纳税筹划的风险管理研究

🔍 能力目标
(1) 能确定纳税筹划风险管理的流程框架。
(2) 能做好纳税筹划风险管理的准备工作。
(3) 能做好纳税筹划风险管理的实施工作。
(4) 能做好纳税筹划风险管理的监控工作。
(5) 能总结我国企业纳税筹划风险管理当前存在的问题。
(6) 能指出改进我国企业纳税筹划风险管理的措施。

纳税筹划作为企业财务管理的一个重要组成部分,其结果同样具有不确定性。也就是说,纳税筹划在带来节税利益的同时,也存在相当的风险。如果企业忽视这些风险,而盲目地进行纳税筹划,其结果往往得不偿失,不但节税不成,反而可能演变成偷税,不仅造成企业相关资源浪费,而且会影响其社会声誉和长远发展,所以,加强纳税筹划风险管理是极为必要的。然而,在众多纳税筹划的书籍及论文中,对纳税筹划风险问题的研究不仅不多,而且不够深入。现有的研究也往往只是对纳税筹划风险的定义、分类、防范措施进行简单的文字性概括,而对于具体如何进行纳税筹划风险管理的研究就比较罕见了。而由于企业对如何识别、评估和应对纳税筹划风险的需求非常迫切,因此,加强对纳税筹划风险及其管理的研究已经势在必行。

15.1 纳税筹划风险管理的流程框架

要确定纳税筹划风险管理的流程,首先需要了解风险管理的流程。

美国项目管理协会 PM 在 2000 年版的 PMBOK 中将风险管理分为六个阶段:风险管理计划、风险识别、风险估计、风险量化、风险处理、风险监控。

COSO 发布的《企业风险管理:总体框架》虽然未直接指出风险管理的流程,但它所提出的企业风险管理的八个构成要素事实上就构成了风险管理的流程。它们分别是:内部环境、目标设定、事项识别、风险评估、风险应对、控制活动、信息沟通、监控。

国资委颁布的《中央企业全面风险管理指引》将风险管理基本流程分为五个阶段:收

集风险管理初始信息、进行风险评估、制定风险管理策略、提出和实施风险管理解决方案、风险管理的监督与改进。

"3C框架"将全面风险管理流程设计为管理准备、管理实施、管理报告、监督改进四个基本流程。具体来说，管理准备包括选择项目、确定目标、成立小组、收集信息、初步了解、制订计划、编制方案、下发倡议；管理实施包括风险识别、风险评估、风险应对、风险控制；管理报告包括风险报告、风险预警、监督报告和审计报告等；监督改进包括风险监督、风险审计、管理改进。

参照风险管理流程的多种说法，结合纳税筹划风险管理的自身特点，可以将纳税筹划风险管理的流程确定如下：第一，纳税筹划风险管理的准备，具体包括确定纳税筹划风险管理目标、成立纳税筹划风险管理小组、收集纳税筹划风险管理信息、制订纳税筹划风险管理计划；第二，纳税筹划风险管理的实施，具体包括纳税筹划风险识别、纳税筹划风险评估、纳税筹划风险应对；第三，纳税筹划风险管理的监控，具体包括纳税筹划风险管理的监督与评价、纳税筹划风险管理的总结与改进。

上述各项风险管理流程顺序总体来说是固定的，但有时并不一定按顺序发生，有可能交叉进行。例如，进行风险评估时，可能发现对某一具体风险的评估还缺少部分信息，则又需要收集相关信息。

15.2　纳税筹划风险管理的准备

15.2.1　确定纳税筹划风险管理目标

清晰地界定纳税筹划风险管理目标，可为纳税筹划风险管理指明方向。

1. 纳税筹划风险管理的总体目标

纳税筹划风险管理是企业纳税筹划活动的一部分，企业纳税筹划风险管理的目标也是为了实现企业纳税筹划的目标。而企业纳税筹划的最终目标又是为了实现企业价值最大化，因此，纳税筹划风险管理的总体目标应当是实现企业价值最大化。

2. 纳税筹划风险管理的具体目标

纳税筹划风险管理的具体目标分为纳税筹划风险管理损前目标和纳税筹划风险管理损后目标。

1) 纳税筹划风险管理损前目标

纳税筹划风险管理损前目标就是在纳税筹划风险导致的损失发生前的风险管理目标。它主要是为了避免或减少纳税筹划风险事故的发生，从而降低纳税筹划风险。具体内容包括：建立健全纳税筹划风险管理机制，提高纳税筹划风险意识，准确核算纳税金额，正确运用税收法律、法规，选择合适的纳税筹划人员等。

2) 纳税筹划风险管理损后目标

纳税筹划风险管理损后目标就是在纳税筹划风险导致的损失发生后的风险管理目标。它主要是努力使损失的标的恢复到损失前的状态，包括维持企业的持续经营、保持稳定的收入等。具体内容包括：尽量进行补救，承担应尽的经济责任和社会责任，尽量维护自己的纳税形象，为自身营造良好的继续生存发展环境；同时，进一步处理和税务机关的关系，将纳税筹划风险损失额尽量降到最低。

针对纳税筹划风险的特点，应将第一个目标即"纳税筹划风险管理损前目标"作为纳税筹划风险管理的主要目标。

15.2.2 成立纳税筹划风险管理小组

成立纳税筹划风险管理小组，主要是成立纳税筹划风险管理的核心小组。企业在确定了明确的目标后，应根据项目需要组成纳税筹划风险管理项目核心小组，选定组长和工作人员。纳税筹划风险管理小组的构成，因具体纳税筹划项目的不同而不同，但至少应该由企业税务、财务和审计等部门人员组成。必要时，可邀请其他部门相关人员参加纳税筹划风险管理小组的工作；同时确定纳税筹划风险管理小组各成员的权利、任务和责任，作为绩效考核的依据。

15.2.3 收集纳税筹划风险管理信息

企业至少应当收集的纳税筹划风险管理信息主要有以下三个方面。

1. 外部信息

1) 税收环境信息

企业涉及的税种及各税种的具体规定，特别是税收优惠规定，各税种之间的相关性，税收征纳程序和税务行政制度，税收环境的变化趋势、内容。

2) 政府涉税行为信息

纳税筹划博弈中，企业先行动，因此在行动之前，必须预测政府可能对自身行动产生的反应。这主要包括政府对纳税筹划的态度、政府的主要反避税法规和措施、政府反避税的运作规程。

2. 内部信息

1) 实施主体信息

任何纳税筹划方案必须基于企业自身的实际经营情况。因此，在制订方案时，必须充分了解企业自身的相关信息。这主要包括企业财务管理目标、企业纳税筹划目标、企业经营及财务状况、管理人员对纳税筹划风险的态度、纳税筹划人员素质等。

2) 企业涉税问题调查与评估

在实施纳税筹划风险管理之前，应当对企业进行涉税问题进行调查和评估。该项工作应重点分析、整理、调查、评估以下涉税资料：纳税筹划内部控制制度、纳税会计处理、主要税种及税负率、近三个年度纳税情况分析、主要涉税问题、税收处罚记录、税企关系情况等。

3. 内、外部信息的反馈信息

对内、外部信息的收集应当是一个动态的过程，企业在实施纳税筹划风险管理的过程中，还会不断获取新的信息。同时，实施结果需要及时反馈相应部门，以便对纳税筹划风险管理的实施进行调整和完善。

15.2.4 制订纳税筹划风险管理计划

制订纳税筹划风险管理计划，是对纳税筹划风险管理实施的全过程所做的综合安排。纳税筹划风险管理计划涉及的内容是全局性的，是对纳税筹划风险管理目的、范围、重点、流程等基本内容进行规划，是进行纳税筹划风险管理的基础和依据，也是进行有效沟通和协调的手段。

15.3　纳税筹划风险管理的实施

15.3.1　纳税筹划风险识别

1. 纳税筹划风险识别概述

纳税筹划风险识别是指企业运用有关的知识和方法，系统、全面和连续地感知和分析企业纳税筹划风险。它是纳税筹划风险管理实施的首要步骤。

纳税筹划风险的识别，可以从以下几方面来理解[①]：第一，纳税筹划风险识别是一项复杂的系统工程；第二，纳税筹划风险识别是一个连续、不间断的过程；第三，识别纳税筹划风险，重点是识别其产生的因素或原因；第四，识别纳税筹划风险是评估纳税筹划风险的前提，是有针对性地应对纳税筹划风险的基础。

2. 纳税筹划风险识别的方法

风险识别有多种不同的方法，比较常用的有流程图分析法、问卷调查法、环境分析法、财务分析法、情景分析法、事故树分析法及风险因素分析法等。其中，税收链分析法（属于流程图分析法中的一种）和问卷调查法是较为适合识别纳税筹划风险的方法。下面对这两种方法进行探讨。

1）税收链分析法

税收链分析法，属于流程图分析法中的一种。流程图分析法，是将企业的各项生产经营活动按照其内在的逻辑关系建立一系列的流程图，针对流程图中的每一个环节逐一进行调查、研究和分析，从中发现潜在风险的一种风险识别方法。流程图分析，可以较为直接地揭示企业业务管理活动中的薄弱环节，识别企业存在的各种风险。流程图可以用来描绘公司内任何形式的流程，如产品生产流程、服务流程、财务会计流程、市场营销流程、分配流程等。企业因纳税而形成的税收链也可作为流程的一种，通过对纳税流程的研究，可识别出与纳税筹划相关的风险。

"3C框架"认为："根据价值链理论，把企业的风险识别延伸到价值链，也就是从价值链的视角考虑风险是越来越重要了。"[②] 而税收链正是价值链的一种。企业生产经营活动是多样的，因此，与之相关的税收问题也是多样的，涉及的税种可能包括增值税、消费税、企业所得税、契税、土地增值税、印花税等。若从企业的生命周期来看，其生命周期主要可分为采购、生产、销售、投资、筹资等环节。所有这些环节都创造价值或实现价值，因此从总体来看就构成了产品的价值链。在这条产品的价值链中，有一部分价值是以税收的形式流入

[①] 杜莹芬. 企业风险管理：理论、实务、案例［M］. 北京：经济管理出版社，2008.
[②] 李三喜，徐荣才. 3C框架：全面风险管理标准［M］. 北京：中国市场出版社，2007.

国库。企业所承担的税收,如果沿着价值流转的路径观察,也形成了一个链条,即所谓的税收链①。税收链如图15-1所示。

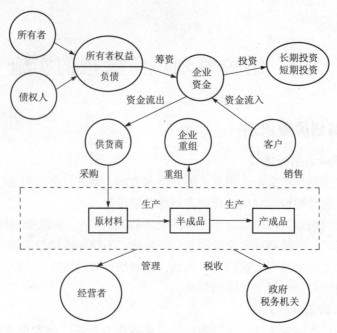

图15-1 税收链

参考资料:蔡昌.企业纳税筹划方案设计技巧 [M].北京:中国经济出版社,2008.

在税收链中,税收的实现过程与价值的流转过程是同步的。企业可以从采购、筹资、投资、生产、销售、产权重组等各个流程来识别纳税筹划风险。

(1) 在采购环节,企业可能识别到的纳税筹划风险主要有购货方选择失误的风险、购货价格测算失误的风险、购货时机把握失误风险、购货合同条款设定失误风险等。

(2) 在筹资环节,企业可能识别到的纳税筹划风险主要有股权筹资与债券筹资比例不当产生的风险、因过度追求债务利息抵税效应而扩大债务筹资引起的财务风险等。

(3) 在投资环节,企业可能识别到的纳税筹划风险主要有因追求税收利益而选择的投资项目经营不善而导致的风险、投资于低税率区但后来因政策变化而引起的风险等。

(4) 在生产环节,企业可能识别到的纳税筹划风险主要有固定资产折旧方法选择失误风险、存货计价方法选择失误风险等。

(5) 在销售环节,企业可能识别到的纳税筹划风险主要有促销方式选择失误风险、代销方式选择失误风险、混合销售或兼营行为不被税务机关认可的风险、关联方转让定价被税务机关重新调整的风险等。

(6) 在产权重组环节,企业可能识别到的纳税筹划风险主要有并购中存在的承担连带债务责任的风险、分立中存在的开办费用等支出过高的风险等。

2) 问卷调查法

问卷调查法,是以问卷的形式调查和了解企业纳税筹划风险情况,是识别纳税筹划风险

---

① 蔡昌.企业纳税筹划方案设计技巧 [M].北京:中国经济出版社,2008.

比较常用的一种方法。问卷调查主要针对纳税筹划风险管理相关人员，通过设计围绕对纳税筹划风险问题的提问，对其看法、希望、建议等进行了解，并做统计分析。纳税筹划风险识别调查问卷需要根据企业自身情况制定，纳税筹划风险识别问卷调查表如表15-1所示（仅供参考）。

表15-1 纳税筹划风险识别问卷调查表

序号	问题	是/否	有何看法和建议
1	企业的管理层是否具有较强的依法纳税意识		
2	企业的管理层对纳税风险及纳税筹划风险管理是否重视		
3	企业涉税人员是否具有较强的职业道德素质		
4	企业涉税人员是否具有较强的专业能力或素质		
5	企业是否对涉税人员在招聘环节测试过税收知识		
6	企业是否经常对涉税人员进行专业培训		
7	企业是否对业务人员进行发票事项的培训		
8	对外签订合同中的付款条件、方式等条款是否考虑对纳税的影响		
9	企业的业务合同是否经过企业税务部门审核		
10	新颁布的有关税务法律、法规政策，企业是否在30日内完整得到		
11	企业涉税人员是否知道所从事行业的税收优惠政策，并能充分获取相关资料以享受该优惠		
12	企业所处行业或产品税收政策变动后，是否立即采取措施应对		
13	新业务发生时是否咨询过企业涉税人员		
14	企业是否为日常纳税申报建立流程文件并且按时完成日常申报		
15	企业是否为涉税资料建立起专门的档案或索引目录，并按保密责任和权限进行控制		
16	企业是否建立起税务事项的内部控制		
17	企业是否与当地税务机关建立了良好关系，如有困难，企业是否能得到当地税务机关的支持或帮助		
18	企业是否就税务事项与税务机关进行过听证、行政复议或诉讼		
19	税务机关在通知查账时，企业是否知道查账的重点		
20	企业是否定期聘请财税专家进行纳税筹划风险检测		
21	企业管理者决策是否经常有急功近利、忽视长期效益而注重短期成绩的行为		
22	企业涉税人员是否因纳税筹划预期结果的不确定而承受较重的心理和精神上的负担和痛苦		
23	企业的涉税人员流动性是否超过预期		
24	企业所处行业或产品相关税务政策是否频繁变动		
25	有关税收优惠政策运用和执行是否经常不到位		
26	企业预期经营活动是否频繁变动		
27	相关部门及人员配合与协作是否经常不到位		
28	纳税筹划方案在实施过程中是否不彻底或半途而废		

续表

序号	问题	是/否	有何看法和建议
29	企业是否曾经有过被罚款、缴纳滞纳金的情况发生		
30	企业是否经常受到税务机关的调查		
31	当地税务机关执法水平是否存在偏差（主要是由税务机关在执法时未按相关法律、法规或法定程序进行或自身素质差引起的）		
32	当地税务机关是否有不良倾向（主要是从思想上抵制纳税筹划，认为纳税筹划行为就是偷税，或担心企业进行纳税筹划后税源减少，自身无法完成税收任务）		

（注：表中的涉税人员包括企业会计人员、税务人员和纳税筹划人员等，被调查者包括企业各相关部门领导、人力资源管理人员、会计人员、税务人员和纳税筹划人员等）

表中第1至20项若回答"否"，则表示该被调查者认为此项存在纳税筹划风险；第21至32项若回答"是"，则表示该被调查者认为此项存在纳税筹划风险。

通过统计某项回答"是"与"否"的人数及比例，可以总结出该项是否存在风险或存在风险的大与小。举例说明：若对10人进行问卷调查，对于第一项"企业的管理层是否具有较强的依法纳税意识"问题，若全回答"是"，则表明此项不存在纳税筹划风险；若全回答"否"，则表明此项存在的纳税筹划风险非常大；若5人回答"是"，另5人回答"否"，则表明此项存在一定的纳税筹划风险。

通过对"有何看法和建议"的整理和研究，可以更加深入地分析产生此项风险的原因以及寻求其解决措施。这些对于纳税筹划风险管理人员识别风险是很有帮助的。

15.3.2　纳税筹划风险评估

1. 纳税筹划风险评估概述

纳税筹划风险评估就是对识别出的纳税筹划风险进行度量和分析的过程，以便为应对纳税筹划风险提供依据。纳税筹划风险评估是纳税筹划风险管理的一个重要步骤，是纳税筹划风险应对的前提。

2. 纳税筹划风险评估方法

纳税筹划风险评估方法包括定性方法和定量方法，在纳税筹划风险评估过程中，最好将定性方法和定量方法结合起来进行。比较常用的风险评估定性方法主要有模糊测评法、标杆分析法、集体讨论法、问卷调查法等；比较常用的风险评估定量方法主要有概率分析法、情景分析法、压力测试法、敏感性分析法等。其中，模糊测评法和概率分析法是较为适合评估纳税筹划风险的方法，下面对这两种方法进行探讨。

1）模糊测评法[①]

模糊测评法是通过专家模糊测评纳税筹划风险的频率来对纳税筹划风险进行评估的一种方法。纳税筹划风险频率就是指纳税筹划风险发生可能性的高低。由于风险具有不确定性，精确测量风险的频率是很困难的，因此，对纳税筹划风险频率的测量可以采用模糊测评法。

---

① 胥朝阳. 企业并购的风险管理 [M]. 北京：中国经济出版社，2004.

模糊测评法是指通过引入模糊数学理论，建立企业纳税筹划风险的模糊集合、企业纳税筹划风险的隶属函数和评价企业纳税筹划风险因素的模糊矩阵，来测量企业纳税筹划风险。

模糊测量的公式：$B = AR$

A：模糊集合，这一集合反映了纳税筹划风险因素的重要性；

R：模糊矩阵，矩阵中的元素表示纳税筹划风险因素可能的风险等级及发生的概率；

B：模糊评价矩阵，矩阵中的元素表示纳税筹划风险的各种风险等级发生的概率。

案例分析

【例15-1】[①] 甲公司为了测量企业的纳税筹划风险，聘请了20位专家，对企业的纳税筹划风险发生的可能性进行测量，该公司的纳税筹划风险主要有税收政策变化风险、经营活动变化风险、制定执行不当风险和执法不当风险。依据风险因素对企业纳税筹划风险的影响程度将上述4个风险因素的重要性进行了划分，其中，假定税收政策变化风险的重要性为0.2，经营活动变化风险的重要性为0.2，制定和执行不当风险的重要性为0.4，执法不当风险的重要性为0.2。20位专家对甲公司纳税筹划风险识别结果如表15-2所示。

表15-2 专家纳税筹划风险识别统计表

风险因素	风险高		风险较高		风险一般		风险较低		风险低	
	人数	百分比	人数	百分比	人数	百分比	人数	百分比	人数	百分比
税收政策变化	7	35%	4	20%	5	25%	2	10%	2	10%
经营活动变化	5	25%	6	30%	5	25%	3	15%	1	5%
制定和执行不当	10	50%	4	20%	5	25%	1	5%	0	0
执法不当	2	10%	3	15%	4	20%	5	25%	6	30%

对于税收政策变化风险，有7人认为高，4人认为较高，5人认为一般，2人认为较低，2人认为低。

对于经营活动变化风险，有5人认为高，6人认为较高，5人认为一般，3人认为较低，1人认为低。

对于制定和执行不当风险，有10人认为高，4人认为较高，5人认为一般，1人认为较低，0人认为低。

对于执法不当风险，有2人认为高，3人认为较高，4人认为一般，5人认为较低，6人认为低。

则根据模糊测量法：

$A = (0.2, 0.2, 0.4, 0.2)$

$$R = \begin{bmatrix} 0.35 & 0.2 & 0.25 & 0.1 & 0.1 \\ 0.25 & 0.3 & 0.25 & 0.15 & 0.05 \\ 0.5 & 0.2 & 0.25 & 0.05 & 0 \\ 0.1 & 0.15 & 0.2 & 0.25 & 0.3 \end{bmatrix}$$

[①] 于岩. 税收筹划风险及风险控制研究[D]. 大连：东北财经大学，2007.

$$B = AR = (0.2, 0.2, 0.4, 0.2) \begin{bmatrix} 0.35 & 0.2 & 0.25 & 0.1 & 0.1 \\ 0.25 & 0.3 & 0.25 & 0.15 & 0.05 \\ 0.5 & 0.2 & 0.25 & 0.05 & 0 \\ 0.1 & 0.15 & 0.2 & 0.25 & 0.3 \end{bmatrix}$$

$$B = (0.34, 0.21, 0.24, 0.12, 0.09)$$

测算结果表明，34%的专家认为企业纳税筹划风险高，21%的专家认为企业纳税筹划风险较高，24%的专家认为企业纳税筹划风险一般，12%的专家认为企业纳税筹划风险较低，9%的专家认为企业纳税筹划风险低。综合比较可知，该企业纳税筹划风险是相对偏高的。

2）概率分析法

概率分析法，就是用概率论、数理统计的方法，对纳税筹划风险进行评估。首先，计算纳税筹划方案成本收益率的期望值，其次，计算纳税筹划方案成本收益率的分散程度，即方差和标准差，最后，计算标准离差率，并根据标准离差率来判断风险程度，标准离差率越大，风险越大；标准离差率越小，风险越小。

(1) 概率分布。

在现实生活中，某一事件在完全相同的条件下可能发生也可能不发生，既可能出现这种结果又可能出现那种结果，这类事件被称为随机事件。任何一项随机事件的发生，说明可能有某种"机会"，即"概率"。概率就是用百分数或小数来表示随机事件的发生可能性及出现某种结果可能性大小的数值。

概率通常必须符合以下两条规则：一是各个随机变量的概率最小为 0，最大为 1，即 $0 \leq P_i \leq 1$；二是全部概率之和应等于 1，即 $\sum_{i=1}^{n} P_i = 1$。

概率一般可分为"客观概率"和"主观概率"两种。凡事件出现的概率可通过客观事实加以验证的或者其出现的概率能根据大量历史资料加以确定的，都叫"客观概率"；而主观概率则是人们的经验和积累的知识，对某一事件可能出现的机会和频率的主观判断。

(2) 期望值。

期望值是一个概率分布中的所有可能结果，以各自相应的概率为权数计算的加权平均值，通常用符号 $E(X)$ 表示，其计算公式为：

$$E(X) = \sum_{i=1}^{n} X_i P_i$$

纳税筹划方案的期望收益值或期望成本收益率反映预计收益的平均化，在各种不确定性因素影响下，它代表着纳税筹划者的合理预期。

(3) 离散程度。

离散程度是用以衡量风险大小的统计指标。一般来说，离散程度越大，风险越大；离散程度越小，风险越小。反映随机变量离散程度的指标包括方差、标准离差、标准离差率等。

① 方差。方差是用来表示随机变量与期望值之间的离散程度的一个数值。其计算公式为：

$$\sigma^2 = \sum_{i=1}^{n} \{[X_i - E(X)]^2 \cdot P_i\}$$

② 标准差。标准差也叫均方差，是方差的平方根。其计算公式为：

$$\sigma = \sqrt{\sum_{i=1}^{n}\{[X_i - E(X)]^2 \cdot P_i\}}$$

标准差以绝对数衡量纳税筹划方案的风险。在期望值相同的情况下，标准差越大，风险越大；反之，标准差越小，则风险越小。虽然标准差能够表示出样本值对期望值的离散程度，从而达到度量风险的目的，但是标准差是一个绝对数值，当与伴随纳税筹划风险同时出现的纳税筹划收益不同时，人们就难以运用标准差在不同的纳税筹划方案中做出比较。因此，需要运用变异系数来衡量纳税筹划风险。

③ 变异系数。变异系数是标准差同期望值之比，通常用符号 CV 表示，其计算公式为：

$$CV = \frac{\sigma}{E(X)} \times 100\%$$

变异系数是一个相对指标，它以相对数反映纳税筹划方案的风险程度。方差和标准差作为绝对数，只适用于期望值相同的纳税筹划方案风险程度的比较。对于期望值不同的纳税筹划方案，评价和比较其各自的纳税筹划风险程度只能借助于标准差率这一相对数值。在期望值不同的情况下，变异系数越大，纳税筹划风险越大；反之，变异系数越小，纳税筹划风险越小。

下面通过举例来说明这一方法。

案例分析

【例15-2】 假定甲企业在一定时期对某项经济活动的纳税筹划只受政策变化这一风险因素影响，现有 A、B 两种纳税筹划方案可供选择，其成本收益率及其概率分布情况如表 15-3 所示，请用概率分析法计算这两种纳税筹划方案的期望值、方差、标准差、变异系数，并比较其纳税筹划风险的大小。

表 15-3 两种纳税筹划方案成本收益率及其概率分布情况表

筹划效果	纳税筹划方案的成本收益率		该种筹划方案的概率	
	方案 A	方案 B	方案 A	方案 B
好	15%	20%	0.2	0.3
一般	10%	15%	0.6	0.4
差	0	-10%	0.2	0.3

分析过程：首先，计算两种纳税筹划方案的期望值。

方案 A 的期望成本收益率 $E(X) = 0.2 \times 15\% + 0.6 \times 10\% + 0.2 \times 0 = 9\%$

方案 B 的期望成本收益率 $E(X) = 0.3 \times 20\% + 0.4 \times 15\% + 0.3 \times (-10\%) = 9\%$

其次，计算两种纳税筹划方案的方差、标准差。

方案 A 的方差 $\sigma^2 = \sum_{i=1}^{n}\{[X_i - E(X)]^2 \cdot P_i\}$
$= 0.2 \times (0.15-0.09)^2 + 0.6 \times (0.10-0.09)^2 + 0.2 \times (0-0.09)^2$
$= 0.0024$

方案 A 的标准差 $\sigma = \sqrt{\sum_{i=1}^{n}\{[X_i - E(X)]^2 \cdot P_i\}} = \sqrt{0.0024} = 0.049$

方案 B 的方差 $\sigma^2 = \sum_{i=1}^{n}\{[X_i - E(X)]^2 \cdot P_i\}$

$= 0.3 \times (0.20 - 0.09)^2 + 0.4 \times (0.15 - 0.09)^2 + 0.3 \times (-0.10 - 0.09)^2$

$= 0.0159$

方案 B 的标准差 $\sigma = \sqrt{\sum_{i=1}^{n}\{[X_i - E(X)]^2 \cdot P_i\}} = \sqrt{0.0159} = 0.126$

最后，计算变异系数

方案 A 的变异系数 $CV_A = (0.049/0.09) \times 100\% = 54.44\%$

方案 B 的变异系数 $CV_B = (0.126/0.09) \times 100\% = 140\%$

由于 $CV_B > CV_A$，因此方案 B 的纳税筹划风险要高于方案 A 的纳税筹划风险。

需要注意的是，本例中方案 A 和方案 B 的期望成本收益率是相等的，可以直接根据标准差的大小来比较两个方案的标准差或纳税筹划风险水平。但如果比较方案的期望成本收益率不同，则一定要计算变异系数后，根据变异系数的大小来比较两个方案的纳税筹划风险水平。

通过上述方法将纳税筹划方案的风险加以量化（评估）后，纳税筹划人员便可据此作出决策。对于单个方案，纳税筹划人员需要通过看此方案的标准差或变异系数是否在可接受的最高限值之内，来做出取舍。对于多个方案选择，纳税筹划人员应当选择变异系数相对较低的方案，具体来说，应当选择低风险、高收益的方案，即标准差低而期望收益高的方案。然而现实中，高收益方案往往伴随着高风险，低收益方案其风险程度往往也较低，究竟选择何种方案，就要综合权衡期望收益与风险，而且还要视决策者对风险的态度而定。对风险比较反感的人可能会选择期望收益较低同时风险也较低的纳税筹划方案，喜欢冒风险的人则可能选择风险虽高但同时收益也高的纳税筹划方案。

15.3.3 纳税筹划风险应对

1. 纳税筹划风险应对概述

纳税筹划风险应对，是指企业在纳税筹划风险识别和评估的基础上，根据自身条件和外部环境，围绕企业发展战略，制定和执行纳税筹划风险的应对策略的过程。纳税筹划风险应对是纳税筹划风险管理实施阶段的重要环节，它具体包括纳税筹划风险应对策略的制定（选择）和纳税筹划风险应对策略的执行（实施）。

2. 纳税筹划风险应对策略的制定

纳税筹划风险应对策略具体可分为六种，即避免纳税筹划风险、降低纳税筹划风险、分散纳税筹划风险、转移纳税筹划风险、保留纳税筹划风险和利用纳税筹划风险。企业应当根据自身条件、外部环境、发展战略及纳税筹划方案的具体情况的不同，来制定或选择适合自己的纳税筹划风险应对策略。下面分别对以下六种纳税筹划风险应对策略制定（选择）进行探讨。

1）避免纳税筹划风险

避免纳税筹划风险，又叫规避纳税筹划风险，是指为了免除纳税筹划风险的威胁，主动放弃和拒绝可能导致风险损失的纳税筹划方案。

避免纳税筹划风险是消除风险最彻底的方法，但也是一种比较消极的风险应对策略，具有一定的局限性。对于避免纳税筹划风险，应从以下几方面理解：第一，避免纳税筹划风险会使企业丧失从风险中可能取得收益的机会；第二，避免纳税筹划风险方法并不是一定可行的；第三，避免某一种纳税筹划风险可能会产生另一种纳税筹划风险，而另一种纳税筹划风险可能大于原纳税筹划风险；第四，当纳税筹划风险导致的损失可能性和损失金额极高，而纳税筹划的收益又很小，或采用其他纳税筹划风险应对策略而付出的成本极高，超出企业可能获得的收益时，避免纳税筹划风险是应当的。一般来说，企业最好是在制订纳税筹划方案阶段或纳税筹划方案实施的早期阶段，考虑是否选用避免纳税筹划风险策略。

案例分析

【例15-3】甲公司是一家工业企业，为增值税一般纳税人，拥有的一处闲置的库房拟于202×年7—12月对外出租，原值1 000万元，净值800万元。乙公司拟承租该库房，双方初步商定202×年7—12月租金为50万元（含增值税），相关可抵扣的进项税额为0.5万元。甲公司的会计人员发现，202×年7—12月租金收入应纳房产税=［50/（1+9%）］×12%=5.50（万元），应纳增值税=［50/（1+9%）］×9%-0.5=3.63（万元）。于是甲公司会计人员提供以下纳税方案：甲公司与乙公司协商，将房屋的租赁业务转变为仓储业务，即由甲公司代为保管乙公司原先准备承租房屋后拟存放的物品，从而将原来的租金收入转变为仓储收入。

上述"租赁改仓储"的纳税筹划方案实际上是将房屋的使用权出租给别人使用改为仍旧自用。而根据《中华人民共和国房产税暂行条例》的规定，如果企业将房屋出租，则应按租金收入缴纳12%的房产税，这叫作"从租计征"；如果房屋自己使用，则按房产原值一次减除10%～30%后的余值缴纳房产税，这叫作"从价计征"。在本例中，假设甲公司所在省份规定的减除比例为30%，则改为仓储业务后，202×年7—12月应纳房产税=1 000×(1-30%)×1.2%/12×6=4.2（万元），应纳增值税=［50/(1+6%)］×6%-0.5=2.33（万元）。两者相比降低了房产税税负1.3万元（5.50万-4.2万），降低了增值税税负1.3万元（3.63万-2.33万）。这样，"租赁改仓储"表面上看是一项值得采纳的"纳税筹划"方案。

但在本例中，即便是"租赁改仓储"后甲公司的税收成本有所降低，但甲公司为他人储存货物，必然要安排相应的保管人员，从而发生相应的人工费用，同时还要承担仓储期间的水电费等经营费用等。不仅如此，在仓储业务中，甲公司还要对仓储物品的数量完整和质量完好承担保管责任，如果仓储期间房产或其他设施发生意外损毁，也只能自行承担损失。相反，在租赁业务中，上述或有的风险则转由承租方承担。在考虑这些成本费用及风险因素之后，由节税而相应增加的税后利润则被打了折扣，甚至得不偿失了。因此，"租赁改仓储"的纳税筹划方案有很大的纳税风险。甲公司最好应当放弃这种纳税筹划方案，以避免由此产生的风险。

2）降低纳税筹划风险

降低纳税筹划风险是指使得纳税筹划风险发生的可能性和程度达到最小的风险应对策略。降低纳税筹划风险是一种积极主动的风险应对策略，包括损失预防和损失抑制。

损失预防是指纳税筹划损失发生前采取积极控制措施，努力消除产生纳税筹划风险的各种因素，竭力减少致损事故发生的概率或损失程度。主要包括：及时、准确、全面地收集纳税筹划必需的信息；加强对涉税人员的管理，提升纳税筹划人员的素质；加强对国家新政策的关注和学习，灵活应对国家政策的变化，及时调整纳税筹划方案；把纳税筹划项目的规模缩小，使其风险相对降低；放慢纳税筹划方案的实施进度和速度，以便有充足的时间对其进行调整、监督和改进等。

损失抑制是指在纳税筹划损失发生时或发生后，采取果断措施，防止损失扩大，缩小损失范围，减轻损失的严重程度。主要包括：企业的纳税筹划方案在没有得到税务机关的认可、受到处罚后，及时缴纳税款、罚款及滞纳金，并尽快协调好与税务机关的关系，尽力减少对企业形象和纳税信用的不良影响；纳税筹划方案在实施过程中因政策变化、企业经营活动变化、操作不当等原因而失败后，及时采取措施来减少由此带来的损失等。

由于纳税筹划具有事先性，因此对降低纳税筹划风险主要侧重于损失预防。

案例分析

【例15-4】甲酒厂主要生产粮食白酒，产品销售给全国各地的批发商，每年销售5万箱（每箱12瓶，每瓶500克），每箱2 000元（不含增值税价格）。

消费税的绝大多数税目实行一次课征制，即一般情况下，生产企业只在应税消费品出厂销售时才缴纳消费税，应税消费品进入流通领域后就不再缴纳消费税了。因此，企业可以设立一个独立核算的门市部（规模较大的门市部可称为销售公司，有的又称为结算中心），生产企业和销售公司之间形成购销关系，生产企业以适当低的价格将应税消费品出售给销售公司，销售公司再以正常价格对外出售，这样生产企业就可以适当地少缴消费税了。因此，为了减轻零售白酒的税负，甲酒厂纳税筹划人员制订纳税筹划方案如下。

甲酒厂在本市设立了一个独立核算的白酒销售公司，甲酒厂先按照每箱1 200元的价格（不含税价）与销售公司结算，销售公司再以每箱2 000元的价格（不含税价）批发给全国各地的批发商。

转让定价前甲酒厂应纳消费税 = 5×2 000×20% + 5×12×0.5 = 2 030万元，转让定价后甲酒厂应纳消费税 = 5×1 200×20% + 5×12×0.5 = 1 230万元，转让定价使甲酒厂少缴消费税800万元（2 030万 - 1 230万）。

税务总局制定的《白酒消费税最低计税价格核定管理办法（试行）》，对计税价格偏低的白酒核定了消费税最低计税价格。有关管理办法于2009年8月1日起实施：① 白酒生产企业销售给销售单位的白酒，生产企业消费税计税价格高于销售单位对外销售价格70%（含70%）以上的，税务机关暂不核定消费税最低计税价格；② 白酒生产企业销售给销售单位的白酒，生产企业消费税计税价格低于销售单位对外销售价格70%以下的，消费税最低计税价格由税务机关根据生产规模、白酒品牌、利润水平等情况在销售单位对外销售价格50%至70%范围内自行核定。其中生产规模较大、利润水平较高的企业生产的需要核定消费税最低计税价格的白酒，税务机关核价幅度原则上应选择在销售单位对外销售价格60%至70%范围内。

对于本例来说，一方面，甲酒厂销售给其独立核算的销售公司的价格应当尽量高于销售单位对外销售价格70%（含70%）以上，如先以高于但接近于2 000×70% = 1 400元（为降低纳税筹划风险，最好选择1 450元或再高一些的价格，而非正好等于1 400元）的价格与销售公司结算,销售公司再以每箱 2 000 元的价格批发给全国各地的批发商。这样便降低了纳税筹划风险,减少了被税务机关纳税调整的可能性。

3) 分散纳税筹划风险

分散纳税筹划风险是指将纳税筹划风险分散成若干个较小的且价值较低的独立单位,以减小因纳税筹划风险而产生损失的幅度。

分散纳税筹划风险的思想来源于投资组合理论。投资组合理论认为,若干种证券组成的投资组合,其收益是这些证券的加权平均数,但其风险不是这些证券风险的加权平均风险,而是一般要低于至少是等于这些证券风险的加权平均风险,也就是说,投资组合能降低风险。

对于纳税筹划方案来说,也是如此。企业不能只对一种业务、一个税种、一种产品或一个环节进行纳税筹划,要进行全方位的纳税筹划,形成不同的纳税筹划方案组合,以分散纳税筹划风险。从概率统计学原理来分析,不同的纳税筹划方案的成本收益率是独立的或不完全相关的。如果企业将精力和资金只用于一种业务、税种、产品或环节的纳税筹划,一旦失败,损失比较严重;如果企业将精力和资金用于风险不同、成本收益率不相关的多种业务、税种、产品或环节的纳税筹划,如既对增值税进行纳税筹划,又对企业所得税或其他税种进行纳税筹划,这样,一旦有一个业务、税种、产品或环节的纳税筹划失败,而其他业务、税种、产品或环节的纳税筹划往往不会全都失败,成功的纳税筹划方案获取的收益,就可弥补失败的纳税筹划方案的损失,从而分散纳税筹划风险。

案例分析

【例15-5】甲公司为增值税一般纳税人,生产多种产品,均为销售利润率比较高的产品,有较大的降价空间。为及时收回资金,甲公司对 A、B 两种产品进行促销。现有两种方案可供选择:一是满 1 000 元(含增值税),八折销售,其产品成本为 500 元(含增值税,且进项税额可以抵扣),其他费用为 20 元(不含增值税,进项税额不可抵扣);二是满 1 000 元(含增值税),并可免费获得一次抽奖机会(人均税后奖金为 200 元),其产品成本为 500 元(含增值税,且进项税额可以抵扣),其他费用为 20 元(不含增值税,进项税额不可抵扣)。A、B 两种产品的增值税税率均为 13%。甲公司适用的企业所得税税率为 25%,城市维护建设税税率为 7%,教育费附加征收率为 3%。

若采取方案一:

应纳增值税 = [800/(1+13%)]×13% − [500/(1+13%)]×13% = 34.51(元)

应纳城建税和教育费附加 = 34.51×(7%+3%) = 3.45(元)

应纳税所得额 = 800/(1+13%) − 500/(1+13%) − 3.45 − 20 = 242.04(元)

应纳企业所得税 = 242.04×25% = 60.51(元)

应纳税额合计 = 34.51+3.45+60.51 = 98.47(元)

税后利润 = 800/(1+13%) − 500/(1+13%) − 3.45 − 20 − 60.51 = 181.53(元)

若采取方案二:

销售 1 000 元产品应纳增值税 = [1 000/(1+13%)]×13% − [500/(1+13%)]×13%
= 57.52(元)

应纳城建税和教育费附加 = 57.52×(7%+3%) = 5.75（元）
其应代扣代缴个人所得税(实际上代付) = [200/(1-20%)]×20% = 50（元）
应纳税所得额 = 1 000/(1+13%) - 500/(1+13%) - 5.75 - 20 = 416.73（元）
应纳企业所得税 = 416.73×25% = 104.18（元）
应纳税额合计 = 57.52+5.75+50+104.18 = 217.45（元）
税后利润 = 1 000/(1+13%) - 500/(1+13%) - 5.75 - 20 - 200 - 50 - 104.18
= 62.55（元）

由此可见，方案二税负要重于方案一，税后利润要小于方案一。然而，是否所有的促销方案都选择方案一，还要看促销效果。如果仅仅从税负角度考虑而没有完成促销任务的话，便得不偿失，也就是说，形成了纳税筹划风险。很明显，为得到一次抽奖机会，方案二促销效果要好于方案一，而方案一节税效果要好于方案二。这时就需要在两种方案之间进行权衡，在不同的地方、针对不同的购买者、不同的时点分别采取方案一和方案二，来分散纳税筹划风险。通过不断调整方案一和方案二的比例，在适当节税的同时来完成促销任务。也就是说，一方面，采取方案一达到节税的目的；另一方面，采取方案二来完成促销的目的，从而分散单纯采取方案一而完不成促销任务的纳税筹划风险。

4）转移纳税筹划风险

转移纳税筹划风险，是指企业将纳税筹划风险转嫁给他人。转移风险与避免风险相比，转移风险是将风险转嫁到他人身上，而避免风险最终的结果是并没有任何人需要承受风险。转移纳税筹划风险分为保险转移和非保险转移。

保险转移就是通过购买保险，将自身面临的风险转移给保险公司，由保险公司来承担风险，将不确定的损失转化为确定的费用。目前我国没有专门针对纳税筹划方案的保险项目，所以在纳税筹划中保险的作用范围是比较有限的，主要集中在自然灾害保险、意外事故保险、信用保险及一些责任保险中。有些纳税筹划风险导致的损失可通过这些险种得到补偿。

非保险转移即通过签订合同的方式将纳税筹划风险转移给对方当事人承担，该承担者不但接受纳税筹划的法律责任，也承担企业因纳税筹划风险而遭受的损失。如企业可以聘请税务顾问、寻求专业支持、利用税务代理的专业化服务，将纳税筹划风险转移出去。

案例分析

【例15-6】甲公司对于一个项目的纳税筹划有两种方案可供选择：方案一是甲公司自行进行纳税筹划，方案二是甲公司将此项目的纳税筹划外包给某税务师事务所。具体的收支情况如表15-4所示，请对其进行选择。（假设纳税筹划收益只考虑节税额，纳税筹划成本不考虑心理成本和非税成本，且不考虑时间价值因素）

表15-4 自行与外包纳税筹划收支情况表

比较项目	方案一：自行筹划	方案二：外包筹划
节税额	200万元	300万元
纳税筹划方案设计成本	40万元	80万元
纳税筹划方案执行成本（含机会成本）	20万元	20万元
纳税成本	10万元	5万元

续表

	比较项目	方案一：自行筹划	方案二：外包筹划
风险成本及概率	若被认定为偷（逃）税需补税额	200万元	300万元
	加征滞纳金 假设一年后被认定为偷（逃）税	36.5万元	54.75万元
	罚款	400万元 （被税务机关确定为偷（逃）税额的2倍）	300万元 （被税务机关确定为偷（逃）税额的1倍）
	被认定为偷（逃）税的概率	30%	20%

分析过程：

方案一：纳税筹划总成本 = 40+20+10+（200+36.5+400）×30% = 260.95（万元）

纳税筹划总收益 = 200（万元）

由于260.95>200，因此选择自行筹划的风险程度是不能接受的。

方案二：纳税筹划总成本 = 80+20+5+（300+54.75+300）×20% = 235.95（万元）

纳税筹划总收益 = 300（万元）

由于235.95<300，因此选择外包筹划的风险程度是可以接受的。

对于此例，税务代理机构可以充分利用自身多方面的优势，一方面，通过专业优势使得节税额更多，降低纳税筹划行为被认定为偷税的概率；另一方面，利用与税务机关关系相对于企业来说比较密切、沟通更为有效的优势，来降低被认定为偷税后罚款的倍数。而如果企业签订的外包纳税筹划协议中体现了"外包纳税筹划方案产生的所有相关损失由接受外包的代理机构承担"之类的条款，则企业将外包纳税筹划的风险基本上全部转移给了税务代理机构，一旦外包的纳税筹划失败，企业被收取的滞纳金及罚款等损失将会由税务代理机构承担。

5）保留纳税筹划风险

保留纳税筹划风险，又叫接受纳税筹划风险，是指企业保留可能发生的纳税筹划风险及其影响，容许一定风险的存在，避免对风险的过多管理。保留风险并不是不采取任何措施的保留，只是在权衡成本和收益之后无意过多地采取其他的风险应对策略而已。对于那些造成损失小、重复性较高的风险最适合于保留。

保留纳税筹划风险分为主动的纳税筹划风险保留和被动的纳税筹划风险保留。其中，主动的纳税筹划风险保留是企业可以经常采用的。

主动的纳税筹划风险保留即有意识、有计划的保留。企业在识别和评估纳税筹划风险的基础上，觉察到风险存在，明确风险的性质及其后果，并采取了相应的预防损失发生的措施，这种保留风险是主动的。对于主动的纳税筹划风险保留，由于事先已经对纳税筹划风险做好了相应的财务准备，因此一般不会给企业造成严重的财务后果。主动保留纳税筹划风险并不等于放任自流、任其发展，而应当仍然适当地采取一些措施以降低纳税筹划风险的产生，如及时与当地税务机关进行沟通，使纳税筹划方案得到税务机关的认可等。

被动的纳税筹划风险保留即无意识、无计划的保留。当企业没有觉察到所面临的风险，或者觉察到风险的存在，但思想上不重视，没有做出任何预防措施，这种保留风险是被动的。导致被动的纳税筹划风险保留的主要原因有缺乏风险意识、风险识别失误、风险评估失误、风险应对策略执行不当等。在某些情形下，被动的纳税筹划风险保留会造成严重的财务后果。

保留纳税筹划风险策略可以起到促进资金周转、降低风险管理成本的好处，但同时有可能使企业面临程度更大的风险，甚至影响持续的生产经营。保留纳税筹划风险一旦出现损失，其财务补偿方式主要有用当年税后利润直接补偿、设立意外损失准备金、从外部借入资金以及建立专业自保公司等。

案例分析

【例15-7】甲公司欲在外地设立乙公司，由于新设乙公司存在需要开辟当地市场、适应当地环境等因素，预计202×年乙公司一般情况下将亏损4 000万元，而甲公司自身一般情况下将盈利10 000万元。甲公司没有企业所得税纳税调整项目，适用的企业所得税税率为25%。那么，现在有两个方案可供选择，一是将乙公司设立为子公司，二是将乙公司设立为分公司。根据《中华人民共和国企业所得税法》规定，以具有法人资格的企业或组织为纳税人。也就是说，子公司作为具有法人资格的企业或组织，应当单独缴纳企业所得税；而分公司不具有法人资格，应当与总公司汇总缴纳企业所得税。因此，若将乙公司设立为子公司，则甲公司应纳企业所得税为2 500万元（10 000万元×25%），乙公司不纳税，其亏损额4 000万元待以后年度弥补，对于整个企业集团来说，应纳企业所得税为2 500万元。若将乙公司设立为分公司，则乙公司应汇总到甲公司统一纳税，整个企业集团应纳企业所得税为1 500万元（(10 000万元-4 000)万元×25%）。这样一来，虽然将乙公司设立为子公司其亏损额4 000万元也可以待以后年度弥补，但对于整个企业集团来说，设立分公司要比子公司在202×年少缴1 000万元（2 500万-1 500万）的企业所得税，这充分利用了资金的时间价值，当年少缴1 000万元可以作为流动资金使用。

最终，企业决定设立分公司。然而，设立分公司的纳税筹划方案存在一定的风险。首先，分公司与子公司相比有较小的独立经营和决策的权力，使得在一些重要合同的签订、决策的制定上有赖于总公司，将会对其资本流动及运营带来很多不利的影响。其次，由于中国的行政体制因素的存在，分公司的所得不在当地缴纳企业所得税，地方政府可能不欢迎在当地设立分公司，投资政策方面也不给予其很多优惠。最后，万一分公司当年盈利，使得汇总纳税失去了节税效应。但由于设立分公司的纳税筹划方案一般情况下会使整个集团企业当年少缴1 000万元的企业所得税，可以将其作为流动资金使用，对企业来说非常重要。另外，即使分公司当年盈利，通过汇总纳税可降低企业的办税成本，提高管理效率。因此，设立分公司的方案属于风险小、收益大的方案，企业对此风险应当保留。但与此同时，企业应做好相关的公关工作，争取地方政府政策上的支持。

6) 利用纳税筹划风险

利用纳税筹划风险是指把纳税筹划风险当作机遇，利用纳税筹划过程中遇到的不利之处，迎难而上，化险为夷。利用纳税筹划风险是一项非常积极的风险应对策略，同时也符合风险管理既要应对风险又要把握机会的理念。例如，企业通过重组、合并、分立等手段充分利用税收政策，获取纳税筹划收益；在合法的前提下，通过游说与公共关系活动影响税务机关的决策。

案例分析

【例15-8】甲公司是一家工业企业，为增值税小规模纳税人，但202×年5月年销售额（连续12个月的销售额）已经超过500万元，达到600万元。根据税法规定，纳税人销售额超过小规模纳税人标准，未办理一般纳税人登记手续的，应按销售额依照增值税税率计算应纳税额，不得抵扣进项税额，也不得使用增值税专用发票。这样，甲公司需要办理一般纳税人登记手续。而甲公司的供应商基本上都为小规模纳税人，也就是说甲公司若登记成为一般纳税人，则可抵扣的进项税额会很少，无形中增加了税负。但若不登记成为一般纳税人，则又会面临着"应按销售额依照增值税税率计算应纳税额"的风险。面对此项纳税筹划风险，企业当积极应对、迎难而上，充分利用此纳税筹划风险，以达到节税的目的。甲公司可以将自身分立为两个公司 A 和 B，使这两个公司的年销售额均未超过 500 万元，这样便可以保留小规模纳税人的身份。当然企业应当考虑分立是否可行，如果分立后影响企业的正常经营或者分立成本较高的话，则又会得不偿失。

总之，企业在选择或制定纳税筹划风险应对策略时，要综合考虑企业自身条件、外部环境、发展战略及纳税筹划方案本身的特点，具体问题具体分析，以便做出合理的选择。上述六个案例在一定程度上，为企业选择或制定纳税筹划风险应对策略提供了借鉴和参考。

3. 纳税筹划风险应对策略的执行

要保证纳税筹划风险应对策略得到正确、有效的执行，需要企业针对上述纳税筹划风险应对策略，实施以下具体的风险应对措施：一是健全并有效实施纳税筹划内部控制；二是建立纳税筹划风险管理激励机制；三是要有高层管理人员的参与和大力支持；四是提升纳税筹划风险管理人员的素质；五是加强各部门之间的沟通、协作与配合，将纳税筹划应对策略融入企业各个部门、各个业务流程中。

15.4　纳税筹划风险管理的监控

15.4.1　纳税筹划风险管理的监督与评价

1. 纳税筹划风险管理的监督与评价的含义

纳税筹划风险管理的监督与评价，是对纳税筹划风险管理的健全性、合理性及有效性进行监督、检查和评价，以保证纳税筹划风险管理的实施效果，并通过监督与评价活动对纳税筹划风险管理的薄弱环节提出修正意见，为纳税筹划风险管理的总结与改进提供依据。

2. 纳税筹划风险管理的监督与评价的内容

1）纳税筹划风险管理的持续监督与评价

纳税筹划风险管理的持续监督与评价是对企业纳税筹划风险管理的整体情况所进行的连续的、全面的、系统的监督、检查与评价。

2）纳税筹划风险管理的个别监督与评价

纳税筹划风险管理的个别监督与评价是对企业纳税筹划风险管理的某一方面或者某些方面的情况所进行的不定期的、专门的、有针对性的监督、检查与评价。

3. 纳税筹划风险管理的监督与评价的途径

1）各部门自查

企业各有关部门应定期对本部门的纳税筹划风险管理工作进行自查，看是否遗漏风险因素，决策是否合理，采用措施是否恰当，环境变化是否产生了新的风险因素。其自查报告应及时报送纳税筹划风险管理小组。

2）纳税筹划风险管理小组的监督与评价

纳税筹划风险管理小组应定期或不定期地对各部门的纳税筹划风险管理工作实施情况和有效性进行检查和检验，并对单个部门及跨部门的纳税筹划风险管理工作进行评估，提出调整或改进建议，出具监督与评价报告，及时报送高层管理人员或纳税筹划风险管理小组负责人。

3）审计机构的监督与评价

纳税筹划风险管理审计是指审计机构采用一种系统化、规范化的方法来进行以测试风险管理信息系统、各业务循环以及相关部门的纳税筹划风险识别、评估、应对等为基础的一系列审核活动。审计机构对相关部门的纳税筹划风险管理工作进行监督与评价，有利于提高过程效率，帮助企业实现目标。

4）外部评价和改进建议

企业可聘请有资质、信誉好、风险管理专业能力强的中介机构或顾问对企业纳税筹划风险管理工作进行评价，出具纳税筹划风险管理评估和建议专项报告。

4. 纳税筹划风险管理结果的评价

上述纳税筹划风险管理的监督与评价里面已经包含了对纳税筹划风险管理过程的评价，下面主要探讨对纳税筹划风险管理结果的评价。

对纳税筹划风险管理结果的评价，一般可以采用"成本与收益分析法"。运用时，类似于前面章节的纳税筹划成本与收益分析中使用的"成本与收益分析法"，只是这里的"成本"是指纳税筹划风险管理成本，这里的"收益"是指纳税筹划风险管理收益。

纳税筹划风险管理成本是指纳税人因对纳税筹划风险进行管理所付出的所有成本，包括显性成本、隐性成本和风险成本。显性成本是企业在纳税筹划风险管理过程中所发生的人力、财力、物力的耗费。例如，由企业自己的财务人员进行纳税筹划风险管理时，这笔成本体现为相应人员的工资或奖金；聘请税务专家或通过税务代理进行纳税筹划风险管理，这笔成本体现为支付给税务专家或税务代理机构的咨询或代理费。隐性成本是指由于进行纳税筹划风险管理而放弃的潜在利益。风险成本主要是指企业因风险应对策略制定失误或执行不当而造成纳税筹划风险管理目标落空的经济损失。在纳税筹划风险管理中，显性成本、风险成本是较容易确定的，而隐性成本却是一个不容易量化的因素，但在效果评价时又必须加以考虑。

纳税筹划风险管理收益是指纳税人因对纳税筹划风险进行管理所获取的所有收益，包括直接收益和间接收益。前者主要是指因纳税筹划风险管理而使企业减少的纳税方面的成本或损失等；后者是指由于进行纳税筹划风险管理而为企业带来的良好的纳税信誉，企业因顺应税收政策导向，优化了资源配置，为企业长期发展提供的良好外部环境有利因素等。

根据"成本与收益分析法"，只有纳税筹划风险管理成本小于纳税筹划风险管理收益时，该纳税筹划风险管理方案才是可行的；反之，不可行。

根据监督和评价情况，企业要总结经验教训，及时调整纳税筹划风险管理计划，以利于下一步纳税筹划风险管理工作的进行。企业必须定期对纳税筹划风险管理结果进行评价及反馈，重新检查和审视纳税筹划风险管理的目标和实际效果，分析差距，为纳税筹划风险管理的总结和改进打下基础。

15.4.2 纳税筹划风险管理的总结与改进

1. 纳税筹划风险管理的总结与改进的含义

纳税筹划风险管理的总结与改进，是根据在纳税筹划风险管理监督与评价过程中发现的问题、不足与缺陷进行持续不断总结与改进的动态过程，是一次纳税筹划风险管理的结束，又是下次纳税筹划风险管理的开始。

2. 纳税筹划风险管理的总结与改进的内容

1）解决纳税筹划风险管理中出现的问题

从纳税筹划风险管理的流程看，包括纳税筹划风险管理的各个流程中出现的问题。从纳税筹划风险管理中出现问题的原因看，包括纳税筹划人员的素质不高、各部门沟通协调不利、领导不重视等。

2）应对纳税筹划风险管理中出现的变化

这主要包括应对税收政策的变化、企业自身经营活动的变化、企业其他环境条件的变化等。

3）纳税筹划风险管理总结与改进的途径

这主要包括：加强主管领导对纳税筹划风险管理的重视程度；加强对纳税筹划人员乃至全体工作人员的教育培训，提高其工作人员的相关素质；加强各部门沟通、协作与协调；改进纳税筹划风险管理方法与手段；等等。

15.5 我国企业纳税筹划风险管理当前存在的问题

1. 纳税筹划风险管理意识不强，对纳税筹划风险管理重视程度不高

很多企业一谈到纳税筹划，往往将注意力集中在能为企业直接带来多大的经济利益，甚至单纯的以能节税多少万元或节税百分比作为评价纳税筹划方案优劣的标准，而忽视了纳税筹划在带来经济利益的同时蕴藏着相当的风险。对于纳税筹划风险管理，缺乏高层管理人员的重视和大力支持，同时缺乏纳税筹划人员对纳税筹划风险管理的重视。

2. 纳税筹划风险管理整个流程的可操作性差

由于对纳税筹划风险的研究起步较晚，系统阐述整个纳税筹划风险管理流程的著作和论文十分罕见，并且现有的研究也不够深入。对于纳税筹划风险管理的流程分为哪些阶段，每个阶段有哪些具体任务，以及对于纳税筹划风险的识别、评估方法的选择、风险应对策略的制定和执行等问题仍存在很多争议，这一切使得纳税筹划风险管理在现实中缺乏可操作性。

3. 纳税筹划人员及纳税筹划风险管理人员的总体素质不高

从事纳税筹划的人员需要具备扎实的理论基础和丰富的实践经验，但真正意义上的纳税筹划人才并不多见。而纳税筹划风险管理人员除了要精通纳税筹划本身的技能外，还要精通风险管理知识，这种要求就更高了，真正意义上的纳税筹划风险管理人才更是少之又少。从事纳税筹划及其风险管理的人员总体素质不高，制约了纳税筹划风险管理的发展。

4. 企业各部门之间的沟通、协作与配合不力

企业各部门之间往往出于对自身局部利益的考虑，容易出现扯皮、拖拉、不愿承担责任的工作作风,导致相关部门和人员沟通不顺畅,或不能密切协作和配合,即使企业推行纳税筹划风险管理,但是由于上述原因,也会使得纳税筹划风险管理不能及时、有效地实施,从而使其实施效果不理想。

5. 未能正确地与税务机关处理好征纳关系

由于许多纳税筹划活动是在法律的边界运作,纳税筹划人员很难准确把握其确切的界限,同时,我国各地的税务机关征管的特点、方式和具体要求都有所不同,加之税收机关拥有较大的自由裁量权,因此,能否得到税务机关的认可,是纳税筹划方案能否顺利实施的一个重要环节。而部分企业在未和税务机关协商的情况下,盲目地实施自以为正确的纳税筹划方案,最终以被税务机关认定为偷税而告终。另有一些企业盲目注重人情税、关系税,通过送红包等手段,可能侥幸过关,但为以后埋下了隐患,更不用谈纳税筹划的风险管理了。

6. 纳税筹划的内部控制制度存在缺陷

企业的纳税筹划风险很多是暴露在业务流程中的,通过流程梳理与改造可以解决,这时的纳税筹划风险管理则主要落实在内部控制上。从风险管理角度来说,纳税筹划内部控制是指围绕纳税筹划风险管理目标,针对企业的战略、规划、研发、投资、融资、分配、运营、财务、内审、法律事务、人力资源、采购、生产、销售、物流、质量、安全、环境保护等各项业务及其重要业务流程的纳税筹划事项,通过执行纳税筹划风险管理基本流程,制定并执行的规章制度、程序和措施。而现实中很多企业或是根本就没有建立纳税筹划的内部控制制度,或是建立了但未实施,或是实施了但未有效实施,这些都不利于企业纳税筹划的风险管理。

7. 不能恰到好处地利用税务代理的专业化服务

一方面,盲目信赖税务代理的专业化服务,认为只要把纳税筹划方案外包出去了,就万事大吉了,于是企业自身疏忽了对纳税筹划风险的管理,而由于税务代理机构毕竟是局外人,对企业很多情况不是很了解,一旦最终外包的纳税筹划失败,虽然企业可获得其赔偿,但对企业自身的负面影响有些是不能弥补的,如纳税信誉的损失等。另一方面,未能对自身的胜任能力进行合理的评价,应该外包的纳税筹划方案未外包,不必外包的反而外包了。

15.6 改进我国企业纳税筹划风险管理的措施

1. 树立纳税筹划风险管理意识,建立纳税筹划风险管理文化

把风险意识融入自己的企业文化中,建立企业风险管理文化是非常必要的。企业纳税筹划风险管理是企业内每一个纳税筹划相关人员的责任,成功实施纳税筹划风险管理的关键在于企业纳税筹划相关人员全面接受新的态度、知识与行为模式,使得从最高管理层到普通纳税筹划人员,都把纳税筹划风险管理作为自己的一项职责和习惯。企业可以通过开展宣传教育工作,使纳税筹划相关人员深刻认识到开展纳税筹划风险管理的目的、意义和重要性,以统一思想,保证纳税筹划风险管理的顺利实施。

2. 加强对纳税筹划风险及其管理的研究,使纳税筹划风险管理更加具有可操作性

加大对纳税筹划风险及其管理的理论研究力度,将风险管理的前沿理论与纳税筹划风相结合，探索出一般的纳税筹划风险管理的流程框架，并在此基础上探索出适合纳税筹划的风险识别、评估方法，以及风险应对策略。同时，及时通过企业具体实践来进行验证和修正，以尽快总结出切实可行的纳税筹划风险管理的全程操作模式。

3. 大力提高纳税筹划人员及纳税筹划风险管理人员的素质

一方面，要引进高素质的纳税筹划及其风险管理人才，将应聘人员的纳税筹划及其风险管理的知识与能力的考核成绩、职业道德修养以及沟通和协作能力，作为人员录取的标准之一；另一方面，要加强对包括财会人员在内的从事纳税筹划及其风险管理工作的人员进行培训，以使他们较好地掌握税收、会计、财务、法律、企业管理、风险管理等各方面的知识，同时加强职业道德教育和沟通、协作能力的培训，使其既能制订正确的纳税筹划方案，又能正确地组织执行纳税筹划方案，还能有效地对纳税筹划风险进行管理。

4. 加强企业各部门之间的沟通、协作与配合

一方面，纳税筹划风险管理小组应当在企业管理层的组织下，定期与各业务部门进行交流，共享各自掌握的信息并进行讨论，并协调纳税筹划风险管理与其他领域的管理活动，分享各自对纳税筹划风险管理以及其他方面风险管理的建议；另一方面，企业应当建立纳税筹划风险管理的责任制，明确各部门和人员的职责，将其风险管理业绩与工资挂钩，以保证纳税筹划风险管理的顺利实施。

5. 加强与税务机关的沟通，协调好与税务机关的征纳关系

企业应当积极加强与税务机关的诚心交流和沟通，处理好和税务机关的关系，主动适应税务机关的管理，及时争取税务机关的指导，努力寻求税务机关的支持与帮助，树立良好的纳税信誉和形象，甚至在实施每一项新的筹划方案时，诚心地向税务机关咨询，获取其批准和认可，以实现企业与税务机关的"双赢"。

6. 建立和有效执行纳税筹划的内部控制制度

纳税筹划的内部控制制度主要包括纳税筹划内部控制岗位授权制度、审批制度、报告制度、绩效考核制度、控制责任制度、重大纳税筹划风险预警制度、与纳税筹划相关的法律顾问制度、与纳税筹划相关的重要岗位权力制衡制度等。通过建立和有效执行纳税筹划的内部控制制度，可将很多暴露在企业业务流程中的纳税筹划风险，通过流程梳理与改造加以解决。

7. 合理利用税务代理的专业化服务

一方面，不能盲目信赖税务代理的专业化服务，在将纳税筹划方案外包出去的同时，企业自身仍要加强对纳税筹划风险的管理，避免外包的纳税筹划失败而产生的损失。另一方面，对纳税筹划方案的复杂程度和企业纳税筹划人员的专业胜任能力进行合理的评价，应该外包的纳税筹划方案就外包给税务代理机构，不必外包的就不外包。

可以根据纳税筹划方案的复杂程度将纳税筹划分为一般性纳税筹划、综合性纳税筹划、系统性纳税筹划。对于一般性纳税筹划，本企业纳税筹划人员应当能够胜任；对于综合性纳税筹划，本企业纳税筹划人员操作会存在一定风险，这需要合理评价自身胜任能力后，选择自行筹划或外包；对于系统性纳税筹划，最好是外包给税务代理机构，同时企业自身也不能松懈对纳税筹划风险的管理。[①]

---

① 庄粉荣. 纳税筹划实战精选百例 [M]. 北京：机械工业出版社，2007.

关键词

风险管理的流程　损前目标　风险识别　风险评估　风险应对　税收链　模糊测评法　避免风险　降低风险　转移风险　保留风险　利用风险　监督与评价

能力训练

一、单项选择题

1. 纳税筹划风险管理的总体目标应当是（　　）。
   A. 现金净流量最大化　　　　　　　　B. 税负最小化
   C. 企业价值最大化　　　　　　　　　D. 税后利润最大化
2. 在投资环节，企业可能识别到的纳税筹划风险主要是（　　）。
   A. 股权筹资与债券筹资比例不当产生的风险
   B. 因过度追求债务利息抵税效应扩大债务筹资引起的财务风险
   C. 因追求税收利益而选择的投资项目经营不善而导致的风险
   D. 购货时机把握失误导致的风险
3. （　　）是指将企业的各项生产经营活动按照其内在的逻辑关系建立一系列的流程图，针对流程图中的每一个环节逐一进行调查、研究和分析，从中发现潜在风险的一种风险识别方法。
   A. 环境分析法　　　B. 流程图分析法　　　C. 财务分析法　　　D. 事故树分析法
4. 下列各项中，属于纳税筹划风险管理损前目标内容的是（　　）。
   A. 尽量进行补救
   B. 准确核算纳税金额
   C. 承担应尽的经济责任和社会责任
   D. 进一步处理和税务机关的关系，将纳税筹划风险损失额尽量降到最低
5. 下列各项中，属于纳税筹划风险管理损后目标内容的是（　　）。
   A. 建立健全纳税筹划风险管理机制　　B. 提高纳税筹划风险意识
   C. 正确运用税收法律、法规　　　　　D. 尽量进行补救
6. （　　）的思想来源于投资组合理论。
   A. 降低纳税筹划风险策略　　　　　　B. 分散纳税筹划风险策略
   C. 转移纳税筹划风险策略　　　　　　D. 利用纳税筹划风险策略
7. （　　）是一项非常积极的风险应对策略，同时也符合风险管理既要应对风险又要把握机会的理念。
   A. 降低纳税筹划风险策略　　　　　　B. 分散纳税筹划风险策略
   C. 转移纳税筹划风险策略　　　　　　D. 利用纳税筹划风险策略
8. 保留纳税筹划风险策略的特点不包括（　　）。
   A. 促进资金周转　　　　　　　　　　B. 降低风险管理成本
   C. 有可能使企业面临程度更大的风险　D. 是一种被动的纳税筹划风险应对策略
9. 保留纳税筹划风险一旦出现损失，其财务补偿方式不包括（　　）。

A. 用当年税后利润直接补偿　　　　B. 设立意外损失准备金
C. 从应纳税额中扣除，然后拖欠税款　D. 从外部借入资金

二、多项选择题

1. 纳税筹划风险管理的流程有（　　）。
   A. 纳税筹划风险管理的准备　　　　B. 纳税筹划风险管理的实施
   C. 纳税筹划风险管理的监控　　　　D. 纳税筹划风险管理的保障
2. 风险识别有不同的方法，比较常用的有（　　）。
   A. 流程图分析法　B. 问卷调查法　C. 环境分析法　D. 财务分析法
3. 纳税筹划风险管理的准备阶段的工作主要有（　　）。
   A. 确定纳税筹划风险管理目标　　　B. 成立纳税筹划风险管理小组
   C. 收集纳税筹划风险管理信息　　　D. 制订纳税筹划风险管理计划
4. 比较常用的风险评估定性方法有（　　）。
   A. 模糊测评法　B. 集体讨论法　C. 概率分析法　D. 问卷调查法
5. 比较常用的风险评估定量方法有（　　）。
   A. 概率分析法　B. 情景分析法　C. 敏感性分析法　D. 标杆分析法
6. 纳税筹划风险应对策略包括（　　）。
   A. 避免纳税筹划风险　　　　　　　B. 分散纳税筹划风险
   C. 保留纳税筹划风险　　　　　　　D. 利用纳税筹划风险
7. 降低纳税筹划风险包括（　　）。
   A. 损失避免　B. 损失预防　C. 损失抑制　D. 损失利用
8. 纳税筹划风险管理的监督与评价的途径包括（　　）。
   A. 各部门自查　　　　　　　　　　B. 纳税筹划风险管理小组的监督与评价
   C. 审计机构的监督与评价　　　　　D. 外部评价和改进建议
9. 我国企业纳税筹划风险管理当前存在的问题有（　　）。
   A. 企业纳税意识较强
   B. 企业各部门之间的沟通、协作与配合不利
   C. 税务机关征税不利
   D. 不能恰到好处地利用税务代理的专业化服务

三、判断题

1. 税收链分析法属于事故树分析法。　　　　　　　　　　　　　　　　（　）
2. 问卷调查法是识别纳税筹划风险比较常用的一种方法。　　　　　　　（　）
3. 变异系数越大，风险越大；变异系数越小，风险越小。　　　　　　　（　）
4. 标准差越大，风险越大；反之，标准差越小，风险越小。　　　　　　（　）
5. 降低纳税筹划风险是消除纳税筹划风险最彻底的方法。　　　　　　　（　）
6. 一般来说，企业最好是在纳税筹划方案实施的中晚期阶段，考虑是否选用避免纳税筹划风险策略。　　　　　　　　　　　　　　　　　　　　　　　　　　　　（　）
7. 降低纳税筹划风险是一种消极被动的风险应对策略，包括损失预防和损失抑制。
　　　　　　　　　　　　　　　　　　　　　　　　　　　　　　　　（　）
8. 转移风险与避免风险相比，转移风险是将风险转嫁到他人身上，而避免风险最终的结果是并没有任何人需要承受风险。　　　　　　　　　　　　　　　　　（　）

9. 对于那些造成损失小、重复性较高的风险最适合于保留。（　　）

四、案例题

1. 某投资者欲设立工业企业，202×年预计年应税销售额为 1 000 万元，销售产品适用的增值税税率为 13%。但该企业准予从销项税额中抵扣的进项税额较少，只占销项税额的 30%。于是经纳税筹划，该投资者决定设立两个小规模纳税人企业，各自作为独立核算单位，两个小企业年应税销售额都各为 500 万元，销售产品适用 3% 的增值税征收率。请谈谈该投资者设立两个小规模纳税人企业这一方案存在的纳税筹划风险。

2. 甲公司现为增值税小规模纳税人，截至 202×年 9 月底，应纳增值税销售额已达 500 万元，按规定应办理增值税一般纳税人资格登记；若不办理，则按有关规定，将按 13% 的税率缴纳增值税，并不得抵扣进项税额。202×年 10 月，该厂在办理一般纳税人资格登记时，税务会计向财务主管提出了以下纳税筹划方案：尽快将价值 10 万元（含增值税）的库存生产原料退给供货企业（供货企业为增值税一般纳税人），待取得一般纳税人资格后再将这些原料购回。原因是先前购买生产原料时取得的是增值税普通发票，而退货重购则可以取得增值税专用发票，就能抵扣进项税额，从而能够为以后月份节税，节税额 = [10/(1+13%)] × 13% = 1.15 万元。请谈谈退货重购这一方案存在的纳税筹划风险。

五、思考题

1. 简述纳税筹划风险管理的流程。
2. 纳税筹划风险管理的准备阶段有哪些任务？
3. 纳税筹划风险管理的具体目标有哪些？
4. 纳税筹划风险管理的实施阶段有哪些任务？
5. 纳税筹划风险识别的方法有哪些？分别对其进行简要阐述。
6. 纳税筹划风险评估方法有哪些？分别对其进行简要阐述。
7. 纳税筹划风险应对策略有哪六种？分别对其进行简要阐述。
8. 纳税筹划风险管理的监控阶段有哪些任务？
9. 我国企业纳税筹划风险管理当前存在哪些问题？
10. 改进我国企业纳税筹划风险管理的措施有哪些？

附录 A

货币时间价值系数表

表 A-1　复利终值系数表

期数	1%	2%	3%	4%	5%	6%	7%	8%	9%	10%
1	1.010 0	1.020 0	1.030 0	1.040 0	1.050 0	1.060 0	1.070 0	1.080 0	1.090 0	1.100 0
2	1.020 1	1.040 4	1.060 9	1.081 6	1.102 5	1.123 6	1.144 9	1.166 4	1.188 1	1.210 0
3	0.000 0	1.061 2	1.092 7	1.124 9	1.157 6	1.191 0	1.225 0	1.259 7	1.295 0	1.331 0
4	1.040 6	1.082 4	1.125 5	1.169 9	1.215 5	1.262 5	1.310 8	1.360 5	1.411 6	1.464 1
5	1.051 0	1.104 1	1.159 3	1.216 7	1.276 3	1.338 2	1.402 6	1.469 3	1.538 6	1.610 5
6	1.061 5	1.126 2	1.194 1	1.265 3	1.340 1	1.418 5	1.500 7	1.586 9	1.677 1	1.771 6
7	1.072 1	1.148 7	1.229 9	1.315 9	1.407 1	1.503 6	1.605 8	1.713 8	1.828 0	1.948 7
8	1.082 9	1.171 7	1.266 8	1.368 6	1.477 5	1.593 8	1.718 2	1.850 9	1.992 6	2.143 6
9	1.093 7	1.195 1	1.304 8	1.423 3	1.551 3	1.689 5	1.838 5	1.999 0	2.171 9	2.357 9
10	1.104 6	1.219 0	1.343 9	1.480 2	1.628 9	1.790 8	1.967 2	2.158 9	2.367 4	2.593 7
11	1.115 7	1.243 4	1.384 2	1.539 5	1.710 3	1.898 3	2.104 9	2.331 6	2.580 4	2.853 1
12	1.126 8	1.268 2	1.425 8	1.601 0	1.795 9	2.012 2	2.252 2	2.518 2	2.812 7	3.138 4
13	1.138 1	1.293 6	1.468 5	1.665 1	1.885 6	2.132 9	2.409 8	2.719 6	3.065 8	3.452 3
14	1.149 5	1.319 5	1.512 6	1.731 7	1.979 9	2.260 9	2.578 5	2.937 2	3.341 7	3.797 5
15	1.161 0	1.345 9	1.558 0	1.800 9	2.078 9	2.396 6	2.759 0	3.172 2	3.642 5	4.177 2
16	1.172 6	1.372 8	1.604 7	1.873 0	2.182 9	2.540 4	2.952 2	3.425 9	3.970 3	4.595 0
17	1.184 3	1.400 2	1.652 8	1.947 9	2.292 0	2.692 8	3.158 8	3.700 0	4.327 6	5.054 5
18	1.196 1	1.428 2	1.702 4	2.025 8	2.406 6	2.854 3	3.379 9	3.996 0	4.717 1	5.559 9
19	1.208 1	1.456 8	1.753 5	2.106 8	2.527 0	3.025 6	3.616 5	4.315 7	5.141 7	6.115 9
20	1.220 2	1.485 9	1.806 1	2.191 1	2.653 3	3.207 1	3.869 7	4.661 0	5.604 4	6.727 5
21	1.232 4	1.515 7	1.860 3	2.278 8	2.786 0	3.399 6	4.140 6	5.033 8	6.108 8	7.400 2
22	1.244 7	1.546 0	1.916 1	2.369 9	2.925 3	3.603 5	4.430 4	5.436 5	6.658 6	8.140 3
23	1.257 2	1.576 9	1.973 6	2.464 7	3.071 5	3.819 7	4.740 5	5.871 5	7.257 9	8.954 3
24	1.269 7	1.608 4	2.032 8	2.563 3	3.225 1	4.048 9	5.072 4	6.341 2	7.911 1	9.849 7
25	1.282 4	1.640 6	2.093 8	2.665 8	3.386 4	4.291 9	5.427 4	6.848 5	8.623 1	10.834 7
26	1.295 3	1.673 4	2.156 6	2.772 5	3.555 7	4.549 4	5.807 4	7.396 4	9.399 2	11.918 2
27	1.308 2	1.706 9	2.221 3	2.883 4	3.733 5	4.822 3	6.213 9	7.988 1	10.245 1	13.110 0
28	1.321 3	1.741 0	2.287 9	2.998 7	3.920 1	5.111 7	6.648 8	8.627 1	11.167 1	14.421 0
29	1.334 5	1.775 8	2.356 6	3.118 7	4.116 1	5.418 4	7.114 3	9.317 3	12.172 2	15.863 1
30	1.347 8	1.811 4	2.427 3	3.243 4	4.321 9	5.743 5	7.612 3	10.062 7	13.267 7	17.449 4
35	1.416 6	1.999 9	2.813 9	3.946 1	5.516 0	7.686 1	10.676 6	14.785 3	20.414 0	28.102 4
40	1.488 9	2.208 0	3.262 0	4.801 0	7.040 0	10.285 7	14.974 5	21.724 5	31.409 0	45.259 3
45	1.564 8	2.437 9	3.781 6	5.841 2	8.985 0	13.764 6	21.002 5	31.920 4	48.327 3	72.890 5
50	1.644 6	2.691 6	4.383 9	7.106 7	11.467 4	18.420 2	29.457 0	46.901 6	74.357 5	117.391
55	1.728 5	2.971 7	5.082 1	8.646 4	14.635 5	24.650 3	41.315 0	68.913 9	114.408 3	189.060

续表

期数	11%	12%	13%	14%	15%	16%	18%	20%	24%	28%
1	1.110 0	1.120 0	1.130 0	1.140 0	1.150 0	1.160 0	1.180 0	1.200 0	1.240 0	1.280 0
2	1.232 1	1.254 4	1.276 9	1.299 6	1.322 5	1.345 6	1.392 4	1.440 0	1.537 6	1.638 4
3	1.367 6	1.404 9	1.442 9	1.481 5	1.520 9	1.560 9	1.643 0	1.728 0	1.906 6	2.097 2
4	1.518 1	1.573 5	1.630 5	1.689 0	1.749 0	1.810 6	1.938 8	2.073 6	2.364 2	2.684 4
5	1.685 1	1.762 3	1.842 4	1.925 4	2.011 4	2.100 3	2.287 8	2.488 3	2.931 6	3.436 0
6	1.870 4	1.973 8	2.082 0	2.195 0	2.313 1	2.436 4	2.699 6	2.986 0	3.635 2	4.398 0
7	2.076 2	2.210 7	2.352 6	2.502 3	2.660 0	2.826 2	3.185 5	3.583 2	4.507 7	5.629 5
8	2.304 5	2.476 0	2.658 4	2.852 6	3.059 0	3.278 4	3.758 9	4.299 8	5.589 5	7.205 8
9	2.558 0	2.773 1	3.004 0	3.251 9	3.517 9	3.803 0	4.435 5	5.159 8	6.931 5	9.223 4
10	2.839 4	3.105 8	3.394 6	3.707 2	4.045 6	4.411 4	5.233 8	6.191 7	8.594 4	11.806
11	3.151 8	3.478 5	3.835 9	4.226 2	4.652 4	5.117 3	6.175 9	7.430 1	10.657	15.112
12	3.498 5	3.896 0	4.334 5	4.817 9	5.350 3	5.936 0	7.287 6	8.916 1	13.215	19.343
13	3.883 3	4.363 5	4.898 0	5.492 4	6.152 8	6.885 8	8.599 4	10.699	16.386	24.759
14	4.310 4	4.887 1	5.534 8	6.261 3	7.075 7	7.987 5	10.147 2	12.839	20.319	31.691
15	4.784 6	5.473 6	6.254 3	7.137 9	8.137 1	9.265 5	11.973 7	15.407	25.196	40.565
16	5.310 9	6.130 4	7.067 3	8.137 2	9.357 6	10.748 0	14.129 0	18.488	31.243	51.923
17	5.895 1	6.866 0	7.986 1	9.276 5	10.761 3	12.467 7	16.672 2	22.186	38.741	66.461
18	6.543 6	7.690 0	9.024 3	10.575 2	12.375 5	14.462 5	19.673 3	26.623	48.039	85.071
19	7.263 3	8.612 8	10.197	12.056	14.232	16.777	23.214	31.948	59.568	108.890
20	8.062 3	9.646 3	11.523	13.743	16.367	19.461	27.393	38.338	73.864	139.380
21	8.949 2	10.804	13.021	15.668	18.822	22.575	32.324	46.005	91.592	178.406
22	9.933 6	12.100	14.714	17.861	21.645	26.186	38.142	55.206	113.574	228.360
23	11.026	13.552	16.627	20.362	24.891	30.376	45.008	66.247	140.831	292.300
24	12.239	15.179	18.788	23.212	28.625	35.236	53.109	79.497	174.631	374.144
25	13.585	17.000	21.231	26.462	32.919	40.874	62.669	95.396	216.542	478.905
26	15.080	19.040	23.991	30.167	37.857	47.414	73.949	114.48	268.512	612.998
27	16.739	21.325	27.109	34.390	43.535	55.000	87.260	137.37	332.95	784.64
28	18.580	23.884	30.633	39.204	50.066	63.800	102.967	164.84	412.86	1 004.3
29	20.624	26.750	34.616	44.693	57.575	74.009	121.501	197.81	511.95	1 285.6
30	22.892	29.960	39.116	50.950	66.212	85.850	143.371	237.38	634.82	1 645.5
35	38.575	52.800	72.069	98.100	133.18	180.31	328.00	590.67	1 861.1	5 653.9
40	65.001	93.051	132.782	188.884	267.86	378.72	750.38	1 469.8	5 455.9	1 9 427
45	109.53	163.99	244.641	363.679	538.77	795.44	1 716.7	3 657.3	15 995	66 750
50	184.56	289.00	450.736	700.233	1 083.7	1 670.7	3 927.4	9 100.4	46 890	229 350
55	311.00	509.32	830.452	1 348.2	2 179.6	3 509.0	8 984.8	22 645	137 465	788 040

表 A-2　复利现值系数表

期数	1%	2%	3%	4%	5%	6%	7%	8%	9%	10%
1	0.990 1	0.980 4	0.970 9	0.961 5	0.952 4	0.943 4	0.934 6	0.925 9	0.917 4	0.909 1
2	0.980 3	0.961 2	0.942 6	0.924 6	0.907 0	0.890 0	0.873 4	0.857 3	0.841 7	0.826 4
3	0.970 6	0.942 3	0.915 1	0.889 0	0.863 8	0.839 6	0.816 3	0.793 8	0.772 2	0.751 3
4	0.961 0	0.923 8	0.888 5	0.854 8	0.822 7	0.792 1	0.762 9	0.735 0	0.708 4	0.683 0
5	0.951 5	0.905 7	0.862 6	0.821 9	0.783 5	0.747 3	0.713 0	0.680 6	0.649 9	0.620 9
6	0.942 0	0.888 0	0.837 5	0.790 3	0.746 2	0.705 0	0.666 3	0.630 2	0.596 3	0.564 5
7	0.932 7	0.870 6	0.813 1	0.759 9	0.710 7	0.665 1	0.622 7	0.583 5	0.547 0	0.513 2
8	0.923 5	0.853 5	0.789 4	0.730 7	0.676 8	0.627 4	0.582 0	0.540 3	0.501 9	0.466 5
9	0.914 3	0.836 8	0.766 4	0.702 6	0.644 6	0.591 9	0.543 9	0.500 2	0.460 4	0.424 1
10	0.905 3	0.820 3	0.744 1	0.675 6	0.613 9	0.558 4	0.508 3	0.463 2	0.422 4	0.385 5
11	0.896 3	0.804 3	0.722 4	0.649 6	0.584 7	0.526 8	0.475 1	0.428 9	0.387 5	0.350 5
12	0.887 4	0.788 5	0.701 4	0.624 6	0.556 8	0.497 0	0.444 0	0.397 1	0.355 5	0.318 6
13	0.878 7	0.773 0	0.681 0	0.600 6	0.530 3	0.468 8	0.415 0	0.367 7	0.326 2	0.289 7
14	0.870 0	0.757 9	0.661 1	0.577 5	0.505 1	0.442 3	0.387 8	0.340 5	0.299 2	0.263 3
15	0.861 3	0.743 0	0.641 9	0.555 3	0.481 0	0.417 3	0.362 4	0.315 2	0.274 5	0.239 4
16	0.852 8	0.728 4	0.623 2	0.533 9	0.458 1	0.393 6	0.338 7	0.291 9	0.251 9	0.217 6
17	0.844 4	0.714 2	0.605 0	0.513 4	0.436 3	0.371 4	0.316 6	0.270 3	0.231 1	0.197 8
18	0.836 0	0.700 2	0.587 4	0.493 6	0.415 5	0.350 3	0.295 9	0.250 2	0.212 0	0.179 9
19	0.827 7	0.686 4	0.570 3	0.474 6	0.395 7	0.330 5	0.276 5	0.231 7	0.194 5	0.163 5
20	0.819 5	0.673 0	0.553 7	0.456 4	0.376 9	0.311 8	0.258 4	0.214 5	0.178 4	0.148 6
21	0.811 4	0.659 8	0.537 5	0.438 8	0.358 9	0.294 2	0.241 5	0.198 7	0.163 7	0.135 1
22	0.803 4	0.646 8	0.521 9	0.422 0	0.341 8	0.277 5	0.225 7	0.183 9	0.150 2	0.122 8
23	0.795 4	0.634 2	0.506 7	0.405 7	0.325 6	0.261 8	0.210 9	0.170 3	0.137 8	0.111 7
24	0.787 6	0.621 7	0.491 9	0.390 1	0.310 1	0.247 0	0.197 1	0.157 7	0.126 4	0.101 5
25	0.779 8	0.609 5	0.477 6	0.375 1	0.295 3	0.233 0	0.184 2	0.146 0	0.116 0	0.092 3
26	0.772 0	0.597 6	0.463 7	0.360 7	0.281 2	0.219 8	0.172 2	0.135 2	0.106 4	0.083 9
27	0.764 4	0.585 9	0.450 2	0.346 8	0.267 8	0.207 4	0.160 9	0.125 2	0.097 6	0.076 3
28	0.756 8	0.574 4	0.437 1	0.333 5	0.255 1	0.195 6	0.150 4	0.115 9	0.089 5	0.069 3
29	0.749 3	0.563 1	0.424 3	0.320 7	0.242 9	0.184 6	0.140 6	0.107 3	0.082 2	0.063 0
30	0.741 9	0.552 1	0.412 0	0.308 3	0.231 4	0.174 1	0.131 4	0.099 4	0.075 4	0.057 3
35	0.705 9	0.500 0	0.355 4	0.253 4	0.181 3	0.130 1	0.093 7	0.067 6	0.049 0	0.035 6
40	0.671 7	0.452 9	0.306 6	0.208 3	0.142 0	0.097 2	0.066 8	0.046 0	0.031 8	0.022 1
45	0.639 1	0.410 2	0.264 4	0.171 2	0.111 3	0.072 7	0.047 6	0.031 3	0.020 7	0.013 7
50	0.608 0	0.371 5	0.228 1	0.140 7	0.087 2	0.054 3	0.033 9	0.021 3	0.013 4	0.008 5
55	0.578 5	0.336 5	0.196 8	0.115 7	0.068 3	0.040 6	0.024 2	0.014 5	0.008 7	0.005 3

续表

期数	11%	12%	13%	14%	15%	16%	18%	20%	24%	28%
1	0.900 9	0.892 9	0.885 0	0.877 2	0.869 6	0.862 1	0.847 5	0.833 3	0.806 5	0.781 3
2	0.811 6	0.797 2	0.783 1	0.769 5	0.756 1	0.743 2	0.718 2	0.694 4	0.650 4	0.610 4
3	0.731 2	0.711 8	0.693 1	0.675 0	0.657 5	0.640 7	0.608 6	0.578 7	0.524 5	0.476 8
4	0.658 7	0.635 5	0.613 3	0.592 1	0.571 8	0.552 3	0.515 8	0.482 3	0.423 0	0.372 5
5	0.593 5	0.567 4	0.542 8	0.519 4	0.497 2	0.476 1	0.437 1	0.401 9	0.341 1	0.291 0
6	0.534 6	0.506 6	0.480 3	0.455 6	0.432 3	0.410 4	0.370 4	0.334 9	0.275 1	0.227 4
7	0.481 7	0.452 3	0.425 1	0.399 6	0.375 9	0.353 8	0.313 9	0.279 1	0.221 8	0.177 6
8	0.433 9	0.403 9	0.376 2	0.350 6	0.326 9	0.305 0	0.266 0	0.232 6	0.178 9	0.138 8
9	0.390 9	0.360 6	0.332 9	0.307 5	0.284 3	0.263 0	0.225 5	0.193 8	0.144 3	0.108 4
10	0.352 2	0.322 0	0.294 6	0.269 7	0.247 2	0.226 7	0.191 1	0.161 5	0.116 4	0.084 7
11	0.317 3	0.287 5	0.260 7	0.236 6	0.214 9	0.195 4	0.161 9	0.134 6	0.093 8	0.066 2
12	0.285 8	0.256 7	0.230 7	0.207 6	0.186 9	0.168 5	0.137 2	0.112 2	0.075 7	0.051 7
13	0.257 5	0.229 2	0.204 2	0.182 1	0.162 5	0.145 2	0.116 3	0.093 5	0.061 0	0.040 4
14	0.232 0	0.204 6	0.180 7	0.159 7	0.141 3	0.125 2	0.098 5	0.077 9	0.049 2	0.031 6
15	0.209 0	0.182 7	0.159 9	0.140 1	0.122 9	0.107 9	0.083 5	0.064 9	0.039 7	0.024 7
16	0.188 3	0.163 1	0.141 5	0.122 9	0.106 9	0.093 0	0.070 8	0.054 1	0.032 0	0.019 3
17	0.169 6	0.145 6	0.125 2	0.107 8	0.092 9	0.080 2	0.060 0	0.045 1	0.025 8	0.015 0
18	0.152 8	0.130 0	0.110 8	0.094 6	0.080 8	0.069 1	0.050 8	0.037 6	0.020 8	0.011 8
19	0.137 7	0.116 1	0.098 1	0.082 9	0.070 3	0.059 6	0.043 1	0.031 3	0.016 8	0.009 2
20	0.124 0	0.103 7	0.086 8	0.072 8	0.061 1	0.051 4	0.036 5	0.026 1	0.013 5	0.007 2
21	0.111 7	0.092 6	0.076 8	0.063 8	0.053 1	0.044 3	0.030 9	0.021 7	0.010 9	0.005 6
22	0.100 7	0.082 6	0.068 0	0.056 0	0.046 2	0.038 2	0.026 2	0.018 1	0.008 8	0.004 4
23	0.090 7	0.073 8	0.060 1	0.049 1	0.040 2	0.032 9	0.022 2	0.015 1	0.007 1	0.003 4
24	0.081 7	0.065 9	0.053 2	0.043 1	0.034 9	0.028 4	0.018 8	0.012 6	0.005 7	0.002 7
25	0.073 6	0.058 8	0.047 1	0.037 8	0.030 4	0.024 5	0.016 0	0.010 5	0.004 6	0.002 1
26	0.066 3	0.052 5	0.041 7	0.033 1	0.026 4	0.021 1	0.013 5	0.008 7	0.003 7	0.001 6
27	0.059 7	0.046 9	0.036 9	0.029 1	0.023 0	0.018 2	0.011 5	0.007 3	0.003 0	0.001 3
28	0.053 8	0.041 9	0.032 6	0.025 5	0.020 0	0.015 7	0.009 7	0.006 1	0.002 4	0.001 0
29	0.048 5	0.037 4	0.028 9	0.022 4	0.017 4	0.013 5	0.008 2	0.005 1	0.002 0	0.000 8
30	0.043 7	0.033 4	0.025 6	0.019 6	0.015 1	0.011 6	0.007 0	0.004 2	0.001 6	0.000 6
35	0.025 9	0.018 9	0.013 9	0.010 2	0.007 5	0.005 5	0.003 0	0.001 7	0.000 5	0.000 2
40	0.015 4	0.010 7	0.007 5	0.005 3	0.003 7	0.002 6	0.001 3	0.000 7	0.000 2	0.000 1
45	0.009 1	0.006 1	0.004 1	0.002 7	0.001 9	0.001 3	0.000 6	0.000 3	0.000 1	*
50	0.005 4	0.003 5	0.002 2	0.001 4	0.000 9	0.000 6	0.000 3	0.000 1	*	*
55	0.003 2	0.002 0	0.001 2	0.000 7	0.000 5	0.000 3	0.000 1	*	*	*

表 A-3　年金终值系数表

期数	1%	2%	3%	4%	5%	6%	7%	8%	9%	10%
1	1.000 0	1.000 0	1.000 0	1.000 0	1.000 0	1.000 0	1.000 0	1.000 0	1.000 0	1.000 0
2	2.010 0	2.020 0	2.030 0	2.040 0	2.050 0	2.060 0	2.070 0	2.080 0	2.090 0	2.100 0
3	3.030 1	3.060 4	3.090 9	3.121 6	3.152 5	3.183 6	3.214 9	3.246 4	3.278 1	3.310 0
4	4.060 4	4.121 6	4.183 6	4.246 5	4.310 1	4.374 6	4.439 9	4.506 1	4.573 1	4.641 0
5	5.101 0	5.204 0	5.309 1	5.416 3	5.525 6	5.637 1	5.750 7	5.866 6	5.984 7	6.105 1
6	6.152 0	6.308 1	6.468 4	6.633 0	6.801 9	6.975 3	7.153 3	7.335 9	7.523 3	7.715 6
7	7.213 5	7.434 3	7.662 5	7.898 3	8.142 0	8.393 8	8.654 0	8.922 8	9.200 4	9.487 2
8	8.285 7	8.583 0	8.892 3	9.214 2	9.549 1	9.897 5	10.259 8	10.636 6	11.028 5	11.435 9
9	9.368 5	9.754 6	10.159 1	10.582 8	11.026 6	11.491 3	11.978 0	12.487 6	13.021 0	13.579 5
10	10.462 2	10.949 7	11.463 9	12.006 1	12.577 9	13.180 8	13.816 4	14.486 6	15.192 9	15.937 4
11	11.566 8	12.168 7	12.807 8	13.486 4	14.206 8	14.971 6	15.783 6	16.645 5	17.560 3	18.531 2
12	12.682 5	13.412 1	14.192 0	15.025 8	15.917 1	16.869 9	17.888 5	18.977 1	20.140 7	21.384 3
13	13.809 3	14.680 3	15.617 8	16.626 8	17.713 0	18.882 1	20.140 6	21.495 3	22.953 4	24.522 7
14	14.947 4	15.973 9	17.086 3	18.291 9	19.598 6	21.015 1	22.550 5	24.214 9	26.019 2	27.975 0
15	16.096 9	17.293 4	18.598 9	20.023 6	21.578 6	23.276 0	25.129 0	27.152 1	29.360 9	31.772 5
16	17.257 9	18.639 3	20.156 9	21.824 5	23.657 5	25.672 5	27.888 1	30.324 3	33.003 4	35.949 7
17	18.430 4	20.012 1	21.761 6	23.697 5	25.840 4	28.212 9	30.840 2	33.750 2	36.973 7	40.544 7
18	19.614 7	21.412 3	23.414 4	25.645 4	28.132 4	30.905 7	33.999 0	37.450 2	41.301 3	45.599 2
19	20.810 9	22.840 6	25.116 9	27.671 2	30.539 0	33.760 0	37.379 0	41.446 3	46.018 5	51.159 1
20	22.019 0	24.297 4	26.870 4	29.778 1	33.066 0	36.785 6	40.995 5	45.762 0	51.160 1	57.275 0
21	23.239 2	25.783 3	28.676 5	31.969 2	35.719 3	39.992 7	44.865 2	50.422 9	56.764 5	64.002 5
22	24.471 6	27.299 0	30.536 8	34.248 0	38.505 2	43.392 3	49.005 7	55.456 8	62.873 3	71.402 7
23	25.716 3	28.845 0	32.452 9	36.617 9	41.430 5	46.995 8	53.436 1	60.893 3	69.531 9	79.543 0
24	26.973 5	30.421 9	34.426 5	39.082 6	44.502 0	50.815 6	58.176 7	66.764 8	76.789 8	88.497 3
25	28.243 2	32.030 3	36.459 3	41.645 9	47.727 1	54.864 5	63.249 0	73.105 9	84.700 9	98.347 1
26	29.525 6	33.670 9	38.553 0	44.311 7	51.113 5	59.156 4	68.676 5	79.954 4	93.324 0	109.182
27	30.820 9	35.344 3	40.709 6	47.084 2	54.669 1	63.705 8	74.483 8	87.350 8	102.723	121.100
28	32.129 1	37.051 2	42.930 9	49.967 6	58.402 6	68.528 1	80.697 7	95.338 8	112.968	134.210
29	33.450 4	38.792 2	45.218 9	52.966 3	62.322 7	73.639 8	87.346 5	103.966	124.135	148.631
30	34.784 9	40.568 1	47.575 4	56.084 9	66.438 8	79.058 2	94.460 8	113.283	136.308	164.494
35	41.660 3	49.994 5	60.462 1	73.652 2	90.320 3	111.435	138.237	172.317	215.711	271.024
40	48.886 4	60.402 0	75.401 3	95.025 5	120.800	154.762	199.635	259.057	337.882	442.593
45	56.481 1	71.892 7	92.719 9	121.029	159.700	212.744	285.749	386.506	525.859	718.905
50	64.463 2	84.579 4	112.797	152.667	209.348	290.336	406.529	573.770	815.084	1 163.91
55	72.852 5	98.586 5	136.072	191.159	272.713	394.172	575.929	848.923	1 260.09	1 880.59

续表

期数	11%	12%	13%	14%	15%	16%	18%	20%	24%	28%
1	1.000 0	1.000 0	1.000 0	1.000 0	1.000 0	1.000 0	1.000 0	1.000 0	1.000 0	1.000 0
2	2.110 0	2.120 0	2.130 0	2.140 0	2.150 0	2.160 0	2.180 0	2.200 0	2.240 0	2.280 0
3	3.342 1	3.374 4	3.406 9	3.439 6	3.472 5	3.505 6	3.572 4	3.640 0	3.777 6	3.918 4
4	4.709 7	4.779 3	4.849 8	4.921 1	4.993 4	5.066 5	5.215 4	5.368 0	5.684 2	6.015 6
5	6.227 8	6.352 8	6.480 3	6.610 1	6.742 4	6.877 1	7.154 2	7.441 6	8.048 4	8.699 9
6	7.912 9	8.115 2	8.322 7	8.535 5	8.753 7	8.977 5	9.442 0	9.929 9	10.980 1	12.135 9
7	9.783 3	10.089 0	10.404 7	10.730 5	11.066 8	11.413 9	12.141 5	12.915 9	14.615 3	16.533 9
8	11.859 4	12.299 7	12.757 3	13.232 8	13.726 8	14.240 1	15.327 0	16.499 1	19.122 9	22.163 4
9	14.164 0	14.775 7	15.415 7	16.085 3	16.785 8	17.518 5	19.085 9	20.798 9	24.712 5	29.369 2
10	16.722 0	17.548 7	18.419 7	19.337 3	20.303 7	21.321 5	23.521 3	25.958 7	31.643 4	38.592 6
11	19.561 4	20.654 6	21.814 3	23.044 5	24.349 3	25.732 9	28.755 1	32.150 4	40.237 9	50.398 5
12	22.713 2	24.133 1	25.650 2	27.270 7	29.001 7	30.850 2	34.931 1	39.580 5	50.895 0	65.510 0
13	26.211 6	28.029 1	29.984 7	32.088 7	34.351 9	36.786 2	42.218 7	48.496 6	64.109 7	84.852 9
14	30.094 9	32.392 6	34.882 7	37.581 1	40.504 7	43.672 0	50.818 0	59.195 9	80.496 1	109.612
15	34.405 4	37.279 7	40.417 5	43.842 4	47.580 4	51.659 5	60.965 3	72.035 1	100.815	141.303
16	39.189 9	42.753 3	46.671 7	50.980 4	55.717 5	60.925 0	72.939 0	87.442 1	126.011	181.868
17	44.500 8	48.883 7	53.739 1	59.117 6	65.075 1	71.673 0	87.068 0	105.931	157.253	233.791
18	50.395 9	55.749 7	61.725 1	68.394 1	75.836 4	84.140 7	103.740	128.117	195.994	300.252
19	56.939 5	63.439 7	70.749 4	78.969 2	88.211 8	98.603 2	123.414	154.740	244.033	385.323
20	64.202 8	72.052 4	80.946 8	91.024 9	102.444	115.380	146.628	186.688	303.601	494.213
21	72.265 1	81.698 7	92.469 9	104.768	118.810	134.841	174.021	225.026	377.465	633.593
22	81.214 3	92.502 6	105.491	120.436	137.632	157.415	206.345	271.031	469.056	811.999
23	91.147 9	104.603	120.205	138.297	159.276	183.601	244.487	326.237	582.630	1 040.36
24	102.174	118.155	136.831	158.659	184.168	213.978	289.495	392.484	723.461	1 332.66
25	114.413	133.334	155.620	181.871	212.793	249.214	342.604	471.981	898.092	1 706.80
26	127.999	150.334	176.850	208.333	245.712	290.088	405.272	567.377	1 114.63	2 185.71
27	143.079	169.374	200.841	238.499	283.569	337.502	479.221	681.853	1 383.15	2 798.71
28	159.817	190.699	227.950	272.889	327.104	392.503	566.481	819.223	1 716.10	3 583.34
29	178.397	214.583	258.583	312.094	377.170	456.303	669.447	984.068	2 128.96	4 587.68
30	199.021	241.333	293.199	356.787	434.745	530.312	790.948	1 181.88	2 640.92	5 873.23
35	341.590	431.663	546.681	693.573	881.170	1 120.71	1 816.65	2 948.34	7 750.23	20 189.0
40	581.826	767.091	1 013.70	1 342.03	1 779.09	2 360.76	4 163.21	7 343.86	22 728.8	69 377.5
45	986.639	1 358.23	1 874.16	2 590.56	3 585.13	4 965.27	9 531.58	18 281.3	66 640.4	238 388
50	1 668.77	2 400.02	3 459.51	4 994.52	7 217.72	10 435.6	21 813.1	45 497.2	195 373	819 103
55	2 818.20	4 236.01	6 380.40	9 623.13	14 524.1	21 925.3	49 910.2	113 219	572 767	2 814 425

表 A-4　年金现值系数表

期数	1%	2%	3%	4%	5%	6%	7%	8%	9%	10%
1	0.9901	0.9804	0.9709	0.9615	0.9524	0.9434	0.9346	0.9259	0.9174	0.9091
2	1.9704	1.9416	1.9135	1.8861	1.8594	1.8334	1.8080	1.7833	1.7591	1.7355
3	2.9410	2.8839	2.8286	2.7751	2.7232	2.6730	2.6243	2.5771	2.5313	2.4869
4	3.9020	3.8077	3.7171	3.6299	3.5460	3.4651	3.3872	3.3121	3.2397	3.1699
5	4.8534	4.7135	4.5797	4.4518	4.3295	4.2124	4.1002	3.9927	3.8897	3.7908
6	5.7955	5.6014	5.4172	5.2421	5.0757	4.9173	4.7665	4.6229	4.4859	4.3553
7	6.7282	6.4720	6.2303	6.0021	5.7864	5.5824	5.3893	5.2064	5.0330	4.8684
8	7.6517	7.3255	7.0197	6.7327	6.4632	6.2098	5.9713	5.7466	5.5348	5.3349
9	8.5660	8.1622	7.7861	7.4353	7.1078	6.8017	6.5152	6.2469	5.9952	5.7590
10	9.4713	8.9826	8.5302	8.1109	7.7217	7.3601	7.0236	6.7101	6.4177	6.1446
11	10.3676	9.7868	9.2526	8.7605	8.3064	7.8869	7.4987	7.1390	6.8052	6.4951
12	11.2555	10.5753	9.9540	9.3851	8.8633	8.3838	7.9427	7.5361	7.1607	6.8137
13	12.1337	11.3484	10.6350	9.9856	9.3936	8.8527	8.3577	7.9038	7.4869	7.1034
14	13.0037	12.1062	11.2961	10.5631	9.8986	9.2950	8.7455	8.2442	7.7862	7.3667
15	13.8651	12.8493	11.9379	11.1184	10.3797	9.7122	9.1079	8.5595	8.0607	7.6061
16	14.7179	13.5777	12.5611	11.6523	10.8378	10.1059	9.4466	8.8514	8.3126	7.8237
17	15.5623	14.2919	13.1661	12.1657	11.2741	10.4773	9.7632	9.1216	8.5436	8.0216
18	16.3983	14.9920	13.7535	12.6593	11.6896	10.8276	10.0591	9.3719	8.7556	8.2014
19	17.2260	15.6785	14.3238	13.1339	12.0853	11.1581	10.3356	9.6036	8.9501	8.3649
20	18.0456	16.3514	14.8775	13.5903	12.4622	11.4699	10.5940	9.8181	9.1285	8.5136
21	18.8570	17.0112	15.4150	14.0292	12.8212	11.7641	10.8355	10.0168	9.2922	8.6487
22	19.6604	17.6580	15.9369	14.4511	13.1630	12.0416	11.0612	10.2007	9.4424	8.7715
23	20.4558	18.2922	16.4436	14.8568	13.4886	12.3034	11.2722	10.3711	9.5802	8.8832
24	21.2434	18.9139	16.9355	15.2470	13.7986	12.5504	11.4693	10.5288	9.7066	8.9847
25	22.0232	19.5235	17.4131	15.6221	14.0939	12.7834	11.6536	10.6748	9.8226	9.0770
26	22.7952	20.1210	17.8768	15.9828	14.3752	13.0032	11.8258	10.8100	9.9290	9.1609
27	23.5596	20.7069	18.3270	16.3296	14.6430	13.2105	11.9867	10.9352	10.0266	9.2372
28	24.3164	21.2813	18.7641	16.6631	14.8981	13.4062	12.1371	11.0511	10.1161	9.3066
29	25.0658	21.8444	19.1885	16.9837	15.1411	13.5907	12.2777	11.1584	10.1983	9.3696
30	25.8077	22.3965	19.6004	17.2920	15.3725	13.7648	12.4090	11.2578	10.2737	9.4269
35	29.4086	24.9986	21.4872	18.6646	16.3742	14.4982	12.9477	11.6546	10.5668	9.6442
40	32.8347	27.3555	23.1148	19.7928	17.1591	15.0463	13.3317	11.9246	10.7574	9.7791
45	36.0945	29.4902	24.5187	20.7200	17.7741	15.4558	13.6055	12.1084	10.8812	9.8628
50	39.1961	31.4236	25.7298	21.4822	18.2559	15.7619	13.8007	12.2335	10.9617	9.9148
55	42.1472	33.1748	26.7744	22.1086	18.6335	15.9905	13.9399	12.3186	11.0140	9.9471

续表

期数	11%	12%	13%	14%	15%	16%	18%	20%	24%	28%
1	0.900 9	0.892 9	0.885 0	0.877 2	0.869 6	0.862 1	0.847 5	0.833 3	0.806 5	0.781 3
2	1.712 5	1.690 1	1.668 1	1.646 7	1.625 7	1.605 2	1.565 6	1.527 8	1.456 8	1.391 6
3	2.443 7	2.401 8	2.361 2	2.321 6	2.283 2	2.245 9	2.174 3	2.106 5	1.981 3	1.868 4
4	3.102 4	3.037 3	2.974 5	2.913 7	2.855 0	2.798 2	2.690 1	2.588 7	2.404 3	2.241 0
5	3.695 9	3.604 8	3.517 2	3.433 1	3.352 2	3.274 3	3.127 2	2.990 6	2.745 4	2.532 0
6	4.230 5	4.111 4	3.997 5	3.888 7	3.784 5	3.684 7	3.497 6	3.325 5	3.020 5	2.759 4
7	4.712 2	4.563 8	4.422 6	4.288 3	4.160 4	4.038 6	3.811 5	3.604 6	3.242 3	2.937 0
8	5.146 1	4.967 6	4.798 8	4.638 9	4.487 3	4.343 6	4.077 6	3.837 2	3.421 2	3.075 8
9	5.537 0	5.328 2	5.131 7	4.946 4	4.771 6	4.606 5	4.303 0	4.031 0	3.565 5	3.184 2
10	5.889 2	5.650 2	5.426 2	5.216 1	5.018 8	4.833 2	4.494 1	4.192 5	3.681 9	3.268 9
11	6.206 5	5.937 7	5.686 9	5.452 7	5.233 7	5.028 6	4.656 0	4.327 1	3.775 7	3.335 1
12	6.492 4	6.194 4	5.917 6	5.660 3	5.420 6	5.197 1	4.793 2	4.439 2	3.851 4	3.386 8
13	6.749 9	6.423 5	6.121 8	5.842 4	5.583 1	5.342 3	4.909 5	4.532 7	3.912 4	3.427 2
14	6.981 9	6.628 2	6.302 5	6.002 1	5.724 5	5.467 5	5.008 1	4.610 6	3.961 6	3.458 7
15	7.190 9	6.810 9	6.462 4	6.142 2	5.847 4	5.575 5	5.091 6	4.675 5	4.001 3	3.483 4
16	7.379 2	6.974 0	6.603 9	6.265 1	5.954 2	5.668 5	5.162 4	4.729 6	4.033 3	3.502 6
17	7.548 8	7.119 6	6.729 1	6.372 9	6.047 2	5.748 7	5.222 3	4.774 6	4.059 1	3.517 7
18	7.701 6	7.249 7	6.839 9	6.467 4	6.128 0	5.817 8	5.273 2	4.812 2	4.079 9	3.529 4
19	7.839 3	7.365 8	6.938 0	6.550 4	6.198 2	5.877 5	5.316 2	4.843 5	4.096 7	3.538 6
20	7.963 3	7.469 4	7.024 8	6.623 1	6.259 3	5.928 8	5.352 7	4.869 6	4.110 3	3.545 8
21	8.075 1	7.562 0	7.101 6	6.687 0	6.312 5	5.973 1	5.383 7	4.891 3	4.121 2	3.551 4
22	8.175 7	7.644 6	7.169 5	6.742 9	6.358 7	6.011 3	5.409 9	4.909 4	4.130 0	3.555 8
23	8.266 4	7.718 4	7.229 7	6.792 1	6.398 8	6.044 2	5.432 1	4.924 5	4.137 1	3.559 2
24	8.348 1	7.784 3	7.282 9	6.835 1	6.433 8	6.072 6	5.450 9	4.937 1	4.142 8	3.561 9
25	8.421 7	7.843 1	7.330 0	6.872 9	6.464 1	6.097 1	5.466 9	4.947 6	4.147 4	3.564 0
26	8.488 1	7.895 7	7.371 7	6.906 1	6.490 6	6.118 2	5.480 4	4.956 3	4.151 1	3.565 6
27	8.547 8	7.942 6	7.408 6	6.935 2	6.513 5	6.136 4	5.491 9	4.963 6	4.154 2	3.566 9
28	8.601 6	7.984 4	7.441 2	6.960 7	6.533 5	6.152 0	5.501 6	4.969 7	4.156 6	3.567 9
29	8.650 1	8.021 8	7.470 1	6.983 0	6.550 9	6.165 6	5.509 8	4.974 7	4.158 5	3.568 7
30	8.693 8	8.055 2	7.495 7	7.002 7	6.566 0	6.177 2	5.516 8	4.978 9	4.160 1	3.569 3
35	8.855 2	8.175 5	7.585 6	7.070 0	6.616 6	6.215 3	5.538 6	4.991 5	4.164 4	3.570 8
40	8.951 1	8.243 8	7.634 4	7.105 0	6.641 8	6.233 5	5.548 2	4.996 6	4.165 9	3.571 2
45	9.007 9	8.282 5	7.660 9	7.123 2	6.654 3	6.242 1	5.552 3	4.998 6	4.166 4	3.571 4
50	9.041 7	8.304 5	7.675 2	7.132 7	6.660 5	6.246 3	5.554 1	4.999 5	4.166 6	3.571 4
55	9.061 7	8.317 0	7.683 0	7.137 6	6.663 6	6.248 2	5.554 9	4.999 8	4.166 6	3.571 4

参 考 文 献

［1］盖地．税务筹划学．7版．北京：中国人民大学出版社，2020．
［2］高允斌．公司税制与纳税筹划．北京：中信出版社，2011．
［3］葛长银．中国企业减税方案设计．北京：电子工业出版社，2012．
［4］庄粉荣．纳税筹划实战精选百例．6版．北京：机械工业出版社，2016．
［5］梁文涛．企业纳税方案优化设计120例．北京：中国税务出版社，2014．
［6］梁文涛．纳税申报实务．2版．北京：北京交通大学出版社，2017．
［7］梁文涛．企业纳税筹划方案设计．北京：中国人民大学出版社，2015．
［8］梁文涛，苏杉．纳税筹划．6版．北京：北京交通大学出版社，2019．
［9］周志红，梁文涛．财务管理．2版．北京：北京交通大学出版社，2016．